ILLUSION TOD

Jenseits des Greifbaren II

Johann Nepomuk Maier

ILLUSION TOD

Jenseits des Greifbaren II

Ewiges Bewusstsein aus wissenschaftlicher Sicht

OSIRIS
Verlag

1. Auflage August 2017
2. Auflage April 2020

Umschlaggestaltung: k1-digital und Luna Design KG
Satz und Layout: Luna Design KG

ISBN: 978-3-9817407-6-9

Dieser Titel ist auch als eBook erhältlich, ISBN (eBook): 978-3-9817407-7-6

Gerne senden wir Ihnen unser Verlagsverzeichnis:
OSIRIS-Verlag
Alte Passauer Str. 28
D-94513 Schönberg
Email: info@osirisbuch.de
Tel.: (08554) 844
Fax: (08554) 942894

Unser Buch- und DVD-Angebot finden Sie auch im Internet unter:
www.osirisbuch.de

INHALTSVERZEICHNIS:

PROLOG

Bei meinem Interviewtermin mit Allgemeinarzt Dr. Reto Eberhard Rast im Schweizer Ort Luzern, sagte dieser einen entscheidenden Satz. Er ließ ihn so ganz nebenbei fallen, als mein Kameramann gerade dabei war, die Technik und das Licht aufzubauen: „Wissen sie Herr Maier, es ist doch wirklich interessant, wie wenig die Menschen sich mit dem Thema Tod auseinandersetzen, wobei das in unserem Leben die einzig „todsichere" Sache ist, die jeden früher oder später treffen wird." Da hat er wohl recht, das mit dem Tod ist eine heikle Sache – im Hinterkopf liegt dieses drohende Szenario irgendwo, aber es ist ja noch so weit entfernt – daran ist noch nicht zu denken. Das Interview war übrigens sehr interessant. Ich lernte viele neue, unbekannte Tatsachen kennen und erfuhr wichtige Details zur aktuellen Nah-Tod-Forschung, von denen ich bis dahin noch nichts wusste. Das Interview war Bestandteil meines zuletzt erschienenen Buches „Jenseits des Greifbaren - Engel, Geister und Dämonen", in welchem u.a. das Phänomen der Nahtod-Erlebnisse aus der Sicht eines informierten Arztes enthalten war. Dieser erwähnte Satz von Dr. Rast ließ mich aber nicht mehr wirklich los und er wanderte sozusagen in eine Zwischenablage meines Bewusstseins, um von dort aus immer wieder, für einen kurzen Moment, in meine aktuellen Gedanken zu huschen. Ich war äußerst überrascht, dass dieser Themenbereich meiner Film-Doku vor allem in meiner Facebook-Community zu einer kaum mehr zu bewältigenden Anzahl von Dialogen führte. Kein anderes im Buch oder der dazugehörigen Film-Doku dargelegtes Phänomen löste diese heftigen und emotionsgeladenen, polarisierenden Reaktionen aus. Diese gingen von euphorischer Begeisterung für die Erkenntnisse meiner Protagonisten, bis hin zu heftigen Gegenargumenten (dass dies alles Blödsinn sei – das hat doch die Mainstream-Wissenschaft längst bewiesen). Was mich erstaunte, war, dass nur diejenigen gegen diese Überlebenshypothese so heftig wetterten, welche sich nur den Trailer ansahen, aber nicht den gesamten Doku-Film oder das Buch dazu gelesen hatten. Offensichtlich ist das Phänomen „Leben nach dem Tod" von so heftigen, gefestigten Vorurteilen besetzt, dass viele die Fakten dazu nicht mal mehr hören wollen und alle relevanten Aussagen dazu von vorneherein als Unfug abtun.

Die Mehrzahl derer, welche sich die Doku ansahen und sehr viele meiner Facebook- und YouTube-Follower, wollten jedoch mehr darüber wissen, was uns nach dem Tod erwartet, ob unsere „Seele" überlebt und was Bewusstsein ist. Auch die wissenschaftlichen Interpretationen der modernen Quantenphysik erregten die Gemüter meiner Abonnenten heftig. Die Zitate von Max Plank, Schrödinger, Böhm und Prof. Dr. Hans-Peter Dürr, dass Materie nicht auf Materie aufgebaut ist und im Grunde nur so etwas wie eine Art „Geist“ wirkt, eine Software oder ein allumfassendes Bewusstsein, dies war vielen neu und unbegreiflich. Prof. Hans-Peter Dürr erläuterte in seinen Vorträgen und Büchern den Sachverhalt der neuen Physik sehr bildhaft: „Das wir eben mehr erleben, als wir begreifen können“, und das im wahrsten Sinne des Wortes. Mein Messenger füllte sich im Minutentakt mit Fragen zum Leben nach dem Tod. Es schien die Zeit reif dafür zu sein, dass sich die Menschen wieder dem Thema Tod nähern wollen. Die hoffnungsvollen Aussagen der Nahtod-Berichte und der Sensitiven geben uns eine neue Sicht auf die Wirklichkeit, welche Hoffnung macht, ohne irgendeine Religion bemühen zu müssen. Ist es tatsächlich möglich, dass die physische Welt anders ist, als wir gemeinhin denken und erleben? Wenn die neue Physik hier eine Richtung weist, durch die wir zu einer neuen Überlebenshypothese gelangen, dann bekommt das Thema Tod wieder neuen Aufmerksamkeits-Schwung und eine ganz neue Lebens-Bedeutung. In Zeiten der Diskussionen um Sterbebegleitung und würdevolles Sterben, ist der Umgang mit unserem Tod eher negativ und dramatisch emotional behaftet. In den letzten Jahrzehnten wurde dies und der „Fakt des Sterbens“ ins gesellschaftliche Abseits verlegt. Kaum jemand stirbt heute noch zuhause, sondern vielfach in Begleitung von Fachärzten, Krankenschwestern oder den freiwilligen Helfern in den Hospizen. Dies sind oft die einzigen und letzten Menschen, welche diese letzten Stunden unseres Lebensaktes miterleben dürfen.

Ich denke, dass die oft zu Unrecht gescholtenen neuen Medien und die fast allgegenwärtigen Social-Media-Kanäle, einen großen Beitrag für dieses Neuentfachen des Interesses zum Thema Tod leisten. Wenn schon in den eigenen vier Wänden, in der Familie, diese „unbekannte“ Endphase unseres Lebensweges verdrängt wird, so findet man im „Netz“ unzählige Informationen darüber. Berichte von Menschen, die mit ihren Aussagen über ihre Nah-Tod-Erlebnisse für eine hohe Glaubwürdigkeit sorgen. Kein geschriebener Text - auch wenn der noch so gut ist - kann einen Blick in ein Gesicht ersetzen, welches emotionsgeladen von diesem unglaublichen lebensverändernden Augenblick berichtet. Der Faszination dieser Aussagen kann sich kaum jemand entziehen. Ein Like, ein Klick - und so werden diese Posts und Tweets zigmal geteilt und durch den Freundes- und Follower-Kreis um den ganzen Erdball gestreut – das „Netz“ kennt kaum Grenzen. Die Kommunikation ist zeitnah, spontan und äußerst schnell geworden. Sie wurde aber auch schlagzeilenträchtiger, oberflächiger sowie kurzlebiger. Kaum eine Quelle wird nachrecherchiert oder überprüft. Es kommt zu „postfaktischer“ Meinungsbildung, welche Stimmungen „aus dem Bauch heraus“ zur Wahrheit erhebt. Was ist Wahrheit und was ist Fake?

Und so laufen noch immer viele Dialoge mit meiner Community – nicht selten bis 3 Uhr früh. Zitate, Bilder, Grüße und Fragen. Nicht jede lässt sich sofort nachvollziehen. Zum Beispiel, weshalb denn der (Protagonist und Schweizer Seher) Sam Hess in meinem Doku-Film eine Perücke trägt und warum er sich das antut. Oder ein Physiker, der nach tagelangen Dialogen mit mir in meinem Facebook-Account plötzlich doch zugibt, dass die Materie nicht fest ist, sondern aus unfassbar kleinen Energiewirbeln besteht. Soll man darauf antworten? Klar! Denn alle Follower lesen mit und die Antworten werden eingefordert. Sich hier zurückzuziehen und die Leser mit den Einträgen alleine zu lassen, dies entspräche nicht meiner Einstellung. Aber, es lohnt sich auch. Hunderte Interessierte, die mir - nach dem sie den Doku-Film gesehen haben - schreiben: Endlich jemand, der diese Themen so wissenschaftlich angeht. Viele fühlen sich von der Umwelt, ihrer Familie, Freunden und Kollegen unverstanden und sie erkennen in meinen Recherchen: „Ja, das habe ich auch erlebt, ich bin also doch nicht verrückt und ich kann es nun öffentlich zugeben. Ich habe etwas erlebt, dass nicht in unser materialistisch geprägtes Weltbild passt – und es gibt wohl keine logische Erklärung in unserem Weltbild dafür. Sensitiv ist gut." Ich erhielt Geschichten von Menschen, die mit dem Tod gerungen und darüber hinaus in eine Dimension geblickt haben, die sich unser Verstand nicht ausmalen kann. Ich erhielt Berichte von Menschen, die von einem geliebten Verstorbenen besucht wurden. Manche fühlten ihn nur, manche sahen ihn auch und wiederum andere spürten und erlebten einen Glücksmoment durch ihren ganzen Körper strömen. Erlebnisse, die sich so niemand ausdenkt, nur weil ihm gerade langweilig ist. Ereignisse - einschneidend, lebensverändernd und aufrüttelnd. Oft sind es gemeinsame Erfahrungen mit anderen Beteiligten, die Tatsachen zu Tage bringen, die ich als Beweis gelten lasse. Ich werde diesbezüglich noch einige Stories weiter hinten im Buch aufgreifen.

Nun wollte ich es genauer wissen. Mit Dr. Reto Eberhard Rast hatte ich jemanden, der glaubwürdig und sachlich ein Für und Wider dazu aufzeigen konnte, ob unser Bewusstsein ein Konstrukt des Gehirns darstellt oder nicht. Als Arzt hat er natürlich das festzementierte materialistische Wissenschaftsweltbild schon beim Studium mit auf seinen künftigen Weg bekommen. Und genau das machte mich neugierig. Wie kann jemand mit diesem fachlichen Background zu dem Ergebnis gelangen, dass unser Bewusstsein den physischen Tod überlebt? Dr. Reto Eberhard Rast ist nicht nur ein im Krankenhaus Luzern arbeitender Allgemeinarzt, sondern auch Vorstandsmitglied der IANDS in der Schweiz. Die Swiss-IANDS wurde 2014 auf Initiative einer Gruppe von Menschen, die entweder persönlich eine Nahtoderfahrung hatten oder beruflich öfter mit dem Tod konfrontiert waren, gegründet. Das primäre Ziel ist der Informationsdienst. Die Swiss-IANDS leistet Vernetzungs- und Öffentlichkeitsarbeit, sowie Beratungsdienste und bei Möglichkeit Unterstützung von Forschungstätigkeiten. Sie ist offizielles Organ der Mutterorganisation IANDS, welche ihren Hauptsitz in Durban (USA) hat. Die Swiss-IANDS ist als Verband organisiert und konfessionell unabhängig.

Ich kannte natürlich - auch schon aufgrund meiner Recherchen zu den früheren Büchern - das Themenfeld ziemlich gut. Ich habe die meisten der in deutscher Sprache erschienenen Bücher der letzten Jahrzehnte gelesen, habe aber eine tiefergehende und persönliche Auseinandersetzung, auch mit Interviews und persönlichen Gesprächen dazu, nicht wirklich ins Auge gefasst. Wie so oft im Leben kommt es anders, als man gemeinhin denkt. Ein Todesfall in der Familie mit einem anschließenden, unglaublich paranormalen, Erlebnis-Marathon über einen Zeitraum von sechs Wochen und die Reaktion auf meinen ersten Doku-Film, schubste mich nun dorthin, um mich jetzt eingehender mit diesem Thema zu befassen. Dieses Phänomen und die vielen Gespräche mit Wissenschaftlern in den letzten Jahren, führten mich auf ein Feld von Fakten und Erkenntnissen, die öffentlich kaum bekannt und diskutiert werden. Das muss sich ändern!

Vielleicht hat auch die Esoterik-Szene mit ihren vielen Versprechungen in den letzten Jahrzehnten dazu beigetragen, dass dieses Themenfeld so durcheinandergewirbelt wurde und es schließlich in einer nicht mehr glaubhaften Ecke - im Grenzbereich der Wissenschaft - gelandet ist.

Aber der Tod ist zu wichtig, als dass wir ihn der Esoterik-Szene überlassen sollten, zumal er auf uns alle wartet!

Eines kann ich schon mal vorwegnehmen: Der Nahtod-Forschung ist es gelungen, den Nachweis zu erbringen, dass wir nicht Sterben und der Tod eine Illusion darstellt.

„Stopp!“ wird wohl der eine oder andere jetzt einwenden: „Das wir sterben ist doch nun mal Faktum und keiner ist von den Toten wieder auferstanden – von Jesus einmal abgesehen.“ Gut, das kommt natürlich auf die Definition an. Auch hier werden wir uns in den folgenden Kapiteln noch ausführlicher und tiefergehender auseinander setzten müssen.

Wenn wir uns mit dem physischen Körper gleichsetzten, haben wir schon das erste Dogma, welches so in Zukunft wissenschaftlich nicht mehr haltbar sein wird. Unser Bewusstsein ist etwas anderes als unser physischer Körper.

Aber weshalb hat sich diese Erkenntnis noch nicht wirklich herumgesprochen? Wieso ist sich der größte Teil der Hirnforscher und Biologen immer noch so sicher, dass allein unser Gehirn unser Ich-Bewusstsein - unseren Geist - erzeugt?

Die Antwort ist ganz einfach: Dieses neue Weltbild ist sehr komplex und bedarf auf unterschiedlichen Ebenen noch einiger kommunikativer Kraftanstrengungen, bis sich die veraltete Lehrmeinung verändert. Das kann dann schon mal ein bis zwei Generationen dauern. Also, lasst uns damit beginnen!

Sie, lieber Leser, müssen nicht so lange warten, denn Sie haben sich entschieden dieses Buch zu lesen. Es handelt sich um eine der atemberaubendsten und spannendsten Geschichten, die vor rund 100 Jahren mit der Entdeckung der Quantenphysik begann und immer noch andauert.
Wenn wir uns die neuen faktischen Beweise für ein Leben nach dem Tod ansehen wollen, dann sollten wir zuerst mit den Experten sprechen, welche die Pionierarbeiten auf diesem Gebiet geleistet haben. Und hier, lieber Leser, wird sich zeigen, dass wir bisher ein sehr verzerrtes Bild und Verständnis unserer materiellen Welt und unserer Realität haben, auch wenn uns die uns umgebende Materie auch noch so fest vorkommt, ist sie nicht das, wofür wir sie halten!

Denn hier liegt das erste Geheimnis des „Leben nach dem Tod" verborgen. Lüften wir dieses Geheimnis! Lüften wir diesen Realitätsschleier und unser Blick wird frei auf ein Wirken ohne Ursache, ohne das Kausalitäts-Prinzip. Entdecken wir eine Wirklichkeit, die mehr ist, als aneinandergereihte Atome und Molekülstrukturen. Danach wird die Realität der Welt und unsere Betrachtungsweise eine ganz andere sein. Kein neuer Prozess. Schon Thomas S. Kuhn schreibt in seinem berühmten Buch „Die Struktur wissenschaftlicher Revolutionen", dass es zu jeder Zeit eine offizielle Weltsicht gab, die in den Schulen gelehrt wurde. Fortschritt in der Wissenschaft vollzieht sich nicht durch kontinuierliche Veränderung, sondern durch revolutionäre Prozesse; ein bisher geltendes Erklärungsmodell wird verworfen und durch einen anderes ersetzt. Diesen Vorgang bezeichnen wir als einen Paradigmenwechsel.

Thomas S. Kuhn schreibt:

„Wenn der Wissenschaftshistoriker die Ergebnisse der früheren Forschung vom Standpunkt der zeitgenössischen Geschichtsschreibung untersucht, könnte sich ihm der Gedanke aufdrängen, dass bei einem Paradigmenwechsel die Welt sich ebenfalls verändert. Unter der Führung eines neuen Paradigmas verwenden die Wissenschaftler neue Apparate und sehen sich nach neuen Dingen um. Und was noch wichtiger ist, während der Revolutionen sehen die Wissenschaftler neue und andere Dinge, wenn sie mit bekannten Apparaten sich an Stellen umsehen, die sie vorher schon einmal untersucht hatten. Es ist fast, als wäre die Fachgemeinschaft plötzlich auf einen anderen Planeten versetzt worden, wo vertraute Gegenstände in einem neuen Licht erscheinen und auch unbekannte sich hinzugesellen... Die Welt, in die der Studierende dann eintritt, ist jedoch nicht ein für alle Mal durch die Natur seiner Umwelt einerseits und der Wissenschaft andererseits festgelegt. Sie wird vielmehr gemeinsam von der Umwelt und der bestimmten normal-wissenschaftlichen Tradition, der zu folgen der Studierende angehalten wurde, bestimmt. Deshalb muss zur Zeit einer Revolution, in der sich normal-wissenschaftliche Tradition verändert, die Wahrnehmung des Wissenschaftlers von seiner Umgebung neu gebildet werden – in manchen vertrauten Situationen muss er eine neue Gestalt sehen lernen. Wenn er das getan hat, wird die Welt seiner Forschung hie und da mit der vorher von ihm bewohnten nicht vergleichbar erscheinen...“

Ich bin davon überzeugt, dass wir kurz davor stehen einen Quantensprung bei der Erforschung des Phänomens Leben zu machen. Interessanterweise sind hier die Physiker schon wesentlich weiter als die Biologen, welche immer noch zu verstehen versuchen, ab wann das System „Leben“ beginnt – wann Materie tot ist und wann lebendig. In diesem Buch werden Sie die Antworten darauf finden, da diese Frage eine zentrale Frage in Bezug auf das Leben nach dem Tod sein wird. Denn auch hier müssen wir einen neuen Blick auf die Realität der „Dinge“ und des „Lebens“ werfen, um zu versehen, was hier wirkt und welche Gesetzmäßigkeiten dahinterstecken.

Sicherlich fällt es uns immer schwer umzudenken. Das, was wir in der Schule gelernt haben, hat uns doch sehr weit gebracht. Unsere moderne Technik, Medizin, Globalisierung und unser Wohlstand – zumindest in den meisten westlich orientierten Ländern der Welt. Kann es sein, dass dennoch die Dinge, die wir für völlig klar und eindeutig halten, in Wahrheit doch ganz anders sind? Kann es sein, dass tatsächlich noch mehr im Verborgenen liegt als wir bisher aufgedeckt haben? Die Antwort lautet ganz klar: Ja! Denn wer sich nur etwas für die Mainstream-Wissenschaft interessiert, kommt an der Erkenntnis der letzten Jahre nicht vorbei, dass wir rund 96 Prozent des Universums überhaupt nicht kennen. Die Astrophysiker nennen es dunkle Materie oder dunkle Energie, haben aber keinen blassen Schimmer, was das sein soll. Es tut in Forscherkreisen echt weh, zugeben zu müssen, dass wir den größten Teil der Wirklichkeit überhaupt nicht kennen.

Immer wieder in der Geschichte - so T. S. Kuhn - machten wir diesen evolutionären Erkenntnissprung und sahen plötzlich die Welt mit ganz anderen Augen. Das wird auch in diesem Fall so sein.

Dies war bei Newton, Darwin, Einstein und Plank kaum anders. Klar tun wir uns schwer damit, etwas, dass für unser gewohntes Denken so fremd und eigenartig erscheint, sofort zu akzeptieren. Es widerspricht doch komplett unserem gesunden Menschenverstand. Wir möchten es am liebsten wieder beiseitelegen und es den „Experten" überlassen, darüber nachzudenken und zu forschen. Aber aufgepasst! Hier geht es um nicht weniger, als um die Frage, ob wir den Tod überleben oder nicht! Und ich denke, da ist es die Suche nach einer eindeutigen Antwort wert – falls es diese tatsächlich gibt. Die Auseinandersetzung mit unserer Wirklichkeit ist notwendig, um am Ende das Forschungs-Ergebnis verstehen zu können. Erst wenn wir erahnen können, wie diese Wirklichkeit entsteht, ist das Aha-Erlebnis in Bezug auf unser ewiges Ich-Bewusstseinsfeld nicht mehr weit. Nein, dann wird dieses neue Weltbild sogar zwingend notwendig.

Auf meiner Suche nach der Wahrheit und nach den Phänomenen der erweiterten Realität, waren es wieder die Zufälle, welche mich dem unbekannten Terrain einen Schritt näher brachten. Für den Doku-Film und für das Buch wäre es wirklich toll gewesen, nochmal ein persönliches Gespräch mit Prof. Hans-Peter Dürr, dem ehemaligen Direktor des Max-Planck-Instituts für Physik, zu führen. Wie kaum ein anderer verstand er es, die Einsichten, welche die Physik der Quanten in den letzten 100 Jahren ans Licht der Welt gebracht hatte, so zu erläutern, dass man erkenne konnte: Hier geht es um viel mehr also nur um Physik. In einem seiner Bücher zeigt er auf, dass die Welt nicht von Dingen zusammengehalten wird, sondern von etwas Unbegreiflichem. Deshalb unbegreiflich, weil der Mensch durch seine Evolution und dem Umgang mit der Materie eine „Apfelpflücksprache" entwickelt hat und alles in Ursache und Wirkung zerlegt. Bei uns Menschen muss es einen Grund geben, warum das eine so oder das andere so ist. Jedoch merkte er auch an, dass wir eben mehr „erleben" können als wir im wahrsten Sinne des Wortes „begreifen" können. Er zeigte auf, dass das, was die Welt im Innersten zusammenhält - was die Wirklichkeit ausmacht - nicht dinglicher Natur ist, sondern eine kreative embryonale Lebendigkeit hat. Er stellt fest, dass wir eine offene Zukunft besitzen und die Erschaffung der Welt in jedem Augenblick neu passiert. Ja, dies war sein Wort: Er nannte die Atome nicht Atome sondern „Wirks" – etwas das wirkt, eine Veränderung. Er erkannte, dass die Veränderung an sich die Realität schafft und nicht „a" hat sich in der Zeit zu „b" verändert. Leider kam es zu keinem Gespräch mehr, da er im Jahr 2014 verstarb. Die Welt hat einen großen Denker weniger, der für eine Zukunft gekämpft hat, die sich nicht mehr dadurch auszeichnet, dass der Stärkere alles bekommt, sondern den wahren Motor der Evolution - nämlich die Kooperation - aufgreift und so gemeinsam die Probleme der Zukunft des Menschen gelöst werden. Prof. Dürr wusste, dass die Physik erkannte, was die Mystiker und alten Lehren schon immer behaupteten: Wir sind im Grunde alle Eins – es gibt nichts Getrenntes, nichts Abgetrenntes. Er hatte dafür den Begriff „Advaita" (nicht Dualität, nicht Zweiheit), das nicht Trennbare. Kurz nach Filmstart im September 2016 war mein Doku-Film „Jenseits des Greifbaren – Engel, Geister und Dämonen" bereits auf einen vorderen Platz in dieser Kategorie bei Amazon gesprungen – zu meiner völligen Überraschung. Ich hatte wohl ein Thema erwischt, das viele Menschen brennend interessiert. Obwohl ich zu diesem Zeitpunkt die Vermarktung des Films noch selber in die Hände genommen hatte, bekam ich unzählige Zuschriften von Menschen und Verlagen. Durch diesen „Hype" wurde auch der Inhaber eines Verlags aufmerksam, der mich kontaktierte, um mit mir über den Film und die Konditionen für die Aufnahme in seinen Online-Shop zu sprechen. Wir verstanden uns auf Anhieb sehr gut und so wollte ich ihn persönlich kennen lernen, um ihm seine getätigte Bestellung zu übergeben. Leander M. von Kraft besuchte in der Nähe meines Wohnortes, in Bad Reichenhall, einem Vortrag und so vereinbarten wir ein Treffen am Hausberg, dem Predigtstuhl. (Übrigens: Für einen Familien-Ausflug nur bestens zu empfehlen, denn die Predigtstuhlbahn ist eine historische Sensation – sie wurde 1927/28 erbaut und bringt seitdem zuverlässig ihre Gäste zu einer super Aussicht auf den Berg. Diese Gondel ist die älteste im Original erhaltene Großkabinenseilbahn der Welt und war damals ein Meilenstein im Seilbahnbau.)

Bei diesem Gespräch erzählte ich ihm von meinem neuen Buch und dem zweiten Teil der Doku „Jenseits des Greifbaren", und dass ich leider nicht mehr das Glück hatte, Prof. Hans-Peter Dürr persönlich zu treffen. Daraufhin sagte er: „Hier, ich kann dir weiterhelfen. Ich habe einen seiner letzten Vorträge mitgefilmt und die Rechte daran. Diesen Vortrag kannst du gerne verwenden." Die Aussicht auf dem Predigtstuhl war hervorragend, aber diese Geste war schon ein vorzeitiges Weihnachtsgeschenk für mich. Er sandte mir den Film zu und ich kann sagen, der Vortrag ist - wie immer - eine wahre Offenbarung von Einsichten, Erkenntnissen und neuen Perspektiven, wie sie eben nur Prof. Dr. Hans-Peter Dürr zum Ausdruck bringen konnte. Wie schon C.G. Jung diese Art der Zufälle mit dem von ihm eingeführten Begriff der „Synchronisation" beschrieb: Manchmal kann man offensichtliche Geschehnisse und Ereignisse nicht mehr mit dem Wort „Zufall" beschreiben.

15

Prof. Dr. Hans-Peter Dürr (*1929 - †2014)

Vortrag von Prof. Dr. Hans-Peter Dürr:

Was die Welt im Innersten zusammenhält

beim Bad Wörishofener Herbst 2011

Warum es ums Ganze geht
Neues Denken in einer Welt im Umbruch
Das Lebendige lebendiger werden lassen
Wie uns neues Denken aus der Krise führt

Es ist einigermaßen überraschend, wenn sie hören, dass ich ein Physiker bin. Nicht nur ein Physiker, ein Atomphysiker, Kernphysiker. Das heißt jemand, der sich vorgenommen hat, herauszufinden, was die Welt im Innersten zusammenhält. Das habe ich auch 60 Jahre lang gemacht; nachgesehen, wie kann man das verstehen, was um uns herum ist. Ich habe mit Heisenberg zusammengearbeitet, der selbst als 24 jähriger auch einen Lehrer hatte, Niels Bohr. Ich war in einer ähnlichen Situation.

Und viele Leute fragen mich: Was ist denn dabei herausgekommen, dass Du 60 Jahre damit verbracht hast? Ein Punkt ist ganz wichtig: Dass man gesehen hat, dass es Materie gar nicht gibt. Dann sagen alle: Mein Gott! Der arme Kerl! 60 Jahre an etwas gehangen, das es gar nicht gibt.

Aber genau das ist nicht der Fall. Dass es das nicht gibt, hat nichts damit zu tun, dass man noch nicht weit gekommen ist, sondern dass die Art und Weise, wie wir die Welt sehen, eine ganz andere ist. Das ist nicht meine Erfindung, das ist das, was Heisenberg 1925 herausgefunden hat, und wofür er seinen Nobelpreis bekommen hat.

Ich muss auch sagen, es hat mich sehr gefreut, dass es hier diesen Obertitel hat „Ehrfurcht vor dem Leben". Ich glaube, das ist eine ganz wichtige Sache. Dass es ein Physiker als wichtig empfindet, das ist dann eher komisch, weil er sich ja genau mit dem abgibt, was nicht lebt. Sie wissen, dass die Biologen seit Jahren versuchen, so gut zu sein, wie die Physiker. Und ich sage immer: Passt doch auf! Wir bemühen uns die ganze Zeit, etwas zu retten von der Physik, weil wir sehen, dass die Physik viel zu lebendig ist, als dass man sie noch Physik nennen kann. Ihr braucht nicht zu uns zu kommen, wir sind auf dem Weg zu euch!

Aber das wollen sie nicht. Sie sagen, wir wollen irgendwie eine Vorstellung haben, dass wir die Welt verstehen, weil wir die Welt in den Griff bekommen wollen.

Dann sag ich: Nein, ihr kriegt sie nie in den Griff. Gott sei Dank!
Und die sagen: Wenn wir sie nicht in den Griff bekommen, wer bezahlt uns dann in Zukunft?

Ich muss auch sagen, was mich hier im Allgäu ganz stark beschäftigt, gerade in Zeiten, wo wir wieder diese große Unruhe in der ganzen Welt haben, ist folgendes: Es ist ja kaum auszuhalten. Als jemand, der den Krieg voll mitbekommen hat, kann ich sagen, dass eigentlich mein Leben und das meiner Familie, in der ich aufgewachsen bin - es waren fünf Kinder - ein Überleben nicht einfach war. Es war die Familie, die uns aufgefangen hat. Wir haben uns dann in der „Ottoshütte" ausgemacht, wenn der Krieg zu Ende ist, wollen wir uns dort wieder treffen. Ich war der letzte, und sie hatten die Hoffnung schon aufgegeben, dass ich es überhaupt überleben würde, weil auch alle meine Freunde in dieser Zeit umgekommen sind. Ich bin zu Fuß von Innsbruck nach Gunzesried gegangen, mutterseelenallein, eine Strecke, die weit über 100 Kilometer war. Ohne Essen, ohne Kleidung zum wechseln. Dass ich das überstanden habe! Aber es war einfach so, dass ich der Letzte in der Familie war, und dann auch bei der Geißrückenalpe in der Nähe von Gunzesried untergekommen bin, wo ich dann als Arbeiter gearbeitet habe und dafür gesorgt habe, dass die ganze Familie dort nicht verhungern muss. Das also im Hintergrund.

Und ich muss sagen, ich habe damals noch mehr das Gefühl gehabt, dieses Land ist wunderbar. Die Landschaften sind wunderbar, die Menschen sind wunderbar, dass sie auch anderen helfen.

Ich will aber jetzt auf das eingehen, was ich hier aufgeschrieben habe. Darunter: Das Leben lebendiger werden lassen – Wie uns Neues Denken aus der Krise heraus hilft.

Wie müssen wir die Welt eigentlich ansehen? Wie anders ist die Welt, als wir bisher angenommen haben? Welche Konsequenzen ziehen wir daraus? Wenn wir sie wirklich ernst nehmen, dann haben wir auch gleich einen Hinweis, in welche Richtung wir gehen müssen. Und dann haben wir auch die Möglichkeit, aus der jetzigen Krise auszusteigen. Wir werden es nicht machen können, wenn wir glauben, wir müssen uns nur ein bisschen anders orientieren. Nein, das Auto ist wirklich in den Graben gefahren, wir müssen aussteigen und ein Stück zu Fuß laufen, um wieder in die richtige Richtung zu kommen.

Ich möchte jetzt einfach mal in diese Richtung gehen, um Ihnen zu zeigen, warum wir eigentlich mit der alten Vorstellung der Welt nicht mehr zurechtkommen. Wir sehen, dass wir ein ganz anderes Weltbild haben, als das, welches wir ursprünglich angenommen haben.

Das ist auch Heisenbergs Verdienst 1925. Es wurden paradoxe Messungen gemacht und man hat gedacht, man muss beim Messen einen Fehler gemacht haben. Es war kein Fehler, aber irgendetwas war nicht in Ordnung, und keiner hat gedacht, dass die Vorstellung der Welt, wie wir sie damals hatten, einfach nicht stimmt. Und Heisenberg zeigte: Wir müssen das ganz anders angehen. Bei dieser anderen Betrachtungsweise stellt sich heraus, dass wir ganz anders denken müssen. Wenn wir in diese Richtung gehen, stellen wir auf einmal fest, dass die Naturwissenschaften nicht isoliert dastehen. Auch nicht sozusagen angeberisch zu sagen: Endlich sind die Menschen auf der Welt, die wissen, was richtig und falsch ist! Wir haben die Instrumente, um festzustellen, was richtig und falsch ist, und wenn wir das sagen, dann wisst ihr, wir haben Recht.

Das, was herauskam, ist: Ihr seid auf dem falschen Weg. Dieser Ehrgeiz zu sagen, wir wissen alles, stimmt nicht. Das heißt, wir kommen in eine andere Situation hinein, die für einen Philosophen und auch für einen religiös eingestellten Menschen ganz klar ist. Man hat Schwierigkeiten auszudrücken, was man eigentlich meint, aber da ist etwas im Hintergrund, was irgendwie richtig ist, aber nicht so, wie man es ausdrückt.

Das führt dazu, dass der Unterschied zwischen Naturwissenschaften, Geisteswissenschaften und Religion auf einmal verschwindet, dass etwas Gemeinsames vorne steht. Was vorne steht, ist viel allgemeiner, aber es ist aufregend, es ist gut, dass wir darauf eingehen können.

Wir sind heute sozusagen in einer schizophrenen Situation. Wir lernen immer noch in den Schulen und überall die alte Physik. Die Technik, die wir haben, ist aber bereits die Konsequenz aus der neuen Physik. Und jetzt gehen wir in das 21. Jahrhundert hinein und wollen mit der alten Denkweise und der neuen Technologie das 21. Jahrhundert schaffen. Das geht einfach nicht.

Die Technologie, die wir heute haben, ist in drei Punkten ganz wichtig:
Da ist die chemische Betrachtung, die ist viel raffinierter, als wir uns vorgestellt

haben. Das zweite ist, die Mikroelektronik können wir nicht verstehen mit der alten Denkweise. Wenn Sie herumlaufen mit ihrem Handy am Ohr und sie jemand fragt, was da passiert - „Ja, das ist ein Handy" ist noch keine Erklärung. Warum sollte die für uns wahrnehmbare Welt so sein, dass wir es verstehen können? Leider sind auch die Atombomben ein Ergebnis dessen, wofür man die neuen Einsichten braucht. Deshalb auch diese Angst der Physiker. Einige von uns haben die Atombombe gebaut. Einige Menschen, auch wenn sie 90 sind, reden immer noch denselben Unsinn wie vor Jahrzehnten. Dann freut man sich, dass die Welt so geschaffen ist, dass wir nicht so unendlich lange leben. Dann hat man nicht so viele Leute zu überzeugen. Das ist schon ganz gut eingerichtet.

Wir wissen selbstverständlich, dass es irgendwie auch nicht ganz reicht, was kommt. Das Wertesystem, das wir heute haben, ist eigentlich von den Physikern vorgegeben worden. Wir begreifen, das ist nur da, alles andere ist Traumtänzerei, das brauchen wir gar nicht zu wissen. Doch im Hintergrund hat jeder das Gefühl, da ist doch noch so etwas wie Ethik und Moral. Erst wenn manche Männer so weise sind, dass sie auch mal auf ihre Frauen hören, kommt es zum Vorschein. Das heißt, die Frauen können sich viel weniger lösen von dieser Vorstellung, dass wir unabhängig voneinander sind. Sie finden, das Zusammenspiel ist das A und O von dem, was wir täglich erfahren. Man trägt es mit sich herum, aber man muss mehr Forschung treiben, damit wir das in den Griff bekommen.

Ich bin ganz froh, dass das gar nicht geht, aber wenn wir unsere Zeit damit verschwenden wollen, können wir das ruhig tun.

Überholte Weltbilder

Wir müssen unsere alten Weltbilder über Bord werfen. Insbesondere das, dass wir uns Menschen als außerhalb der Natur betrachten. Das ist auch im Christentum ganz schön schwer. Im Christentum ist es so, dass der Mensch ganz besonders ist, und die Natur ist etwas, das ihm untergeordnet ist und das er behandeln muss. So ist es nicht, sondern wir sind Teil eines größeren Organismus. Wir haben schon unsere besonderen Eigenschaften, aber wir sind nichts total Anderes. Wenn man sich vorstellt, es gibt nur noch uns Menschen und die Pflanzen sind alle gestorben, können wir nicht sagen, tummeln wir uns allein auf der Erde herum. Und wer kocht was? Es gibt dann keine Nahrung mehr. Daran merken wir, wir sind ein Teil eines größeren Ganzen. Wir Menschen sind Teil eines Biosystems, in das wir eingebettet sind. Wenn wir das ruinieren, sind wir auch ruiniert. Das Biosystem ist eingebettet in ein System, das den ganzen Planeten ausmacht, angepasst an den Planeten in der Art und Weise, wie er ist, welche Stoffe er an der Oberfläche hat. Über 4 Milliarden Jahre ist es so gewachsen, dass es zusammen gehört. Wir sind ein Teil davon. Und nicht ein abgetrennter Teil, der bevorzugt andere Möglichkeiten hat, sondern wir sind mit beteiligt. Das sieht man so zunächst nicht.

Man hat also gesehen, dass die einzige Art und Weise, wie wir aus dieser Betrachtungsweise herauskommen „Hier ist der Mensch, und dort alles übrige, und wir müssen den Menschen erziehen, wie er das um sich herum in den Griff bekommt, so dass es vor allem ihm nützt", ein anderes Denken ist. Wir brauchen eine andere Art zu denken. Das ist besonders wichtig geworden, als Russel und Einstein 1955, ein Jahr, nachdem man herausgefunden hat, dass Hiroshima und Nagasaki kleine Bomben sind im Vergleich zu dem, was möglich wäre, davor warnten. Wenn wir das jetzt haben, bedeutet es, entweder, wir schaffen es, das aus dem Weg zu räumen, oder die Menschheit hat keine Zukunft mehr. Nämlich, wenn etwas passiert: Wir sind die Empfindlichsten in der ganzen Struktur, wir sind die ersten, die runterfallen.

1955! Vor kurzem haben wir 50 Jahre gefeiert, und ich habe den Auftrag bekommen: Was hätten Russel und Einstein 50 Jahre danach gesagt? Die wären verzweifelt gewesen, weil wir null gelernt haben. Im Gegenteil, nicht nur die Bomben, alles läuft in die falsche Richtung. Was ist denn los mit uns Menschen, wo wir immer glauben, wir seien so toll, so lernfähig? Ich behaupte, wir sind es! Es sind nicht wir, die wir da sind, wir stehen unter einer Macht, die es uns gar nicht erlaubt. Ihr ist es schnurzegal, was in Zukunft passiert, die einfach sagt: „Du kannst ja Recht haben, dass es nicht geht, aber der Dinosaurier ist doch auch ausgestorben." Ja, er ist ausgestorben, aber erst nach 4 Millionen Jahren, und wir haben es noch längst nicht so weit gebracht. Und du bist nur 60 Jahre alt! Diese 30 Jahre, die noch vor mir liegen, um die kümmere ich mich nicht, aber einige von uns denken daran, was in den nächsten 100 Jahren passiert, wenn wir da überhaupt noch da sind.

Wenn ich über die Zukunft spreche, ist nicht meine Zukunft gemeint, sondern eure Zukunft. Nachhaltigkeit ist das Wichtigste. Wir müssen alles tun, damit die Menschheit überhaupt eine Zukunft hat.

Das Wort Nachhaltigkeit ist ein bisschen falsch. Wenn man vor jungen Leuten steht und von Nachhaltigkeit spricht, da schlafen ihnen die Füße ein. Nachhaltigkeit, da habe ich den Eindruck, ich kann mich tot hinlegen, und dann habe ich das erfüllt. Auf Englisch heißt Nachhaltigkeit „Sustainability", die Fähigkeit, die Welt so zu lassen, wie sie ist. Am besten, ich sterbe gleich, dann bleibt sie, wie sie ist. Das ist nicht wirklich, was uns vorschwebt. Uns schwebt vor, dass wir eine Welt sind, wo das Lebendige eine große Rolle spielt, und nicht nur das Tote. Wo das Lebendige eine Rolle spielt, hat es die Eigenschaft, dass Kreativität, Vitalität und all diese Dinge sprühen. Es bedeutet letzten Endes, dass wir das Lebendige lebendiger werden lassen. Das ist für die jungen Leute besser, eher: „Ihr seid beauftragt, es nicht so zu lassen, wie es ist, sondern die Welt muss noch lebendiger werden". Ihr müsst euch daran erinnern, dass wir vor dreieinhalb Milliarden Jahren eine chemische Soße gehabt haben, und jetzt sind dreieinhalb Milliarden Jahre vergangen, und alles ist so anders. In so kurzer Zeit! Aus einer Brühe einen Menschen zu machen, überhaupt das Lebendige zu machen. Wir sind hier in einer Entwicklung. Das einzige, was wir feststellen, ist die Evolution des Lebendigen.

Evolution ist eigentlich nicht das richtige Wort. Evolution heißt Auswickeln. Da entsteht der Eindruck, es ist alles da, und jetzt wird es ausgewickelt und – ah, toll, jetzt kommt ein Mensch raus!

Nein, es ist wirklich etwas Kreatives im Hintergrund. Die Vorstellung von Evolution ist im Wesentlichen so: Am Anfang steht der Big Bang, den hat jemand gemacht – der liebe Gott hat bei den Physikern nicht eine Woche Zeit, sondern nur eine Millionstel Sekunde. Und dann wickelt sich alles aus – das reicht uns doch nicht.

Es wird sich herausstellen, dass die Kreativität Teil des Systems ist. Deshalb ist auch der Ausspruch wichtig: Das Lebende lebendiger werden lassen. Ich zitiere auch immer gerne den Albert Schweitzer: „Ich bin Leben, das leben will, inmitten von Leben, das leben will."

Das kommt meinem Gefühl entgegen, dass wir Teil sind von einem viel größeren Ganzen. Und damit hat er eigentlich auch Recht.

Etwas, wovon heute keiner spricht, ist, dass wenn wir von unserer Freiheit sprechen, wir den Menschen die Möglichkeit geben müssen, möglichst frei, ungebremst zu sein – das kann gar nicht gut gehen. Solange er nicht auch das Ganze im Auge hat. Die Meisten sehen nicht, dass, wenn sie hier auf unserem Planeten sitzen, sie nicht alles machen können. Wir können nicht einfach Rohstoffe beliebig verbrauchen, denn es gibt einen Erhaltungssatz für Materie. Materie verschwindet nicht und entsteht nicht, aber wenn ich sie verstreue, ist es, als ob es sie nicht gibt. Energie verschwindet auch nicht, sondern geht verloren. Sie wird zu Wärme in einer Form, in der sie uns nichts mehr nützt.

Wir müssen also jetzt auf diesem Planeten sehen, wie wir nicht nur 30 Jahre leben können, sondern wir haben noch etwa viereinhalb Milliarden Jahre Zeit, bis die Sonne explodiert. Aber das kümmert mich ehrlich gesagt nicht.

Das ist also eine ganz wichtige Sache. Hier will ich Ihnen auch sofort sagen, weil es eine ganz große Rolle spielt, weil wir so viel über Energie sprechen: Nicht nur die Materie bleibt gleich, auch die Energie bleibt gleich. Die Sonnenenergie, die einfällt, muss wieder in den Weltraum zurückgestrahlt werden. Sonst würden wir allmählich flüssig werden, dann gasförmig, und dann wären wir weg. Wenn wir sagen, wir brauchen Energie, ist dies eigentlich eine falsche Bezeichnung. Wir nennen es in der Physik Exergie, eine geordnete Form der Energie, die wir brauchen und die für das Leben unverzichtbar ist. Diese Form ist es, die überhaupt die Entwicklung des Lebendigen erst möglich macht. Es ist nicht die Energie selber.

Nur ein Viertausendstel der Sonnenenergie wird von den Pflanzen aufgesammelt und ist der Träger des ganzen Biosystems. Ein Viertausendstel! Das Übrige ist Sonnenlicht, das als Wärme wieder zurückgestrahlt wird.

Wenn jemand sagt, wir wissen nicht, wie wir unsere Energieprobleme lösen sollen – das stimmt nicht! Wir müssen uns einfach ein bisschen anstrengen. Es hat nichts damit zu tun, dass es nicht geht, sondern dass wir einfach nicht interessiert sind an etwas, das von der Sonne kommt. Jeder kann die Sonne anzapfen, er braucht nur nach oben gucken. Wir wollen aber etwas haben, wo man dauernd betteln muss: Mach doch die Energie etwas billiger! Ich nehme die Sonne, wo sie kommt, das heißt, wir werden unabhängiger und kommen dem näher, was wir anstreben wollen. Nämlich, dass der Mensch in der Demokratie nicht nur einen Wahlzettel weiterreicht, und dann wird ein Millionär Führer, sondern dass wir wirklich beteiligt sind an der Zukunft. Und das hat man nur, wenn man direkt auf die Dinge zugreifen kann, die wir brauchen, um das Leben fortzuführen.

Die Pflanzen sind schon toll! Mit 42 Schritten nehmen sie das Sonnenlicht so, dass die Ordnung nicht kaputt geht. Es wird immer wieder weitergereicht, bis man am Schluss Glucose hat. Das ist ein chemisch stabiler Zucker. Das bedeutet, es ist Sonnenlicht, das aufgefangen wurde.
Die fossilen Brennstoffe haben Millionen von Jahren gebraucht, um das zu sammeln, was wir in einem Jahrhundert verbraucht haben.

Ich will noch etwas sagen darüber, wie wir die Welt wahrnehmen. Wir glauben jeder, wir sind alle Menschen, und dass jeder dasselbe meint, wenn wir über die Welt sprechen. Welt, das heißt die vom Menschen wahrgenommene Wirklichkeit. Wir haben alle nur fünf Sinne. Was wir wahrnehmen ist nur ein Teil des Ganzen. Man nimmt an, dass jeder Mensch dasselbe sieht, aber wir wissen heute, das ist gar nicht der Fall. Was man für wichtig hält, sieht man mehr, und was man für unwichtig hält, sieht man weniger oder überhaupt nicht.

Wir erleben mehr, als wir begreifen. Warum? Weil wir noch zu dumm sind, um das zu erklären. Also wird mehr geforscht, damit wir alles begreifen – und das ist es, was schief geht.

Wir erleben mehr, als wir begreifen – da gibt es etwas, was ich überhaupt nicht begreifen, und trotzdem erleben kann. Das wissen wir, denn wir haben nicht nur unsere fünf Sinne, sondern auch unsere Gefühle.

Ich will zum Beispiel sagen „Ich habe mich verliebt". Ich kann das erleben, aber kann ich erzählen, begreifen, was es ist? Ich habe mich verliebt – Liebe ist es nicht. In dem Augenblick, in dem ich es begriffen habe, habe ich genau das kaputt gemacht, was ich zum Ausdruck bringen wollte.

Die Welt ist voller Möglichkeiten, dass wir miteinander umgehen können, ohne uns auf das Begreifen zu verlassen. Aber das Begreifen ist das, was für die Physik wichtig ist. Etwas, das man messen kann, dann hängt es nicht von dem Menschen ab, sondern ich kann es in ein Buch schreiben, und das Buch kann auch noch in 100 Jahren auf dieselbe Weise beschrieben werden. Das ist nun eine ganz wichtige Sache. Wir haben ja in Deutschland den großen Vorzug, dass wir das Wort Wirklichkeit haben. Wir verwenden kaum Realität. Geht auf das 13. Jahrhundert zurück. Meister Eckhart! Er hat gesagt, das ist es, was man Wirklichkeit nennt. Aber Wirklichkeit ist etwas ganz anderes als Realität. Wirklichkeit ist etwas, das wirkt, das sich verändert. Realität – ja, was ist Realität? Realität bedeutet, dass wir als Beobachter und das, was wir beobachten, getrennt sind. Subjekt guckt das Objekt an.

Echte Wissenschaft hat man nur, wenn man in seinen Aussagen ganz und gar objektiv ist. Wenn man sich mit seinem Ich abschneidet von dem, was man sieht. Subjekt und Objekt trennt sich.

Wenn sie das nicht trennen, können sie nicht veröffentlichen. Sonst kann es sein, dass man schlechte Laune hatte, und deshalb ein anderes Ergebnis bekommen hat. Ein Wissenschaftler muss zeigen, dass er blind das als Ergebnis hat.

Aber dieser Schnitt, das Subjekt vom Objekt abzutrennen, das ist das, was uns den Garaus macht. Das Objekt ist nicht nur ein Objekt, sondern isoliert, so dass es abtrennbar ist. Nicht nur vom Beobachter, sondern von allem anderen. Die Welt ist aus Dingen aufgebaut, und Ding heißt im Lateinischen „Res". Die Realität ist die Welt der abgetrennten Bausteine, die dann zusammenspielen und alles Übrige machen, was wir jetzt beobachten. Das ist die alte Physik.

Sie werden selbstverständlich sehen, dass da das Lebendige nicht hängen bleibt. Durch diesen Schnitt habe ich nur Resultate, aber was ist das Lebendige dann eigentlich?

Probieren Sie es mal aus: Sie zerschneiden sich in Tausend Teile und kleben sie mit dem Uhu wieder zusammen, Sie kommen nicht wieder in die Situation, in der Sie angefangen haben.

Das heißt, die Realität kann nur angewandt werden, wenn das Unbelebte betrachtet wird. Die Physik macht ihre Experimente am Unbelebten; nicht nur aus Sympathie an den Menschen, sondern weil es einfacher ist.

In unserem alten Bild wird die Wirklichkeit als Realität identifiziert.

Hier kommt jetzt ein ganz wichtiger Punkt. Kein Mensch redet darüber, obwohl es einer der wichtigsten Punkte ist: Eine Charakteristik des Unbelebten. Das Dominante in der Naturwissenschaft ist Getrenntheit und Wechselwirkung. Im zweiten Hauptsatz der Thermodynamik heißt es: Das Wahrscheinlichere passiert wahrscheinlicher. Ist das eine tiefgründige Aussage, dass das Wahrscheinlichere wahrscheinlicher ist? Natürlich ist es wahrscheinlicher! Aber es ist nicht trivial.

Schauen Sie sich Ihren Schreibtisch an, da sehen Sie es am besten. Zuerst ist er aufgeräumt. Nun haben Sie den ganzen Tag hart gearbeitet, jetzt ist er ein wenig durcheinander. Am Abend legen Sie sich hin, in der Nacht passiert immer das umgekehrte wie am Tag, man legt sich hin, steht wieder auf, aber der Schreibtisch hat sich nicht aufgeräumt. Das heißt, auch nachts geht es in diese Richtung, das wahrscheinlichere passiert. Bis der Schreibtisch so durcheinander ist, dass ich eine Stunde rumstöbern kann, es wird nicht wahrscheinlicher.

Dann kommt man an etwas wie diesen Tisch. Der rührt sich nicht mehr, der ist schon angekommen.

Die Frage ist, wie kann in einer solchen Welt überhaupt etwas Lebendiges entstehen? Leben ist so unwahrscheinlich, wenn Sie das ausrechnen, so unwahrscheinlich! Gilt da der 2. Hauptsatz etwa nicht? Er stimmt doch. Aber wir wissen genau, wenn wir unseren Schreibtisch aufräumen, brauchen wir eine ordnende Hand. Sie muss präzise vorgehen und alles an den richtigen Platz stellen. Am Schluss hat man zwei Häufchen und wir sagen, alles ist jetzt wieder in Ordnung.

Ich muss einen Blick darauf werfen: Erledigt – rechts, unerledigt – links. Ich brauche ein lebendiges Element, um überhaupt Leben in diese Unordnung hineinzubringen.

Wir können nicht überbetonen, es ist wunderbar, was wir alles mit den Gesetzen der Physik machen können. Ich sage es noch einmal: Es wird sich nicht als falsch herausstellen. Aber wenn wir sagen, exakt das, dann kommt es nicht heraus. Das liegt zum Teil daran, wenn wir als Physiker messen, müssen wir bestimmte Bedingungen stellen, damit es eine solide Messung wird.

Eddington hat es mit einem „Fischkundler" verglichen, der das Leben im Meer erkunden will, und nach zwei Jahren des Fischfangs zu den ichthyologischen Gesetzen kommt: 1. Alle Fische sind größer als fünf Zentimeter. 2. Alle Fische haben Kiemen. Bei jedem Fang hat er das festgestellt. Dann geht er zu seinen philosophischen Freunden und sagt „Zwei Grundgesetze der Ichthyologie habe ich gefunden. Alle Fische sind größer als fünf Zentimeter und alle haben Kiemen." „Alle? Du hast nur zwei Jahre geforscht, es kann sein, dass alle Fische Kiemen haben, es kann aber auch sein, dass es noch etwas anderes gibt. Aber das erste ist überhaupt kein Gesetz! Wenn du die Maschen deines Netzes gemessen hättest, hättest du festgestellt, die sind größer als fünf Zentimeter. Du kannst mit dem Netz einfach keinen Fisch fangen, der kleiner ist."
„Mein Philosophischer Freund, ich bin immer noch der Naturwissenschaftler, für mich ist ein Fisch definiert als etwas, was man mit diesem Netz fangen kann."

So ist es. Das Netz ist in unserem Fall die Art, wie Wissenschaftler vorgehen. Wir zerlegen und zerlegen. Alles, was zu klein ist und kaputt geht beim Zerlegen, das können wir nicht, das machen wir später mal. Wir haben solche Regeln. Die Analyse ist das Instrument der Wissenschaft. Analyse heißt, auseinandernehmen.

Es ist eine gewisse Parallele darin, dass der Andere sagt: „Es gibt aber noch kleinere Fische" und der Erste sagt: „Das interessiert mich nicht!" Und ich bin nicht Fischkundler (Ichthyologist) gewesen, ich bin Fischer gewesen, und ich habe meine Fische am Markt verkauft. Ich habe am Markt nie einen Menschen gefunden, der einen Fisch wollte, den ich nicht fangen kann.

Hören Sie nur nicht auf die Wirtschaft! Die sprechen nur von den Dingen, die sie fangen können, und das andere ist ihnen egal.

Aber das andere, der kleinere Fisch, ist selbstverständlich eine Vorstufe des Fischs, den er gefangen hat.

„Ohne Instrumente sind die Menschen in einem kognitiven Gefängnis" sagte Edward Wilson im Buch „Die Einheit des Wissens". Also in einem Gefängnis, in dem man nur ganz Bestimmtes wahrnehmen kann. Er schreibt dann darüber, was es für Vorstellungen gibt. Und am Schluss sagt er: „Aber alles ist falsch. Sie irren sich immer wieder, weil die Welt zu weit weg ist von ihrer möglichen Erfahrung, um bildlich dargestellt zu werden."

Er hat selbstverständlich Recht! Aber er meint, er sitzt nicht in einem Gefängnis. Dabei ist es noch enger dort, und die Knöpfe hat er selber gemacht. Selbstverständlich kann er mit dem umgehen, was er selber erzeugt hat. Aber wenn jemand draußen im Wald ist und jedes Mal etwas anderes sieht, der ist doch viel offener, als wenn er da drinnen ist. Das ist sozusagen die Schwierigkeit unserer Experten. Ich finde sie ja fantastisch. Aber wenn sie glauben, sie könnten irgendetwas Gescheites über die Welt als Großes sagen, dann sind sie auf dem Irrweg. Wir können deshalb das, was wir wissenschaftliche Messmethoden nennen, noch mit anderen Gleichnissen beschreiben.

Das Netz ist noch nicht gut genug, passender wäre, wenn ich statt dem Netz einen Fleischwolf nehme. Ich nehme einen Fleischwolf und ein Stück Fleisch – Entschuldigung an die Vegetarier unter Ihnen. Das Fleischstück stopfe ich oben rein und wirble es unten durch. Vorne kommen diese Nudeln raus – Ah, die Welt ist aus Nudeln zusammengestellt!

Unsere Sprache, wie wir die Welt ansehen, hängt damit zusammen: Wie habe ich sie angesehen? Jeder konstruiert sich eine andere Welt, und baut sie dann immer weiter aus. Wir dürfen nicht verwundert sein, dass wir zu anderen Bildern kommen.

Ein Beispiel ist das Vexierbild. Ich sehe die junge Dame, aber andere sehen die alte Frau. Manche nehmen es mir übel, sie sagen, du bist alt genug, die alte Frau zu sehen. Aber ich sehe immer noch die junge Dame, weil die mich bisher mehr beeindruckt hat. Es ist dasselbe Bild, aber je nachdem, wie wir es betrachten, schauen wir die Welt auf eine andere Art und Weise an. Wir sollten also, bevor wir anfangen zu streiten, erst einmal immer vergleichen: „Was hast du gesehen, als wir dasselbe angeguckt haben"?

Es ist doch fantastisch, dass wir so viel gesammelte Intelligenz haben in der Summe von allem! Ich musste Gottseidank nicht alles lernen, was ich brauchte, sondern ich musste die kennenlernen, die das besser können als ich, und umgekehrt.

Hier ein Beispiel wie wir in Deutschland mit dieser modernen Betrachtungsweise umgehen: Der Biologe Prof. Dr. Hubert Markl schrieb 1995 einen Artikel im Spiegel „Pflicht zur Widernatürlichkeit". Das hat mich furchtbar aufgeregt. Ich zitiere: „... wenn wir dafür sorgen wollen, dass unsere Spezies noch möglichst lange überleben kann, dann sind wir gezwungen, aus Eigeninteresse oder aus sittlicher Verantwortung für das Wohlergehen künftiger Generationen, gerade unsere Natürlichkeit aufzugeben und uns ganz bewusst anders zu verhalten, als es naturgegebenen Antrieben entspräche."
Mich hat es vom Stuhl gehauen. Ich habe dann mit dem Spiegel gesprochen und gesagt „Das kann nicht so stehenbleiben." Ich habe einen eigenen Artikel hingeschickt mit der Überschrift „Pflicht zur Mit-Natürlichkeit". Interessant war, dass der Spiegel mir geantwortet hat „Wir haben eine Riesen-Anzahl an Briefen bekommen, ob sie nicht die Namen verwechselt haben. Es kann doch nicht sein, dass der Biologe zur Widernatürlichkeit rät, und der Kernphysiker schreibt Pflicht zur Mit-Natürlichkeit." Das heißt also nur, wir haben die Hölle sozusagen einmal durchlaufen und sehen, warum das eigentlich nicht funktioniert.

Noch kurz, wie die moderne Physik aussieht, die uns erlaubt, alles zu integrieren. Die moderne Physik sagt folgendes: Der Anfang ist nicht die Materie, sondern der Anfang ist die Verbindung. Das Dazwischen. Wirklichkeit ist nicht Realität, sondern Wirklichkeit ist Potentialität. Es ist die Möglichkeit, sie materiell und energetisch zu zeigen, aber nicht das, was da ist. Die Welt besteht größtenteils nicht aus Dingen, sondern aus etwas, was dazwischen ist. Das ist einfach furchtbar schwierig, aber ich habe schon das Handy erwähnt. Wie wir eigentlich telefonieren können, ohne dass eine Strippe dazwischen ist. Dann sagen alle „das ist eine Welle im Äther", aber Einstein hat gesagt, den Äther gibt es gar nicht, sondern es ist eine Welle im Nichts. Stellen Sie sich mal im Nichts eine Welle vor, das geht einfach nicht.

VORTRAG VON PROF. DR. HANS-PETER DÜRR

Deshalb will keiner erklären, wie ein Handy funktioniert, wenn sein Sohn es fragt, denn er weiß es selber nicht. Aber es lässt sich auch nicht verstehen.
Es sind drei wichtige Dinge dabei. Die Verbundenheit ist da. Es ist das, was alles mit allem verkoppelt. Es sagt aber auch aus, dass es alles eine Struktur ist. Es gibt nichts, was unabhängig ist, was abgetrennt ist. Und dann das Dritte ist, dass sich die Zukunft nicht eindeutig vorhersehen lässt. Die Zukunft ist nicht beliebig offen, aber in der vorgegebenen Tendenz ist alles offen.

Das heißt, Ihre Kreativität ist kein Missverständnis – wir sind alle kreativ. Es ist nicht so, dass nach dem „Big Bang" alles wie an einer Schnur abläuft, und das all das Schlimme, was wir tun, schon seit dem „Big Bang" eingegeben wurde. Wir sind kreativ. Mit anderen Worten: Den Urknall gibt es gar nicht. Es knallt die ganze Zeit. Und alles, was lebendig ist, knallt, weil es diese Möglichkeit hat. Wir sind alle daran beteiligt, wie die Wirklichkeit im nächsten Schritt aussieht. Es gibt nicht eine Verlängerung in die Zukunft, wo man sagt, da werde ich hingezogen, sondern Wirklichkeit bedeutet, Neuschöpfung in jedem Augenblick.

Das will ich Ihnen noch mit ein paar Sachen zeigen, dass es gar nicht so sehr eine komische Sache ist. Deshalb will ich noch etwas durchgehen. Das ist vor allen Dingen, dass hier das Materielle wegfällt. Denn das Dazwischen ist keine Materie, sondern es ist nur eine Beziehungsstruktur, an der es eigentlich praktisch da ist. Das heißt, die Frage „Was ist?" darf nicht mehr gestellt werden. Man kann nur noch fragen: „Was passiert?". Zu fragen „Was ist ein Atom" macht keinen Sinn. Aber „Was passiert?" kann man fragen.

Statt Atom nenne ich es „Wirks". Jeder fragt: Was meinst du mit „Wirks"? Kann ich nicht verstehen.

Die Welt ist aus Wirks aufgebaut, etwas das sich verändert. Die Veränderung selber, und nicht A hat sich in B verändert. Das ist eine ganz komische Beschreibung. Bausteine, die eine Grundbeziehung zueinander haben, aus der alles aufgebaut ist.

Wenn ich es mit einem Computer vergleiche, heißt es, dass es eigentlich nur noch die Software gibt, und nicht mehr die Hardware. Natürlich gibt es das Gehäuse und die Drähte, aber die Software ist es, die es zu einem funktionierenden Computer macht. In dem Sinne gibt es die Materie nicht, sondern nur das, was dazwischen ist.

Ich will noch ein Beispiel nennen. Zuerst kommen zwei Fäden, die bilden einen Knoten. Ich kann aus Knoten keine Fäden machen, aber ich kann aus Fäden einen Knoten machen. Die Verbindung macht sie zu einem Knoten.

Das ist übrigens das, wofür Heisenberg seinen Nobelpreis bekommen hat. Er war in Helgoland und hat einen Heuschnupfen gehabt. Er war gesundheitlich ganz schlecht beieinander, und er hat gesagt, dass er dann immer ein bisschen spinnt. Zu dieser Zeit hat er einfach etwas mit dem herumgespielt, was gemessen wurde, und dem, was dabei herauskam. Dabei hat er festgestellt, dass wenn die Mathematik etwas mogelt, auf einmal alles ganz gut geht. Dass wenn er Q x P sagt, es etwas anderes ist als P x Q. Bei der Multiplikation ist es anders: 2 x 3 ist 3 x 2. Wenn es aber einen Unterschied ausmacht, hat er es auf einmal herausgefunden. Er hat nicht verstanden, was es bedeutet, er hat nur gesehen, die Mathematik hat ihm die nun richtigen Resultate gebracht. Das Symbol ist nicht mehr ein Ding, sondern ein Prozess. Es kommt etwas anderes heraus, wenn P zuerst ist und dann Q. Stellen Sie sich ein Duell vor. Der, der als Erster schießt, schießt den Anderen über den Haufen. Und wenn man es umdreht, ist der Andere dran. An dieser Stelle ist anstelle des Dings der Prozess gekommen.

Als weiteres Beispiel der Aufbau von Computern. Der Computer hat nur zwei Elemente, 0 und 1. Es ist die Aufeinanderfolge von 0 und 1, aus der alles gemacht wird. Sie können auch Ja und Nein sagen. Ja – Nein – Ja – Nein - Nein - Ja – Ja – Ja – Nein: Bild! Ja – Ja – Ja – Nein – Nein – Ja – Ja: Musik! Nein – Ja - Nein – Nein – Ja – Ja – Ja – Nein – Nein: Ein ausgedruckter Text. Nichts anderes als die Reihenfolge von Ja und Nein. Das ist doch absoluter Wahnsinn! Auf diesem kleinen USB Stick sind 60 Vorträge von mir drin, mit 80 Bildern! Der Zusammenhang erzeugt das. Ich kann es immer noch nicht verstehen, außer, wenn ich mich daran erinnere: Als Kind habe ich in einem Chor gesungen. Die Matthäus-Passion hat mich sehr beeindruckt. Zu Weihnachten habe ich dann eine Schallplatte bekommen. Und ich habe gesagt: „Das kann doch nicht sein, dass auf der Schallplatte die Matthäus-Passion drauf ist!“. Da sagte meine Mutter: „Doch!“ Und ich konnte das nicht verstehen. Dann hat sie mich erwischt, wie ich mit einem Vergrößerungsglas auf die Schallplatte geguckt habe, und ich habe sie gefragt: „Kannst du mir sagen, wo der Sopran ist?“ „Nein, der ist nicht ausgelagert, er ist mit allem überlagert in einem Kratzer.“ Das ist doch Wahnsinn, dass die Form so viel Information enthält, dass wir ganz komplizierte Dinge erzeugen können.

Dass was wir begreifen können, muss auch als Element begreifbar sein. Das kann wahnsinnig primitiv sein. Ja - Nein ist wie Münzen werfen. Das ist aufregend genug, und das will ich nicht erklären. Das haben Sie selber in der Schule gelernt. Atome - die große Überraschung, dass man sagen kann, jetzt haben wir endlich die kleinste materielle Einheit. Dann kam Rutherford und sagte, er hat festgestellt, dass das Atom einen Kern hat, der ein Tausendstel des Atoms ist. Und dann ist da noch etwas wie Elektronen, die schwirren um den Atomkern herum. Die sind nicht wichtig für die Materie, der Kern ist das Wichtigste. Dann hat man gesagt, es sieht aus, wie die Erde, die um die Sonne kreist, wie ein Planetensystem. Aber das kann nicht gehen, das stürzt da rein. Dann hat man erkannt, was da herumschwirrt, die Elektronen, sind ausgeschmiert. Ausgeschmierte Elektronen. Dann versteht man auf einmal, warum es nur bestimmte Bahnen gibt. An dieser Stelle ist es passiert: Das Elektron ist nicht verschmiert, es existiert einfach nicht. Es ist wie eine Art Welle, und wenn ich es ausrechne, sieht es etwas komplizierter aus. Was hier auf dem Bild nicht zum Vorschein kommt: Diese Gebilde haben unendlich lange Schwänze, bis ans Ende des Universums. Es gibt keine Abtrennung, alles füllt alles aus!

Sie glauben, Sie sitzen hier auf dem Stuhl und sonst ist nichts mehr da von ihnen. Da liegen Sie falsch! Sie sind alle überall in der ganzen Welt, aber nicht so aufmerksam wie jetzt.

Wenn man das anwendet auf die Doppelhelix, hat man den Eindruck die sagen „Hallo! Ich halt mich da fest, denn wir müssen jetzt etwas Wichtiges übertragen".

Da alles miteinander in Kommunikation ist, wäre es viel besser, ich würde es als ein Gedicht sehen. Es ist eine Aufeinanderfolge von Buchstaben und Wörtern, aber ich verstehe das Gedicht erst, wenn ich es ganz gelesen habe. Es kommt auf das Ganze an! Ob ich Schreibfehler habe ist unwichtig.

Das Zweite ist: Es gibt nur eine Welt. Eine Schöpfung ohne Schöpfer, aber das Schöpferische ist in der Schöpfung drin. Nicht abgetrennt wie ein Gott, der es geschaffen hat, sondern wir sind Teil dieser Schöpfung.
Im Indischen nennen sie es „Advaita", das heißt untrennbar, alles mit allem.

Und das Dritte ist: Die Zukunft ist offen, die Schöpfung ist nicht abgeschlossen. Sie können davon ausgehen, wenn Sie kreativ sind, denken Sie nicht, das ist für die Katz gewesen. Was Sie machen verändert was. Es ist wie ein Stein, den Sie ins Wasser geworfen haben. Da geht eine Welle aus, es verändert das, was auf diesem See passiert. Kommt dann die andere Welle dazu von meiner Frau Sue, wir kommen zusammen, es verändert sich alles. Dann kommt etwas bei raus, was weder das eine, noch das andere ist. Wir sind drin, aber nicht in der Form, in der wir eigentlich angefangen haben.

Das nur nebenbei, um zu zeigen, dass der Grund warum wir hier in eine komplizierte Sprache hereinkommen, ist, anstelle der zweiwertigen Logik die wir haben, ja oder nein – die zweiwertige Logik gilt da nicht mehr.
Das ist so wie Minus 1 und Plus 1. Jeder Punkt auf diesem Kreis ist eine mögliche Logik, eine modulare Logik. Hört sich kompliziert an.
Deswegen sprechen wir immer von einer Welle. Die Logik ist nicht eindeutig, aber auch nicht willkürlich. Wenn sich ja und nein überlagern, dann gibt es die wildesten Dinge. Wie zwei Wellen, die übereinander gehen, sie können sich sogar auslöschen.

Anstelle des alten Bildes, wo man Materiebrocken hatte, die miteinander in Wechselwirkung stehen, hat man nun ein Wellenfeld, aber ein sehr kompliziertes, in verschiedenen Dimensionen.

Der entscheidende Punkt ist: Ich spreche ja hier von einer Mikrophysik. Zwei Dinge sind für mich überraschend: Erstens das Kreative, und zweitens, dass die Zukunft nicht eindeutig festgelegt ist. Diese Offenheit der Zukunft und diese Kreativität würden wir eigentlich als ein Element des Lebendigen sehen. Es ist eine embryonale Lebendigkeit, die Grundstruktur des Lebendigen. Materie ist nicht das erste, es fängt mit etwas an, was kreativ ist und in Bezug auf die Zukunft offen.

Ein Gramm Materie ist aus Millionen mal Millionen „Wirks" aufgebaut, und wenn ich das durchschüttele, stelle ich fest, es kommt die alte Physik heraus. Die alte Physik ist eine grobe Betrachtung von Billionen mal Billionen von lebendigen Sachen. Es erinnert an einen Ameisenhaufen, den ich aus 10 Kilometern Entfernung angucke. Erst wenn ich hingehe, sehe ich, da geht eine Ameise hin, da eine weg, und es sind so viele, dass man gar keine Veränderung sieht, denn für jede Bewegung kommt eine Gegenbewegung. Also für was sollen wir uns darum kümmern?

Diese Lebendigkeit, kann ich die auf unser Niveau anheben? Da muss ich einen Vergrößerer, einen Verstärker haben! Nein, ich kann Ihnen ganz einfach zeigen, wir brauchen praktisch null Energie.

Deshalb habe ich dieses Pendel mitgebracht. Es ist ein Pendel, das wir mit der normalen Physik erklären können. Es wackelt und wackelt und wackelt, und wegen der Reibung verliert es langsam an Energie. Ohne Reibung würde es unendlich lange wackeln. Ich kann es genau ausrechnen, aber es ist nicht ganz richtig.

Wir haben hier eine Situation: Wenn ich das hier auf den Kopf stelle, dann weiß ich nicht, fällt es links oder rechts runter. Man sagt, man muss nur genau wissen, wo die Mitte ist. Ich gehe immer weiter zur Mitte und komme schließlich an einen Punkt, wo die Kräfte, die uns umgeben, in entgegengesetzter Richtung ziehen, und deshalb bleibt es oben stehen. Aber am Ende fällt es doch runter. Wie kommt das? Es liegt daran, dass man einmal links davon, einmal rechts davon steht, damit die Gravitation beeinflusst. Jeder von Ihnen kann eine Auswirkung darauf haben. Nicht nur wer hier im Raum ist, sondern auf der ganzen Welt.

Das heißt, an dem Punkt ganz oben, den nennen wir eine Instabilität, ist der Punkt der höchsten Sensibilität. An diesem Punkt spürt das Pendel im Hintergrund alles, was noch nicht die neue Physik, sondern die alte Physik ist. Und es hat auf einmal einen Zugriff.

Jetzt verstehen Sie auch: Wir hassen das eigentlich, diese Unsicherheit. Aber wenn man einmal in diese Unsicherheit kommt, öffnet sich auf einmal alles Übrige.

Aber es ist in diesem Fall nicht sehr ergiebig, weil wenn das Pendel einmal oben ist, fällt es gleich wieder runter. Kann ich es nicht ein bisschen interessanter machen? Ja, es geht, und hier kommt dann auch die medizinische Bedeutung herein. Es ist nämlich kein einfaches Pendel, sondern es hat zwei Zapfen, die ich anbringen kann.

Wenn ich diese Sachen jetzt anwerfe, kommt es immer und immer wieder nach oben. Nicht nur einmal, sondern immer wieder. Deshalb nennt man es das Chaospendel.

Wenn ich den Computer die Bewegungen berechnen lasse, bleibt er sofort stehen und sagt, du hast einen Fehler gemacht. Das gibt es gar nicht.
Das ist für mich auch ein Hinweis für die Medizin. Wenn etwas krank ist, denken Sie mehr an Zapfen raus anstatt Zapfen rein. Damit Sie mehr Gestaltungsmöglichkeiten haben. Der Raum, in dem die Lösung gesucht wird, wird größer und größer.

Nach ein paar Minuten hört das Pendel dennoch auf. Ich bin jetzt über 82 Jahre, ich muss einen Haufen von diesen Balancen hier haben. Wie kann man das machen, dass man das so strecken kann? Ich brauche mehr als eines von diesen Pendeln. Ich habe sie nicht mit, aber ich kann Ihnen das vorführen.

Warum steh ich eigentlich auf zwei Beinen? Drei Beine wären doch viel besser. Drei Beine sind stabil. Ich müsste nicht dauernd Angst haben, dass ich umfalle. Aber ich werfe genau das weg, was lebendig ist! Deswegen nehme ich ein Bein weg – ich spüre wenigstens, ich fall noch nicht um, meine Füße können das, und so geht es auch. Ich kann instabile Sachen nehmen, und wenn ich die ineinander binde, kann ich es so machen, dass ich etwas bekomme, was nicht mehr stürzt.

Stehe ich auf einem Bein, falle ich um. Gehe ich abwechselnd mit jedem Schritt nach vorne, falle ich nicht. Und ich laufe durch die Gegend, immer wieder umkippen, verstehen Sie? Und auf einmal gehe ich von meinem Standort weg, eine ganz neue Dimension öffnet sich. Und alles, was ich brauche, ist, dass meine Beine genau das Gegenteil voneinander machen. Wenn sie dasselbe machen, falle ich um, als ob ich nur ein Bein hätte. Unser Gegner ist sozusagen jemand, mit dem ich ein Spiel mache, um die Balance zu bekommen, und nicht in dem Sinne, dass ich sage, ich will den Anderen kaputtmachen.

Man stellt fest, dass es in unserer Dimension möglich ist, so etwas zu sehen, was ganzheitlich aussieht, und das nennt man dann „Holon". Wir können uns als Holon betrachten, als etwas Ganzes, aber nicht wirklich ganz, sonst würden wir einander nicht sehen. Wir sind immer noch durch Schall und Licht verbunden. Wir können mal so tun, als wär das nicht so.

Das Paradigma des Lebendigen geht immer dahin, das es beliebig differenziert. Es gibt nicht zwei Dinge in der Welt, die genau gleich aussehen. Und wenn Sie diese Vielfalt haben, dann, und das ist ganz wichtig, fangen die an, miteinander zu spielen, und sie suchen sich die raus, mit denen sie ein Spiel anfangen, so dass sie eine Stufe höher kommen. Kein Monopoly, bei dem nur ein Sieger übrig bleibt, sondern ein „Panpoly", das heißt, so lange miteinander spielen, dass wir zusammen etwas machen, was wir vorher nicht konnten. Das Ganze ist mehr als die Summe der Teile. Und das ist die Entwicklung des Lebendigen. Immer wieder Differenzierung und kooperative Integration zugunsten einer neuen Dimension, in der sich das entwickelt.

Ich würde am liebsten die Olympischen Spiele ändern, die gehen mir ein bisschen auf den Wecker. Eine Hundertstelsekunde schneller beim Hundert-Meter-Lauf, und dann kriegt er den ersten Preis, und die anderen sind Versager.

Ich finde das ein wenig albern. Aber wie soll man das den Leuten beibringen?

Ich habe gesagt, „Fangen wir doch mal damit an: die Läufer gehen alle runter, sagen auf die Plätze, fertig, los, dann lauft ihr alle los, aber ihr sagt nicht, in welche Richtung! Und dann sind sie alle Sieger!"

Das ist doch eine neue Dimension, die sich da öffnet. Alle sind Sieger. Das ist doch die eigentliche Entwicklung. Danke für Ihre Aufmerksamkeit.

Prof. Hans-Peter Dürr war nicht der Einzige, der die Forschungsergebnisse der Quantenphysik weit revolutionärer interpretierte als viele seiner Kollegen. Im Verlauf der letzten 80 Jahre äußerten sich vor allem die Mitbegründer der Quantenphysik wie Werner Heisenberg und Erwin Schrödinger in ähnlicher Weise.

Heute gilt in der theoretischen Physik die Aussage, dass der leere Raum all diese Energie trägt, die durch die Materie selbst nur unwesentlich erhöht wird. Materie bildet daher nur ein winziges Tröpfchen jenes Ozeans an Energie, in welchem sie relativ stabil und manifestiert ist. Meine Schlussfolgerung ist daher, der impliziten Ordnung eine Realität zuzuschreiben, die jene der Materie bei weitem übersteigt. Materie macht vor jenem gewaltigen Hintergrund nur ein Tröpfchen aus.

David Bohm (In: Renée Weber, Wissenschaftler und Weise)

In den Experimenten über Atomvorgänge haben wir mit Dingen und Tatsachen zu tun, mit Erscheinungen, die ebenso wirklich sind wie irgendwelche Erscheinungen im täglichen Leben. Aber die Atome oder die Elementarteilchen sind nicht ebenso wirklich. Sie bilden eher eine Welt von Tendenzen und Möglichkeiten als eine von Dingen und Tatsachen.

Werner Heisenberg

Der erste Trunk aus dem Becher der Naturwissenschaft macht atheistisch; aber auf dem Grund des Bechers wartet Gott.

Werner Heisenberg

Nichts geschieht im menschlichen Bewusstsein, ohne dass irgendetwas im Universum darauf reagiert. Mit jedem Gedanken, jeder Handlung beschreiben wir nicht nur unsere eigene kleine Festplatte, sondern speichern auch etwas im Quantenuniversum ab, das unser irdisches Leben überdauert.

*Jack Sarfatti, (*1939) US-amerikanischer theoretischer Physiker*

Alles ist von Bewusstsein durchdrungen.

David Bohm

VORTRAG VON PROF. DR. HANS-PETER DÜRR

Der amerikanische Physiker Professor John A. Wheeler sagte: „Viele Physiker hofften, dass die Welt in gewissem Sinne doch klassisch sei – jedenfalls frei von Kuriositäten wie großen Objekten an zwei Orten zugleich. Doch solche Hoffnungen wurden durch eine Serie neuer Experimente zunichte gemacht."

„Aus der Erkenntnis, dass das Bewusstsein das Agens ist, das ein subatomares Teilchen, etwa ein Elektron existent werden lässt, sollen wir nicht voreilig schließen, wir seien die einzigen Schöpfer in diesem schöpferischen Prozess. Wir schaffen zwar subatomare Teilchen und dazu das gesamte Universum, aber umgekehrt erschaffen sie auch uns. Eins erschafft das andere im Rahmen einer selbstregulierenden Kosmologie."

John Wheeler

Der britische Kernphysiker und Molekularbiologe Jeremy Hayward von der Universität Cambridge macht aus seiner Überzeugung keinen Hehl: „Manche durchaus noch der wissenschaftlichen Hauptströmung angehörende Wissenschaftler scheuen sich nicht mehr, offen zu sagen, dass das Bewusstsein neben Raum, Zeit, Materie und Energie eines der Grundelemente der Welt sein könnte", versichert er. Zusammenfassend kommt er zu dem Schluss, dass das menschliche Bewusstsein möglicherweise sogar grundlegender als Raum und Zeit sei.

Einen Tag bevor wir unseren Flug nach London starteten, sorgte spät am Abend eine Mail der Koordinatorin des Quantenphysikers Dr. Amit Goswami, für einen heftigen Adrenalinschub bei mir. Dr. Goswami möchte das Interview und die Besprechung nicht am Sonntagnachmittag, wie vereinbart, sondern am Donnerstag, so gegen 13 Uhr durchführen. Ob dies möglich wäre. Mir war klar, wenn das nicht möglich wäre, würde es wohl kaum mehr zu einem zeitnahen Treffen kommen, da wir im Vorfeld bereits mehrmals das Zeitfenster für dieses Treffen verschoben hatten. Dr. Goswami hatte sich wohl für diese paar Tage, die er in London weilte, einen sehr engen Terminplan für seine Meetings gegeben. Oh, dachte ich mir, dies wird aber nicht leicht sein, da wir am Donnerstag schon zur selben Uhrzeit das Treffen bei Dr. Rupert Sheldrake in dessen Londoner Haus vereinbart hatten. Nach einigen Mails an meinen Freund Ulrich Kramer, der mich zu diesem Interview begleitete und den anderen Beteiligten, sowie meinem Kameramann Bruno, konnten wir die Termine doch noch so anordnen, dass wir beide Forscher am gleichen Tag treffen und interviewen konnten. Wow, das war echt heftig, aber die Interviews waren zu wichtig und die Vorbereitungen zu diesen Treffen zu umfangreich, zumal dies auch die letzten Interviews für diese Dokumentation waren. Sie durften einfach nicht scheitern. Eine Lösung musste also gefunden werden. Gut, dachte ich mir, dass ich in früheren Zeiten als Geschäftsführer einer Marketingagentur arbeitete, welche viele große Veranstaltungen plante und organisierte, kam mir nun hier zu Gute. Ich bin es gewohnt, unter extremen Zeitdruck Lösungen zu finden.

Der Flug war reibungslos, das Wetter in London an diesem Tag wesentlich schöner als bei uns in Niederbayern, und so hatten wir auch nicht das Risiko extrem nass zu werden, während wir bei Dr. Amit Goswami noch rund eine dreiviertel Stunde vor einer Haustüre in einer alten Londoner Randsiedlung auf dessen Eintreffen warten mussten. Die Götter waren uns wohl gnädig gesonnen, wenn es nämlich tatsächlich in Strömen geregnet hätte, wäre das für die nicht wasserfeste Kameraausrüstung wohl fatal gewesen. Auch die „Umbaumaßnahmen“ im Wohnzimmer bei der Bekannten von Dr. Goswami, bei der er diese drei Tage in London verbrachte, verschafften meinem Freund Ulrich noch genügend Zeit, um rechtzeitig zum Interviewstart mit dem Taxi dort einzutreffen. Ulrich war separat nach London geflogen und war zudem auch verspätet gelandet. Endlich angekommen, wurde er auch noch von den schon wieder gestiegenen Taxipreisen in London überrascht. Verglichen mit den Kosten einer Londoner Taxifahrt vom Flughafen zu unserer Adresse, waren die Flugkosten das kleinere Übel. Bis dahin kannte Ulrich auch noch nicht die flexiblen und flinken „UBER“-Privattaxen und auch noch nicht die extremen finanziellen Vorzüge von „UBER“. Ich kann nur jedem empfehlen, wenn er nach London fliegt, um sich die Stadt anzusehen, auch diese neue Art des privaten Fahrservices zu nutzen. Es empfiehlt sich, sich die App aufs Smartphone zu laden – das ist simpel, superschnell, einfach und spart richtig Euros. Denn mit den Londoner Taxifahrern sind keine „Preis-Verhandlungen“ möglich. Ich bin kein knausriger Typ. Normalerweise ist mein Motto: Leben und leben lassen, aber diese Londoner Taxi-Gebühren kommen wohl von einem anderen Stern und dadurch, dass die Flughäfen rund eine Stunde Fahrzeit von der Innenstadt Londons entfernt liegen, kann man seine Reisekasse damit ganz schön strapazieren.

Aber kommen wir wieder zurück zu einem der weltweit bekanntesten Quantenphysiker unserer Zeit: Dr. Amit Goswami. Nachdem wir die Mikrofonverkabelung angebracht hatten und uns mit einem kurzen Smalltalk über seine Aktivitäten in London ausgetauscht hatten, legten wir los. Er war sehr professionell und äußerst zuvorkommend, denn meine Fragen hatten es in sich. Wie schon bei den vielen anderen Interviews, war es mir wichtig, den heiklen und umstrittenen Fakten, etwas näher auf den Grund zu gehen. Ich wusste, dass auch Dr. Amit Goswami bereits viele Interviews zu diesem Themenbereich hinter sich hatte und wollte auf alle Fälle vermeiden, dass wir nur „Routine"-Antworten erhalten. Ich wollte tiefer in die neuesten Erkenntnisse eintauchen, und bei der einen oder anderen Antwort auch noch mal etwas genauer nachhaken.

VORTRAG VON PROF. DR. HANS-PETER DÜRR

Dr. Amit Goswami

Interview mit Dr. Amit Goswami in London

JNM: Vielen Dank, dass Sie sich die Zeit für dieses Interview nehmen. Wieso tut sich die derzeitige Wissenschaft so schwer damit, in den Schulen die neue Physik zu lehren: Dass Materie nicht auf Materie aufgebaut ist, sondern im Grunde nur auf so etwas wie Geist, Software oder sollen wir es Bewusstsein nennen – aufgebaut ist?

AG: Die materialistische Weltanschauung ist stark in unserem Denken verankert, denn die Materie können wir mit unseren Sinnen wahrnehmen. Wir nehmen die materielle Welt einfach deutlicher wahr, als das, was wir nur mental wahrnehmen. Die mentalen Erfahrungen lassen sich nicht festnageln.

JNM: Wir können keine Dampfschiffe und Züge damit bauen.

AG: Ganz genau. Wir können keine Dampfschiffe und Züge bauen oder mentale Technologie betreiben, obwohl es die vermutlich in der Zukunft geben wird. Wobei Bücher gewissermaßen erfinderische Technologie sind. Aber man braucht Subtilität und Intelligenz, um das zu verstehen. Die physikalische Seite verstehen wir sofort. Das ist der Vorteil. Zum anderen haben wir die letzten 400 Jahre diese Wissenschaft entwickelt, die auf Materie basiert. Die Wissenschaft wurde als Revolte entwickelt gegen die subtile Art, die Welt zu betrachten, als Revolte gegen die Religion. Man kann weder von den Religionsführern noch von den Wissenschaftlern erwarten, einfach so einen Waffenstillstand zu schließen, nur weil die Quantenphysik sie zusammenbringt. Das wird eine Weile dauern.

JNM: Was würde sich in unserem Denken ändern, wenn wir den Materialismus überwinden könnten?

AG: Das Wichtigste an der bewusstseinsbasierten Weltanschauung ist, dass es zu einem Verstehen führt, was das Leben ist und worum es im Leben geht. Was ist das Bewusstsein und worum geht es beim Bewusstsein, im Sinne von: Was macht uns glücklich, was gibt uns Sinn im Leben? Sobald wir von einem Denken abgerückt sind, das eine nur aufs Überleben ausgerichtete Sicht darstellt, wo Glück bedeutet gut zu essen und materiellen Wohlstand zu haben, die Fähigkeit zu schlafen und Sex zu haben, und uns hingewendet haben zu den feineren Dingen des Lebens, die Suche nach einem Sinn, einem Zweck, dann sind wir bereit.

In der westlichen Welt scheinen manche Länder den Sprung zu schaffen, Länder wie die USA, Deutschland und England. Dort sind die Menschen bereit, sich um die höheren Bedürfnisse zu kümmern. Sie sind nicht mehr zufrieden mit diesem weltlichen Leben, bestehend aus Essen, Trinken, Heiraten, Sex haben. Deswegen sind sie bereit für den höheren Sinn des Lebens. Die Quantenphysik gibt ihnen all das. Es ist wichtig, dass sich die menschlichen Potentiale entwickeln. Ohne die Bereitschaft dazu können diese neuen Ideen sich nicht durchsetzen.

JNM: Die Bereitschaft scheint da zu sein. Wenn das, was Sie sagen, wahr ist, wird die Physik ihre Richtung ändern müssen, mehr in Richtung Psychologie und Theologie.

AG: Diese Trennung ist eigentlich willkürlich. In der materialistischen Weltanschauung kam es zu einer Trennung zwischen Naturwissenschaften und Biowissenschaften. Sogar in den Biowissenschaften scheint es einfacher zu sein, Amöben und höhere Tiere zu verstehen als die Menschen selbst. Auch die Humanwissenschaften werden unterteilt in Psychologie und Biologie. Die Neurowissenschaft gehört zur Biologie.

Aber die Neurowissenschaft beschäftigt sich nicht wirklich mit den subtileren Dingen. Die Naturwissenschaften beschäftigen sich nur mit Materie - Physik mit den Atomen, Chemie mit den Molekülen. Doch ist es der Wissenschaft nie gelungen, den Unterschied zwischen lebender und nicht-lebendiger Materie zu erklären. Auch war die Wissenschaft bisher nie in der Lage, den Unterschied zwischen vernunftbegabt und nicht-vernunftbegabt zu erklären. Es wird immer deutlicher, dass sich die Kategorien, die wir innerhalb der materialistischen Weltanschauung gesetzt haben, ändern müssen.

Im Gebiet der Chemie geht es noch, denn sie beschäftigt sich mit dem Nicht-lebendigen, Nicht-vernunftbegabten, doch in der Biologie und Psychologie müssen neue Kategorien her, und diese müssen interdisziplinär sein. Der Begriff Bewusstsein hört sich an, als gehöre er in die Psychologie, aber so ist es nicht. Bewusstsein ist die Grundlage von allem. Natürlich ist das Bewusstsein nur minimal vorhanden in der nicht-lebendigen Umwelt.

Die Physik wird in der neuen Wissenschaft keine so große Rolle mehr spielen. Sobald die Physik die Weltsicht festgelegt hat, werden Biologie, Psychologie, die Humanwissenschaften die prominente Rolle in der neuen Wissenschaft einnehmen.

Die Chemie trägt viel zu den mechanischen Wissenschaften bei, ebenso Ingenieurswissenschaften. Die neuen Wissenschaften werden Sozialwissenschaft sein, Aspekte der Biologie, dort wo mechanische Vorgehensweisen nicht passen, und vor allem Humanwissenschaften.

Die Menschen wissen, dass die momentane Weltanschauung hoffnungslos und hilflos ist. Sie kann keinen Einblick geben in die höheren Sphären des menschlichen Daseins, sondern nur in die niederen Aspekte des Lebens.

JNM: Die Menschen fühlen das. Sie finden sich nicht wieder mit ihren Gefühlen und Emotionen, wenn alles auf Hirnfunktionen reduziert wird. Es gibt eine gewisse Offenheit für diese neue Weltanschauung, von der Sie sagen, dass es eigentlich eine sehr alte ist.

AG: Sehr alt und gleichzeitig neu.

Die Leute müssen auch verstehen, dass es an den Wissenschaften liegt. Wissenschaftler werfen uns oft vor, dass wir uns zurück zu den alten Konzepten wenden. Aber das ist nicht der Fall. Die neuen Ideen betrachten die alten Konzepte in einem neuen Licht.

Ich gebe Ihnen ein Beispiel. In der alten Sicht wird das Einheits-Bewusstsein, das wir alle haben, als ein natürlicher, permanenter Aspekt der Menschen angesehen. Deswegen sagen sie zum Beispiel, Liebe ist in allen Menschen, Schönheit und Güte sind in allen Menschen. Aber die neue Sicht macht deutlich: Alles ist potentiell vorhanden, es muss nur verwirklicht werden. Und es gibt Bedingungen für eine Verwirklichung. Die Quantenphysik sagt nicht, dass man automatisch in der Lage ist zu lieben, aber man ist potentiell dazu in der Lage. Sie und ich sind eins, doch sind wir in der Praxis eins? Nein. Wir haben das Potential, eins zu sein. Wir müssen das Eins-sein verwirklichen durch Beziehung oder auf anderen Wegen, aber solange wir das Eins-sein nicht verwirklicht haben, sind wir nur potentiell eins. Dieses Verständnis von Verwirklichung und Potentialität ist der Unterschied zwischen dem alten und neuen Denken.

JNM: Also ist es nicht Gott, der einen gut erschafft, sondern es ist man selbst durch seine Taten?

AG: Es ist beides. Gott erschafft das Potential, aber wir müssen danach handeln.

JNM: Was halten Sie vom Leben nach dem Tod und den Nahtod-Berichten von Millionen Menschen auf der Welt?

AG: Meine Sicht vom Leben nach dem Tod hat sich im Laufe der Jahre verändert. Als ich Mitte der 80er Jahre das Bewusstsein als Basis des Seins entdeckte, war es mir nicht wichtig, was nach dem Tod passiert. Doch mein Denken entwickelte sich weiter mit der Quantenphysik. Die Quantenphysik umschließt all unsere Erfahrungen.

Sobald ich verstand, dass Materie auf dem Bewusstsein basiert, konnte ich mir auch vorstellen, dass es einen nicht-physischen Verstand, einen nicht-physischen Energiekörper und einen nicht-physischen Körper geben kann. Und nachdem ich das begriffen hatte, verstand ich, dass zwar der materielle Körper stirbt, aber dass es auch diese nicht-physischen Körper gibt, Energiekörper, die auch zu unserem Sein gehören und dass sie nicht zerstört werden wie der physische Körper. Diese Energiekörper beinhalten alles, was persönlich ist. Ein Teil unseres Ichs ist nicht-lokal, nicht an unseren Körper gebunden. Es wird nicht im Gehirn aufbewahrt. Außerhalb von Raum und Zeit.

JNM: Das bedeutet, dass es in der Quantenphysik keinen Grund gibt, ein Leben nach dem Tod zu verleugnen, denn es kann alles erklärt werden?

AG: Das meiste davon. Nicht alles. Wenn man zum Beispiel sagt, Details aus diesem Leben sind im nicht-lokalen Gedächtnis, ist die Antwort gewissermaßen ja, aber wie kommt man da ran? Die Antwort ist auch nein. Doch die Neigungen, die wir uns in diesem Leben aneignen – wenn wir annehmen, dass es ein Karma-Gesetz gibt – sind wie Perlen an einem Faden. Dieses Konzept existiert auch im Hinduismus.

Wenn man also dieses Gesetz hat, sowie die Idee der Quantenphysik, dass Dinge nicht-lokal gespeichert werden können, kann man in Bezug auf Reinkarnation sagen, dass etwas weiterlebt, das notwendig ist, um die Lernaufgaben zu bestehen. Diese können sein: Lernen zu lieben, lernen gut zu sein, aber auch die andere Seite, denn ich will unsere negative Seite nicht leugnen. Diese und unsere Neigungen können weitergegeben werden von einem Leben zum nächsten und zum übernächsten. Das ist der Grund für die Reinkarnation.

Es gibt noch weitere Hinweise dafür, dass das Bewusstsein nicht im Gehirn sitzt, wie Channelings zum Beispiel. Sehen wir uns Channelings an: Leute, die tot sind, nehmen Kontakt mit Menschen aus dem Diesseits auf. Das geht nur, wenn ein Teil des Bewusstseins nach dem Tod weiterlebt.

Dann gibt es ein Phänomen in der Quantenmechanik, das sich „Delayed Choice Experiment" nennt. Wie erinnern sich Menschen an Dinge, die passiert sind, während ihre Gehirne tot waren? Im Moment der Wiederbelebung erinnern sie sich an alles, was geschehen ist, nachdem das Gehirn eigentlich gestorben war. Sie müssen dennoch all diese Erfahrungen gemacht haben, um sich erinnern zu können.

JNM: Würden Sie differenzieren zwischen Bewusstsein und dem Träger des Bewusstseins? Denn das Bewusstsein ist ein Zustand, und dann ist da noch einer, der das Bewusstsein trägt?

AG: Ich würde nicht von Träger sprechen, sondern davon, dass das Gehirn das Bewusstsein repräsentiert.

JNM: Was ich meine, ist, wenn der Körper stirbt und jemand aus dem Körper austritt, wer ist dieser jemand?

AG: „Er" existiert nicht, wenn das Gehirn stirbt. Die Erfahrung ist potentiell. Diese potentielle Erfahrung wird nach der Wiederbelebung verwirklicht. Im Moment der Wiederbelebung ist dieser jemand separat vom Subjekt oder Objekt. Doch in der Zeitspanne, in der dieser jemand tot ist, gibt es kein „er" oder „sie". Es gibt kein Ich oder kein Objekt, es gibt nur das reine Bewusstsein.

JNM: Gibt es nach Ihrer Theorie das Faktum der Reinkarnation?

AG: Die Erfahrungen, die wir im Leben machen, produzieren Neigungen, Eigenschaften. Diese können recycled, in das nächste Leben transportiert werden. Die Erfahrung selbst kann nicht recycled werden, denn wenn wir zu viele Wiederholungen haben, fangen sie an, uns zu langweilen. Wenn wir älter werden, merken wir das. Wir wiederholen nicht die Erfahrung, sondern Neigungen. Wie sich herausstellte, gehen unsere Neigungen nicht unbedingt von diesem Leben zum nächsten über. Neigungen summieren sich durch viele Reinkarnationen hindurch und man nimmt nur eine Auswahl davon mit, die in das Programm passt, das wir für uns selbst für dieses Leben geschrieben haben.
Dieses Konzept gab es schon vor Tausenden von Jahren in den hinduistischen Theorien über Reinkarnation. Die Quantenphysik bestätigt das, neue Forschungen bestätigen das. Es ist sehr interessant, in welche Richtung sich die

neuen Wissenschaften in Bezug auf das Weiterleben nach dem Tod entwickeln.
In anderen Worten, wir werden überrascht davon. Es sieht sehr vielversprechend aus: Wir erkennen, dass wir in diese Welt nicht ohne Grund kommen, sondern mit einem Plan. Wir erforschen bestimmte Archetypen, die uns sehr wichtig sind, wie Liebe, Gerechtigkeit, Schönheit, Wahrheit. Wenn man sich das Leben der meisten Menschen ansieht, sieht man, dass fast jeder in jedem Beruf irgendeinem Archetyp folgt. Diese grundlegenden Konzepte von Denken und Fühlen erfüllen uns mit Freude und einem Ziel.

JNM: Was ist für Sie das Phänomen des Lebens. Gibt es einen Unterschied zwischen „toter" und „lebendiger" Materie?

AG: Eine sehr gute Frage. Niels Bohr, einer der ersten Quantenphysiker, ein sehr intelligenter Wissenschaftler, stellte immer diese Frage. Was ist der Unterschied? Hier ist die Zelle, sie lebt. Einen Moment später ist die Zelle tot, aber es sind dieselben Moleküle. Nach all den Jahren denke ich, ich kenne den Unterschied. Der Unterschied ist, im „nicht-lebendigen" gibt es keine Erfahrungen. In anderen Worten: Das Bewusstsein kann sich nicht zeigen im „nicht-lebendigen". Bei der lebendigen Materie ist etwas fundamental anders, was der lebendigen Materie ermöglicht, ein Bewusstsein zu entwickeln. Dieses etwas, fand ich durch Eingebung heraus, ist eine verwickelte Hierarchie. Dies ist ein sehr spezifisches Konzept, das ich genauer erklären muss. Verwickelte Hierarchie bedeutet, im elementaren Teil sind die Atome und Moleküle, aus diesen ist alle Materie aufgebaut. Ein Felsen hat auf der höchsten Ebene Moleküle, die in Atome geteilt werden können. Das ist die Struktur von nicht-lebendiger Materie. Auch die lebendige Materie ist aus Atomen und Molekülen aufgebaut, aber dann kommen wir zur lebendigen Zelle.

Im wörtlichen Sinne ist das Subjekt mehr als Moleküle, das Ganze ist mehr als seine Teile. Die Menschen nennen das Holismus. Obwohl man nur ein vages Konzept hat, dass da irgendetwas sein muss, das nicht in Moleküle zerlegt werden kann. Auch die Quantenphysik kann dieses Problem nicht lösen, es sei denn, man sagt, dass diese Dinge, wie Gehirne oder lebendige Zellen, etwas sehr spezielles an sich haben, das nicht zerlegt werden kann. Das ist die verwickelte Hierarchie. In einem holistischen System kann ein Teil nicht ohne das andere sein. Gehirne und lebendige Zellen sind der körperliche Teil, und dann gibt es noch die Erinnerungen. Diese Teile bilden einen Kreis. In diesem Kreis steckt das Bewusstsein fest. Wenn das Bewusstsein in diesen Kreis kommt, kann es nicht mehr heraus. Kommt es doch heraus, verliert das Subjekt das Bewusstsein. Das ist der Unterschied zwischen bewusst und unbewusst. Solange der Kreis Bewusstsein „einfangen" kann, ist man lebendig. Verliert er die Fähigkeit, Bewusstsein einzufangen, ist man tot. So können wir nicht nur zwischen vernunftbegabt und nicht-vernunftbegabt unterscheiden, sondern auch zwischen lebendig und nicht-lebendig.

Was also ist diese verwickelte Hierarchie? Beim Gehirn ist das Bewusstsein sehr klar erkennbar; der Wahrnehmungsapparat und Erinnerungsapparat. Bei der Zelle ist es nicht so offensichtlich. Aber wie sich herausstellte, wie Bruce Lipton herausgefunden hat, hat auch die Zelle ein Bewusstsein. Und das Wasser in der Zelle ist offensichtlich der Erinnerungsapparat. Wir erkennen immer mehr, dass Erinnerungen in den Zellen abgespeichert werden. Also haben wir einen Wahrnehmungsapparat und einen Erinnerungsapparat in der Zelle. Nach und nach beginnen wir, den Unterschied zu verstehen. Sobald die Zelle die Fähigkeit besitzt, Bewusstsein einzufangen, hat sie ein Selbst, das getrennt ist vom Objekt. Das ist das Überraschendste an der lebendigen Zelle, dass sie ein Ganzes ist, getrennt von der Umgebung. Wo kommt diese Ganzheit her? Diese Ganzheit ist das, wovon ich spreche, die Repräsentation von Bewusstsein. Die Zelle betrachtet sich selbst als getrennt von der Umgebung. Diese Getrenntheit ist das, was wir Leben nennen.

Das ist die Ebene, die nach dem Unbelebten kommt. Das Belebte ist Bewusstsein, verwirklicht in der lebendigen Zelle.

JNM: Sie haben sich kritisch geäußert zur darwinistischen Evolutionstheorie. Was ist falsch an der bisherigen darwinistischen Evolutionstheorie bzw. wie entstehen ihrer Ansicht nach neue Arten?

AG: Eine sehr interessante Frage. Darwins Evolutionstheorie – ist es eine Theorie der Artenentwicklung oder nur eine Theorie der Anpassung? Darwin selbst begann die Evolutionstheorie nur als Theorie der Anpassung. Dann wurde er von seinem Erfolg verführt und machte sie zu einer Theorie der Artenentwicklung. Genau genommen hatte Darwin selbst Zweifel an seiner Theorie. Zum Beispiel wusste er, dass, wenn eine neue Art entsteht, die neue Art oft ein neues Organ hat. Und er fragte sich, wie kann ein neues Organ entstehen aus kleinen, langsamen, kaum merklichen Veränderungen? Darwin selbst sagte: Nehmt als Beispiel das Auge. Dazu sind Tausende von genetischen Mutationen nötig. Und dann zu erwarten, dass all diese Mutationen bleiben bis alles zusammenpasst, ist absolut unsinnig. Sie würden doch durch natürliche Auslese ausgelöscht werden. Wenn eine genetische Mutation dem Organismus beim Überleben hilft, nur dann wird die natürliche Auslese genau diese Mutation weitergeben. Alles andere wird eliminiert. Darwin selbst bemerkte, dass die meisten Mutationen nicht sehr effizient sind und deswegen eliminiert werden. Wieso werden so viele Mutationen, von denen die meisten nicht nützlich sind, weitergegeben? Die Antwort ist, dass die Arten sich nicht in einem Schritt entwickeln, sondern in zwei oder drei Schritten. Doch für jeden Schritt sind Tausende Mutationen nötig. Vom einfachen Insektenauge bis zum menschlichen Auge sind Millionen Mutationen nötig. Also war Darwins ursprüngliche Kritik an seiner eigenen Theorie berechtigt.

Wie erklären wir uns das in der Quantenphysik? Jede Veränderung ist eine potentielle Veränderung. Das Potential bleibt vorhanden, bis das neue Organ entsteht. Bis es nützlich ist, bis es genutzt wird, wird es nicht verwirklicht, sondern bleibt Potential. So einfach ist das. Die Frage ist nur, wer verwirklicht das Potential? Hat der Organismus die Intelligenz, das nötige Potential zu wählen, um das Organ zu entwickeln? Es ist nicht der einzelne Organismus, der wählt, sondern die ganze Spezies. Wenn man sich das Spezies-Bewusstsein betrachtet, und dazu den natürlichen Lebensraum ansieht; wenn sich der Lebensraum auf katastrophale Weise ändert, schafft es das Spezies-Bewusstsein, dass sich die Art auf richtige Weise an die Veränderungen der Umweltbedingungen anpasst. Das Spezies-Bewusstsein ist da sehr effektiv, und dafür haben wir Beweise, die sogenannte gezielte Mutation. Es ist ein sehr einfaches Experiment, aber die Leute, die es durchführten, verdienen wirklich Anerkennung dafür. Sie nahmen eine Spezies und ließen sie hungern, indem sie ihr Laktose fütterten, was sie nicht verdauen kann. Es brauchte nur einen Schritt, bis sie es verdauen konnte. Teuflisch, nicht wahr? Es sollte viel länger dauern, bis es zur Mutation kommt. Kann die Spezies auf diese Art überleben? Sie konnte. Das nennt man gezielte Mutation. Die Spezies hat gezielt ihre eigene Mutation vorangetrieben, machte den Schritt, damit sie überleben konnte. Das ist ein erstaunlicher Beweis für die Theorien, über die ich spreche. Das Spezies-Bewusstsein kann, wenn nötig, die notwendigen Veränderungen einleiten.

JNM: Man könnte es als die Absicht zu überleben sehen.

AG: Ja, die Absicht zu überleben ist die Grundlage. Woher kommt das? Ebenfalls vom Bewusstsein. Darwin schwindelte ein wenig, als er das Wort Überleben benutzte. Wir können nicht den Schritt machen vom Überleben eines Moleküls, zum Überleben zweier Moleküle, zur ganzen Spezies. Auch bei den einfachsten Lebensformen gibt es keine Grundlage für Darwinismus. Wir haben bisher keinen Hinweis gefunden, wie man eine Zelle dazu motivieren kann, zu überleben. Zuerst kommt das Leben, dann das Überleben.

Wenn man sich die Frage nach lebendig oder nicht-lebendig ansieht, ist es auffallend, dass die DNA und die Proteine programmierte Moleküle sind. Das Programm der DNA ist es, Proteine zu bauen, und das Protein hat das Programm, biologische Funktionen auszuüben. Das ist der Schlüssel. 1994 schrieb ich darüber eine Arbeit. Es gibt in der Biologie sozusagen Hardware und Software, das, was programmiert ist. Protein und DNA sind programmierte Moleküle. Wenn man sich Gentechnik ansieht, sie alle nutzen DNA und Proteine, doch wurden noch nie programmierte Moleküle im Labor hergestellt. Das sagt uns doch etwas!

JNM: Die ganze Sache ergibt keinen Sinn ohne das Konzept des Bewusstseins.

AG: Das Bewusstsein programmiert die Moleküle. Rupert Sheldrake mit seiner Theorie der „Morphogenetischen Felder" kann Ihnen mehr dazu sagen.

JNM: Gehen wir weiter auf das Bewusstsein ein. Sie sagen, das Bewusstsein ist die Grundlage allen Seins. Um es in die mondäne Welt zu übersetzen: Wie können Sie, so wie Sie hier sitzen, auf dem Bewusstsein basieren?

AG: Bewusstsein ist die Grundlage allen Seins, und es hat Potentialitäten. Es gibt zwei Arten von Potentialitäten. Die Potentialität für Objekte und die Potentialität für Subjekte. Wenn wir unsere Erfahrungen ansehen, hat jede Erfahrung zwei Pole: Objekte und Subjekte. Der Subjekt-Anteil des Bewusstseins ist es, der Erfahrungen macht. Der Objekt-Anteil ist passiv. Er macht keine Erfahrungen. Das ist die Antwort auf Ihre Frage. Es ist nicht alles bewusst in dem Sinne, in dem Sie das Wort verstehen. Objekte wie dieses Sofa erfahren keine Trennung zwischen Subjekt und Objekt. Doch für das Subjekt ist es ein Objekt der Erfahrung. In dem Sinne ist alles Bewusstsein. Es ist nicht außerhalb des Bewusstseins. Doch hat es kein Bewusstsein in dem Sinne, dass es keinen Wahrnehmungsapparat hat. Doch in der lebendigen Zelle oder im Gehirn ist so ein Wahrnehmungsapparat, Bewusstsein kann sich zeigen. Subjekt-Potentialität kann sich im Gehirn oder der lebendigen Zelle zeigen, Objekt-Potentialität wird nie eine Repräsentation des Bewusstseins darstellen. Materie, die niemals Bewusstsein einfangen kann.

JNM: Wenn das Bewusstsein die Grundlage von allem ist, warum gibt es dann überhaupt ein physisches Universum?

AG: Eine sehr gute Frage. Sehen wir uns Perfektion an. Bewusstsein mit Potentialitäten hat eine gewisse Perfektion. Potentialitäten sind nur Potentialitäten, es steckt keine Erfahrung darin. Erfahrungen können sowohl Leiden als auch Freude bedeuten. Die Manifestation der Potentialität ist nicht länger perfekt. Ohne Manifestation scheint es perfekt, denn es gibt keine Erfahrungen. Es ist schon ein Ganzes. Warum also das Ganze zerstören und für einen Moment zumindest imperfekt machen? Die Antwort lautet: Das ist das Spiel der Potentialitäten und des Bewusstseins. Das Bewusstsein hat Perfektion, aber diese Perfektion steckt auch in der manifestierten Welt. Kann die manifestierte Welt Perfektion ebenfalls manifestieren, nicht nur das Potential für Perfektion? Können Menschen oder höhere Wesen sich in eine Richtung entwickeln, die es ihnen ermöglicht, auf perfekte Art zu leben, ohne Leiden?

Das ist die Herausforderung. Wenn man sich die Menschen anschaut, und das habe ich ausführlich getan, sieht man, dass man über die prähistorischen Ereignisse nicht allzu viel sagen kann. Wir wissen, dass es die Jäger und Sammler gab, und dass die Gedankenwelt der Menschen damals sehr physisch war, sie konnten nur über physische Probleme nachdenken. Man musste jagen und sammeln, damit man etwas zu essen hatte. Doch im Zeitalter des Ackerbaus wurde die Vorstellungswelt subtiler. Die Leute begannen, sich mit ihren Gefühlen und Erinnerungen auseinanderzusetzen, sie waren näher beisammen als zu den Zeiten, als die Männer Jäger und die Frauen Sammler waren. Sie gingen Beziehungen ein.

Im nächsten Schritt wurden Männer und Frauen wieder mehr getrennt, Landherren schwangen sich auf. Unser Verstand bekam die Fähigkeit, den Geschehnissen Bedeutung zu geben und über den Sinn nachzudenken. Irgendwann kam die Industriegesellschaft und heute die Hightech-Gesellschaft. Unser rationales Denken hat sich tatsächlich extrem verfeinert.

Aber was kommt als nächstes? Der nächste Schritt wurde vor etwa 3000 Jahren vorbereitet durch die Entdeckung der Archetypen. Wir können liebend und gut sein, Liebe ist ein Archetyp in dem Sinne, dass wir nicht wirklich wissen, was sie ist. Doch gibt er uns den besten Zusammenhang für das Denken oder Fühlen. Es ist ein wundervolles Gefühl, so dass jeder, mit Ausnahme vielleicht von Soziopathen, nach Liebe strebt. Die Archetypen, obwohl wir nicht genau wissen was sie sind, führen unsere Zivilisation. Archetypen fühlen sich richtig an, wenn wir sie verkörpern. Das ist unser Weg zur Perfektion. Je mehr wir die Archetypen verkörpern, umso näher gelangen wir an die Perfektion.

JNM: Kann ich das so zusammenfassen: Das Bewusstsein nimmt die Herausforderung an, eine perfekte Welt zu schaffen, und es gibt nicht auf, bis das erreicht ist?

AG: Ja, und das kann Millionen von Jahren dauern. Es werden andere Planeten und Erden da sein, auf denen das Bewusstsein es weiter versucht. Nun haben wir die Dunkle Materie entdeckt, eine weitere große materielle Welt, wo das Sein sogar noch subtiler ist als das menschliche Sein. Es gibt unglaubliche Möglichkeiten für das Bewusstsein, Perfektion anzustreben.

JNM: Glauben Sie, dass es ein ultimatives Konzept, einen Plan gibt, wo das Leben hingeht?

AG: Ich denke, das ultimative Ziel des Universums führt zurück ins Nichts. Aber es ist beinahe unvorstellbar. Doch sehen wir uns die Weltanschauung der Quantenphysik an. Die Grundlage des Seins ist Bewusstsein. In der Wissenschaft sollte jedes Konzept überprüfbar sein. Wie überprüfen wir, dass das Bewusstsein die Grundlage allen Seins ist? Meine eigene Suche ist ein sehr gutes Beispiel dafür, denn wenn ich nicht diese zwei Ebenen der Realität erfahren hätte, dieses Eins-Sein wäre es für mich nicht nachvollziehbar. Es ist wichtig zu überprüfen, dass die Metaphysik real ist, aber das werden wir nicht mit Instrumenten messen können. Nur ein Mensch kann es erfahren. Nur ein Mensch kann das Eins-Sein mit der Grundlage allen Seins erfahren. In der spirituellen Literatur wird dieser Zustand Einheit ohne Trennung genannt. Die Einheit, die ich erfahren habe, war die Einheit mit Erfahrung. Einheit ohne Erfahrung kann sowohl geschehen als auch nicht geschehen; wir sprechen von Potentialität.

In der Quantenphysik gibt es das Konzept der „Delayed Choice". Wir sind eins, dann wachen wir auf und sind manifestiert, getrennt. Man kann sich an das Eins-Sein erinnern, dabei geht man zurück in der Zeit. Spirituelle Lehrer wie Jesus und Buddha haben darüber nachgedacht und indirekte Andeutungen gemacht. Buddha vor allem beim Konzept des Nirwana.

Was bedeutet das? Es bedeutet, es ist das ultimative Ziel, dass jedes menschliche Wesen in der Lage sein wird, sich mit dem höheren Bewusstsein selbst zu verbinden. Und dass es dann zurückkommen kann und sagen kann „Schaut, ich habe es getan".

JNM: Wenn das jeder getan hat, gibt es keinen Grund mehr, zurückzukommen.

AG: Das ist das ultimative Ziel.

JNM: Eine Frage zur Definition: Was ist Bewusstsein? Was ist das Quantenbewusstsein?

AG: Der Verstand ist das Vehikel, durch das das Bewusstsein denkt, das Bewusstsein ist die Grundlage. Das Problem ist, dass die Leute zwar das Bewusstsein und die Möglichkeiten haben, aber manche Möglichkeiten leben wir, die persönlichen Möglichkeiten. Dann gibt es noch die kollektiven Möglichkeiten im kollektiven Bewusstsein. Alle Möglichkeiten sind potentiell im Bewusstsein angelegt. Diesen Teil nennen wir das Quantenbewusstsein. Das Quantenbewusstsein ist ein neuer Teil der Möglichkeiten, die noch keiner verwirklicht hat. Noch nicht verwirklichte Potentialitäten. Ich nenne es Quantenbewusstsein, aber man könnte es auch anders interpretieren. Das Wort Quantum selbst hatte ursprünglich nur die Bedeutung einer begrenzten Menge von Energie. Heute benutzen wir das Wort Quantum, um ein Objekt zu bezeichnen, das auf zwei Ebenen existiert. Als Potentialität und als Manifestation.

Ein Quantenbewusstsein ist also ein Bewusstsein, das fähig ist, sowohl eine Potentialität als auch eine Verwirklichung zu sein.

JNM: Würden Sie es einfacher finden, Ihre Konzepte in Sanskrit zu erklären?

AG: So gut kann ich Sanskrit gar nicht. Ich habe es drei Jahre in der Schule gelernt, habe es aber seitdem kaum benutzt. Manche der Sanskrit-Sutras handeln von ähnlichen Themen, so nutze ich auch manchmal Ausdrücke aus dem Sanskrit, wenn die englische Sprache nicht subtil genug ist. „Somati" zum Beispiel; im Christentum gibt es den Heiligen Geist, der dem Somati nahe kommt. Im Japanischen gibt es das Wort „Satori", das ihm ähnelt, im Deutschen „Das Sein". Somati beschreibt es am besten, denn es beinhaltet, dass Subjekt und Objekt aufeinander liegen. Normalerweise ist die Trennung zwischen Subjekt und Objekt groß, doch in diesem Zustand fühlt man sich, als ob alles eins wäre. Ich habe mich gefühlt, als ob das Gras ich wäre, als ob das Gebäude ich wäre, Dinge und Leute sind ich, alles verschmolz zu einem.

Wenn man ein falsches Wort benutzt, verstehen die Leute einen nicht richtig. Das Sein trifft es nicht ganz, denn Trennung ist ein Teil der Erfahrung. Es gibt ein Subjekt, das auf die Einheit blickt. Wenn Subjekt und Objekt aufeinander liegen, gibt es noch eine minimale Trennung.

JNM: Die letzte Frage. Ist der Tod nur eine Illusion?

AG: Warum soll man Angst vor dem Tod haben, wenn er doch nur ein tiefer Schlaf ist, nach dem wir zurückkehren in einem neuen Körper? Wir sollten uns auf den Tod freuen. Ja, die Angst vor dem Tod ist eine Illusion.

Ist der Tod selbst eine Illusion? Nein. In einer Illusion steckt keine Ordnung. Bei Leuten, die einen sehr bewussten Tod erlebten, beschrieben ihre Angehörigen es als sehr friedlich. Man kann es auch als Beweis sehen für die Quanten-Nichtlokalität. Ich frage mich bei Hospizmitarbeitern, ob sie bei so vielen Todesstunden dabei sind, weil sie diese speziellen Momente genießen, vielleicht auch nur unbewusst. Sie können wundervoll sein und einem Frieden geben.

Sieht man sich ein Trugbild an, steckt keine Ordnung darin. Doch der Tod ist friedvoll und ruhig. Viele Menschen machen dieselben Erfahrungen bei Nahtod-Erlebnissen. Der Zustand Tod scheint sehr geordnet und klar zu sein.

Nicht der Tod ist eine Illusion, sondern die Angst vor dem Tod. Die Angst vor der Getrenntheit, dass wir getrennt leben für alle Ewigkeit. Diese Angst ist die Illusion. Man lebt nicht lange in Getrenntheit.

Wenn wir sterben, gehen wir zurück zur Einheit. Wenn wir dann wiedergeboren werden, werden wir wiedergeboren in ein Leben bestehend aus Getrenntheit und Einheit. Der Wachanteil ist getrennt, der Traumanteil ist getrennt. Der Schlafanteil ist Einheit. Von dort gehen wir eine Weile zurück zur kompletten Einheit. Nach einem langen Schlaf kehren wir zurück zu einem neuen Leben, mit einem neuen Körper und neuen Lernaufgaben. Ich finde, das ist wundervoll.

JNM: Besten Dank Herr Dr. Amit Goswami für das aufschlussreiche und sehr ausführliche Gespräch.

Das Film-Interview und das weiterführende Gespräch liefen bestens und Dr. Goswami und ich beschlossen, mit einem echt „knuddeligen“ Selfie das Treffen zu beenden. Wir vereinbarten auch noch, dass er unbedingt in naher Zukunft wieder einmal nach Deutschland zu einem Kongress kommen soll und ich mich für ihn einmal schlau mache, was Sache ist und wie dies organisiert werden könnte. Wir bestellten uns also diesmal ein UBER-Taxi und keine zwei Minuten später waren wir auf dem Weg zu Dr. Rupert Sheldrake.

Dr. Rupert Sheldrake

Interview mit Dr. Rupert Sheldrake in London

Nach relativ kurzer Fahrt kamen wir in einer Siedlung an, welche am Rande eines parkähnlichen Waldstücks – aber doch noch relativ nahe am Stadtzentrum – lag. Dort wurden wir, mit der bekannten britischen Höflichkeit, von Dr. Rupert Sheldrake begrüßt. Wir begleiten ihn hinauf in den 1. Stock seines Hauses in sein Arbeitszimmer. Wie ich es mir schon gedacht hatte, war es randvoll - bis an die Zimmerdecke - mit Büchern zu fast jedem Wissensgebiet. Wir bereiteten das Gespräch vor, während sich Dr. Sheldrake im Nebenraum in Schale warf. Dies ist allerdings für Briten nicht üblich, erklärte mir Ulrich, der lange Jahre in London gelebt und gearbeitet hatte, bevor er seine Psychologie-Praxis eröffnete. Je einfacher und abgetragener die Kleidung und je bescheidener die Art der Selbst-Darstellung ist, umso höher das öffentliche Ansehen der Person bzw. des Forschers. Es ist also keine typisch deutsche Eigenschaft, aber durchaus sympathisch. Und so war auch die ganze Art von Dr. Sheldrake: Britisch korrekt und sehr sachlich. Wir spürten in seinem Haus, welches mit Sicherheit schon mehrere hundert Jahre alt sein dürfte, einen zauberhaften Charme, ähnlich einem Harry-Potter-Film oder der pfiffig schlauen Miss Marple. Mich hätte es in dieser Atmosphäre nicht verwundert, wenn plötzlich ein Besen durch den Gang schwebend ins Arbeitszimmer levitiert wäre. Ja, das hatte etwas besonders – eine Kulisse wie in einem „Hollywood-Thriller" a la „Illuminati" mit Tom Hanks. Nur, dass diesmal Dr. Rupert Sheldrake die Hauptrolle spielte. Ein Set, das kaum zu toppen war. Aber Bruno, mein Kameramann, hatte zu diesem Zeitpunkt nicht wirklich Augen für diese Kulisse, sondern gab uns zu verstehen, dass wir gerne mithelfen dürfen, die Technik aufzubauen, damit wir keine Zeit mehr verlieren. Dies taten wir dann auch sofort. Ich hätte mich noch gerne weiter in der Bibliothek umgesehen. Vielleicht klappt es ja das nächste Mal. Dr. Sheldrake meinte, wir sollen uns das Zimmer so richten, wie wir es für nötig halten. Mir gefiel die Perspektive vor dem alten, offenen Kamin, zwischen den Bücherregalen, auf dem viele kleinere Artefakt-ähnliche Utensilien lagen, am besten für den Dreh.

Es war wieder beeindruckend, wie souverän Dr. Sheldrake meine Fragen beantwortete und wie er auch bei meinen vielen Nachfragen seine Erkenntnisse und den neuesten Sachverhalt sehr überzeugend und verständlich erläuterte. Seine Ausführungen zeigen deutlich, dass wir unser veraltetes Weltbild massiv verändern müssen und wir noch kein wirklich treffendes Bild für unsere Realität und dem Phänomen des Bewusstseins haben. Er erläuterte uns, dass die Mainstream-Wissenschaft tatsächlich nur einem zeitlich vergänglichen Dogma folgt, wie schon Thomas Kuhn in seinem berühmten Buch „Die Struktur wissenschaftlicher Revolutionen" (1996 erschienen) aufzeigen konnte. Es besteht also für die nahe Zukunft durchaus Hoffnung, dass die neuen Erkenntnisse aus den Bereichen der Nahtod-Forschung und der Parapsychologie bei einem größeren Forscherpublikum Gehör finden werden.

JNM: Dr. Sheldrake, vielen Dank für das Interview. In Ihrem Buch „Der Wissenschaftswahn" kritisieren sie die westliche Wissenschaft. Sie sagen, unsere materialistische Weltsicht ist weit entfernt von der Realität, dass die Wissenschaftstheorien in Wahrheit Glaubenssache sind. Wie konnte in der Wissenschaftswelt der Dogmatismus so sehr Fuß fassen, dass nur eine Sichtweise zugelassen wird?

RS: Ich denke, jede Form der Wissenschaft wird irgendwann dogmatisch. Das berühmte Buch von Thomas Kuhn „Die Struktur wissenschaftlicher Revolutionen" zeigt, dass es zu jeder Zeit eine offizielle Weltsicht gab, die den Leuten in der Schule beigebracht wurde. Sie ist der Rahmen für Beförderungen und Auszeichnungen. Das offizielle Dogma ändert sich im Laufe der Zeit. Momentan ist das Dogma die materialistische Weltsicht. Obwohl diese Sicht sehr solide ist, glauben viele Wissenschaftler nicht daran. Sie geben es nur nicht zu, wenn sie auf Arbeit sind. So wie auch in Russland viele Leute nicht an den Kommunismus glaubten, es aber nicht in der Öffentlichkeit gesagt haben.

Ich kenne viele Wissenschaftler, die der Meinung sind, dass wir das materialistische Weltbild hinter uns lassen müssen, aber nur wenige würden das öffentlich zugeben. Spricht man jedoch privat mit ihnen, gibt es einen großen Unterschied zur offiziellen Meinung. Viele Wissenschaftler sind privat sehr viel offener als in der Öffentlichkeit.

JNM: Das bedeutet aber auch, dass wegen Ansehen, Geld und Jobs die Wissenschaft vom Fortschritt abgehalten wird.

RS: Für Forscher ist es wichtig, Forschungsgelder zu erhalten, also können sie der materialistischen Sicht nicht offen widersprechen. Die Wissenschaftler müssen ihre Jobs behalten, das Richtige tun, um befördert zu werden, usw. Es ist ein sehr konservatives Umfeld.

Was den Dogmatismus ebenfalls erhält, ist die Tatsache, dass viele Leute, die keine Wissenschaftler sind, die Wissenschaft zu einer Art von Religion erhoben haben: Die Religion der Wissenschaftlichkeit, der Glaube, dass Materialismus die letzte Wahrheit ist. Dies ist ein Teil ihrer Weltsicht, und sie werden wütend, wenn irgendjemand ihre Weltsicht in Frage stellt. Es ist nicht nur eine Theorie, es ist eine Weltsicht, eine Glaubenslehre, auf der ihr Leben basiert.

JNM: Es ist also eine Frage der festen Überzeugungen?

RS: Für viele Menschen ist es eine Frage der festen Überzeugungen. Vor allem bei den Atheisten, denn sie glauben fest daran, dass es keinen Gott gibt. Die materialistische Weltsicht bestätigt ihren Glauben. Die Wissenschaftler, die keine Atheisten sind – und die meisten Wissenschaftler sind keine Atheisten, Studien haben gezeigt, dass nur 25 Prozent der Wissenschaftler in Großbritannien und Deutschland Atheisten sind – sind viel flexibler in ihrer Weltsicht. Doch sie wollen keinen Ärger bekommen, indem sie das zugeben.

JNM: Das wird sich auch nicht ändern.

RS: Vielleicht schon. Es gibt eine neue Bewegung in der Wissenschaft, die alten Dogmen werden aufgeweicht. Zum Teil, weil es viele Krisen in der Wissenschaft gibt. In der Kosmologie gibt es Probleme mit der Multiversum-Theorie, viele Kosmologen glauben, dass es viele weitere Universen gibt. Doch das ist Spekulation und keine Wissenschaft mehr.

In der Biomedizin und der Psychologie gibt es die Replikations-Krise. Die meisten Arbeiten, die in der Wissenschaft veröffentlicht wurden, können nicht exakt wiederholt werden. Das hat zu einer Vertrauenskrise in der Wissenschaftswelt geführt.

Es gibt auch Probleme mit dem Genom-Projekt. Es hat sich gezeigt, dass die Gene nicht so viel weitervererben, als wir dachten. Man glaubte, die Gene würden etwa 80 Prozent der Vererbung besonderer Merkmale erklären, doch es sind nur fünf bis zehn Prozent. Wenn die Gene es nicht erklären, was dann? Auch das führte zu einer Art Krise und die Erkenntnis, dass wir nicht so viel wissen, wie wir dachten.

JNM: Wo ist ihrer Meinung nach die größte Lücke in der Wissenschaft? Auf welchem Gebiet der Wissenschaft stehen wir auf festem Grund, und auf welchem Gebiet wissen wir am wenigsten?

RS: Viele der Fakten der Physik, Chemie, Mikrobiologie sind ziemlich sicher. Viele der Beobachtungen aus der Astronomie sind weit verbreitet. Nicht so weit verbreitet ist die Interpretation dieser Fakten. Sogar in der Chemie wissen wir nicht, wie Proteine sich zusammenfalten, um ihre dreidimensionale

Struktur zu erhalten. Dieses Problem wurde noch nicht gelöst. In der Mikrobiologie kennen wir die Sequenz der Gene, aber wir wissen nicht, wie diese Gene den Organismen Leben geben. Wir wissen nicht, was genau sie tun. Also sogar in der Mikrobiologie und in der Chemie und der Astronomie, die am besten erforschten Gebiete der Wissenschaft, gibt es vieles, was wir immer noch nicht wissen.

In der Astronomie gibt es seltsame Himmelskörper: Pulsare, Quasare, und wir wissen nicht, was genau sie sind. 96 Prozent des Universums sind uns komplett unbekannt, in der Form von Dunkler Materie und Dunkler Energie. Es ist überwältigend, sich vorzustellen, dass wir den größten Teil der physikalischen Realität nicht kennen. Sogar in diesen gut erforschten Gebieten sind eine Menge Fragen offen.

Die meisten werden mit mir übereinstimmen, dass das Gebiet, über das wir am wenigsten wissen, das Bewusstsein ist. Die Bewusstseinsforschung gehört zu den interessantesten Gebieten der Wissenschaft, gerade weil wir so wenig über unseren eigenen Verstand wissen. Wir wissen natürlich viel über den Aufbau der Gehirne, wir wissen, welche Teile des Gehirns aktiv werden, wenn wir denken, wenn wir träumen. Dennoch verstehen wir die Natur des Bewusstseins nicht. Deswegen wird in wissenschaftlichen Kreisen die bloße Existenz des Bewusstseins auch „das schwierige Problem“ genannt, denn es gibt keine wissenschaftliche Erklärung, warum wir überhaupt ein Bewusstsein haben. Man kann ein Gehirn erforschen, auf einer materiellen Ebene, doch sagen diese Forschungen nichts aus über das Bewusstsein an sich. Die traditionelle Sicht besagt, dass unser Bewusstsein eigentlich nichts tut, oder dass es nur eine Illusion ist, dass es keinen Zweck hat. Ich halte das nicht für sehr plausibel und es wird unter Wissenschaftlern viel über die Natur des Bewusstseins debattiert, wo es herkommt und wie verbreitet es im Universum ist. Beschränkt es sich auf Gehirnfunktionen oder geht es darüber hinaus?

JNM: Gewissermaßen sagen Sie, dass einige Bereiche der Wissenschaft sicher sind, solange sie anwendbar sind. Wir können zum Beispiel Flugzeuge bauen. Aber man kann nicht immer erklären, warum es funktioniert.

RS: Die heutigen technischen Möglichkeiten sind immens beeindruckend. Jeder weiß, wie beeindruckend Smartphones und das Internet und Chatrooms sind. Das alles funktioniert, aber es heißt nicht, dass wir verstehen, wie es funktioniert. Zum Beispiel ist die Natur der Elektrizität und der elektrischen Felder nicht geklärt, aber wir können sie nutzen. Doch was genau ist ein elektrisches Feld?

In der Physik gibt es die Superstring-Theorie. Demnach können die elektrischen Felder verbunden sein mit einem zehn-dimensionalen Feld. Aber niemand weiß, ob diese zehn-dimensionalen Felder wirklich existieren. Die Fragen nach Gravität, Magnetismus und Elektrizität sind tatsächlich noch nicht alle geklärt.

JNM: Das bedeutet, dass der Wissenschaftler in gewisser Weise einem Maurer ähnelt, der seine Mauer baut und es gut macht, aber nicht unbedingt die Physik dahinter verstehen muss, denn alles, was er zu tun hat, ist die Mauer zu bauen. Auf diese Weise kann ein Wissenschaftler im Praktischen sehr erfolgreich sein, ohne alles zu verstehen.

RS: Manche Gebiete der Wissenschaft sind mehr pragmatisch, auf die Anwendung bezogen, wie zum Beispiel Technologie, Ingenieurswesen, wo die Leute herausfinden, was funktioniert. Darin sind sie sehr gut.

In den fundamentaleren Wissenschaften, wie der theoretischen Physik, ist das meiste, worüber sie debattieren, wie die String-Theorie, komplett nutzlos, und kann in der Praxis nicht getestet werden. Eines Tages könnte sie zu einem tieferen Verständnis der Dinge führen, aber das wissen wir nicht. Es gibt also Gebiete der Wissenschaft, die rein spekulativ und theoretisch sind.

JNM: Anders gesagt, es ist eine Sisyphusarbeit, alles vollständig verstehen zu wollen?

RS: Manche Leute haben ein großes Verlangen, alles zu verstehen und hinter die Kulissen zu blicken. Andere Leute sind pragmatischer. So ist das in jedem Arbeits- und Lebensbereich. Einige Wissenschaftler bemühen sich, die tiefere Natur der Dinge zu verstehen. Ein gutes Beispiel ist Einstein. Er hat kaum Zeit darauf verwendet, praktische Dinge zu tun. Er hat nichts erfunden, aber er erreichte tiefe Einblicke in die Natur von Raum und Zeit.

Diese Unterteilung finden wir auch in anderen Gebieten. Es gibt Theoretiker, die große Theorien über politische oder wirtschaftliche Dinge verfassen, aber kaum etwas mit der Praxis zu tun haben.

JNM: Gehen wir noch mal auf das Thema Bewusstsein ein. Wenn ich Sie richtig verstanden habe, haben Sie angedeutet, dass das Bewusstsein nicht vom Gehirn erschaffen wird. Wie würden Sie das Bewusstsein definieren? Als Biologe und generell als Wissenschaftler?

RS: Ich glaube nicht, dass das Bewusstsein ein Produkt der Gehirnaktivitäten ist. Materialisten sagen, das Bewusstsein ist das, was das Gehirn tut, aber das denke ich nicht. Offensichtlich hat das Bewusstsein etwas mit Gehirnen zu tun – wenn man kein Gehirn hat, ist auch kein Bewusstsein vorhanden, oder wenn das Gehirn beschädigt wird, hat es Auswirkungen auf das Bewusstsein.

Wir wissen, dass es eine Beziehung zwischen dem Bewusstsein und dem Gehirn gibt, die Frage ist, welche Art von Beziehung? Das verlangt, dass wir über die Beziehung von Körper und Bewusstsein generell nachdenken.

Weitere Fragen sind: Ist das Bewusstsein auf Gehirne beschränkt? Ist es auf Mensch und Tier beschränkt? Gibt es eine Art von universellem Bewusstsein in der ganzen Natur? Die Idee, dass das Bewusstsein überall vorhanden ist, nennt man Panpsychismus oder Animismus. Pan bedeutet überall, Psyche bedeutet Verstand oder Seele. Es gab kürzlich eine Art Revival des Panpsychismus, überraschenderweise unter den materialistischen Philosophen, denn das „schwierige Problem" ist so schwer zu lösen, dass sie viel radikaler werden mussten.

Wenn die Materie kein Bewusstsein hat, wie traditionelle Materialisten annehmen, ist es extrem schwierig zu erklären, wie Gehirne ein Bewusstsein erlangen können, wie etwas komplett Neues entstehen kann aus etwas, das eben keinerlei Bewusstsein hat. Die Panpsychisten sagen, es gibt eine Art von Bewusstsein sogar in Elektronen und Atomen, das Bewusstsein des menschlichen Gehirns unterscheidet sich davon nur in der Tiefe.

Ich selbst halte viel von Panpsychismus, aber dann stellt sich die Frage, wie muss man sich das Bewusstsein eines Elektrons oder Atoms vorstellen?

Ich denke, der interessanteste Vorschlag kommt von dem britischen Philosophen Alfred North Whitehead, er schrieb in den 1920er Jahren. Whitehead gehörte zu den ersten, die die Quantenphysik verstanden haben, denn er war nicht nur Philosoph, sondern auch Mathematiker.

Die Quantenphysik lehrt, Materie ist bzw. sind nicht irgendwelche Dinge, die man herumschiebt. Materie ist aus Wellen zusammengesetzt, also ist sie ein Prozess. Wenn die Materie ein Prozess, eine Welle ist, dauert sie an. Wellen brauchen Zeit, man kann keine Welle in einem Moment haben. Man kann auch keine Welle an einem bestimmten Punkt haben, sie bewegt sich durch Zeit und Raum.

Es ist vergleichbar mit Wellen auf See, sie bewegen sich, genauso verhält es sich mit der Materie. Ein Stück davon wäre keine Welle mehr. Man wüsste die Wellenlänge nicht und die Charakteristiken der Welle. Das bedeutet, nichts im materiellen Universum steht fest, alles fließt wie Wellen. Sie haben eine Vergangenheit und eine Zukunft.

Whiteheads ursprünglicher Vorschlag war, dass das Bewusstsein eher zeitlich als räumlich an den Körper gebunden ist. Normalerweise sprechen wir über das Bewusstsein, als wäre es innen und die Welt außen, was eine sehr räumliche Definition ist. Nach seiner Ansicht sollten wir das Bewusstsein als zeitlich sehen. Der Verstand ist wie der zukünftige Pol, wie ein Pol in der Zeit. Der Körper ist der vergangene Pol. Unser Verstand ist vor allem beschäftigt mit Möglichkeiten, und mit der Wahl zwischen den Möglichkeiten.

Wenn wir eine Wahl treffen, wie wir unseren Arm heben, ist die Bewegung ein messbarer Fakt. Aber die Möglichkeiten sind nicht messbar, denn sie sind Möglichkeiten und keine materiellen Objekte.

Sogar Elektronen kann man in der Physik mit Schrödingers Wellen-Gleichung erklären. Die Gleichung zeigt alle Möglichkeiten auf, was ein Elektron tun kann. Doch wenn das Elektron mit etwas interagiert, kann es von all den Möglichkeiten nur eine wählen. Kollabiert es zum Beispiel, ist das ein physikalischer Fakt.

Also ist der Verstand beschäftigt mit zukünftigen Möglichkeiten, und seine Hauptfunktion ist es, zwischen den Möglichkeiten zu wählen. Das ist der bewusste Verstand.

Das Wesen unseres Bewusstseins ist es, zwischen Möglichkeiten zu wählen. Diese mentale Aktivität ist nicht physisch. Auch Schrödingers Wellen-Gleichung beobachtet man nicht in der Natur, sie ist eine Beschreibung der Möglichkeiten, nach statistischer Wahrscheinlichkeit. Doch sind diese Möglichkeiten selbst keine physikalischen Fakten. Das, so glaube ich, ist das Wesen unseres Verstandes und unseres Bewusstseins.

JNM: Wenn Sie sagen, der Verstand wägt die Möglichkeiten ab, glauben Sie, es steckt ein Sinn, ein Ziel dahinter?

RS: Ich denke, hinter jeder biologischen Aktivität steckt ein Ziel. Jede Pflanze, die sich entwickelt, hat das Ziel, ihre materielle Form zu erreichen. Tiere handeln zielgerichtet. Wenn ein Hund hungrig ist und einen Knochen sieht, versucht er, an den Knochen zu gelangen. Wenn ein Hund eine läufige Hündin sieht, versucht er, zu ihr zu kommen. Die ganze biologische Natur ist zielgerichtet. In mathematischen Modellen der Entwicklung von tierischem Verhalten werden diese Modelle nun in Form von mathematischen Dynamiken gemacht. Dynamiken beschreiben, wie man zu einem Ziel hingezogen wird. Es besteht in den mathematischen Wissenschaften kein Zweifel am zielgerichtet sein.

JNM: Sie sagen, Pflanzen und Tiere handeln zielgerichtet, und dass das leicht zu beobachten ist. Um es auf eine höhere Ebene zu heben: Glauben Sie, dass Leben hat einen Sinn? Glauben Sie, das Universum hat ein Ziel? Wie weit kann man das Konzept des „zielgerichtet sein" ausdehnen?

RS: Ich weiß nicht, wie weit man das Konzept ausdehnen kann. Das gehört zu den großen Unbekannten. Leute, die in theologischen Konzepten über den Sinn des Lebens und des Universums nachdenken, oder auch nur in philosophischen Konzepten, kommen oft auf den Gedanken, dass das menschliche Bewusstsein Teil des großen Planes ist. Doch wenn das so ist, warum ist es notwendig, Milliarden von Galaxien zu haben? Warum ist es notwendig, Milliarden von Käferarten im Amazonas zu haben? Es scheint eine unnötige Verschwendung, wenn das ultimative Ziel der Evolution der Präsident der Vereinigten Staaten ist, oder die EU, oder Intellektuelle. Wenn es nur um den menschlichen Verstand oder menschliche Wissenschaftler geht, warum brauchen wir so viel im Universum?

Für mich sieht es so aus, als wäre die Kreativität des Universums nur der Kreativität wegen da. Es gibt eine unglaubliche Kreativität in der Natur, die sich in der Artenvielfalt der Pflanzen und Tiere zeigt. Auch im menschlichen Leben zeigt sich eine immense Kreativität in den verschiedenen Kulturen, Hautfarben, in der Kunst, in den Produkten, die wir herstellen. Kreativität scheint ein Teil des Zwecks zu sein, aber die Kreativität muss nicht unbedingt ein Ziel haben. Diese Milliarden Insektenarten im Amazonas, warum so viele? Es scheint, als wäre die Kreativität nicht zielgerichtet. Ich denke, der Sinn des Universums ist Kreativität. Und diese Kreativität ist nicht immer zielgerichtet.

JNM: Die Kreativität ist nicht immer pragmatisch, sondern eher so zum Spaß?

RS: Es könnte nur zum Spaß sein. Im Hinduismus gibt es ein interessantes Konzept, bei dem das Universum als „Lila", das Spiel Gottes, bezeichnet wird.

Ich halte es für ein sehr gutes Konzept, und nach allem, was wir wissen, scheint es wahr zu sein.

JNM: In Ihrem Buch „Der Wissenschaftswahn" sagen Sie, dass seit der Zeit Platons die Wissenschaft sich auf Mathematik konzentrierte. Sie wandte sich ab von der lebendigen Natur und von Philosophie und Spiritualität. Sehen Sie die Quantenphysik als Lösung an, oder ist sie nur eine andere Falle, die uns weg vom Wesentlichen führt?

RS: Ich halte die Quantenphysik für eine großartige Errungenschaft, aber es ist die Physik der allerkleinsten Teile. Ein Quantum ist die kleinste Maßeinheit. Oftmals sprechen Menschen metaphorisch von einem Quantensprung, dabei ist ein Quantensprung nur der kleinste, mögliche Grad der Veränderung.

Die Quantenphysik beschäftigt sich mit dem mikroskopischen Bereich. Das Bewusstsein mit der Quantenphysik erklären zu wollen, scheint für mich Reduktionismus zu sein, also der Versuch, Dinge des Makrokosmos mit dem Mikrokosmos erklären zu wollen. In der Biologie ist es der Versuch, alle Bereiche des Lebens mit den Begriffen der Moleküle erklären zu wollen. In der Physik ist es der Versuch, alle Bereiche der Materie mit subatomaren Partikeln erklären zu wollen.

Der Versuch, alles mit Begriffen aus dem kleinsten Bereich erklären zu wollen, ist selbst eine Falle. Die mathematische Natur der Quantenphysik ist ein Problem, nicht für mich sondern für die Quantenphysiker. Mathematik funktioniert nur, wenn man mit sehr kleinen Systemen arbeitet. Die Quantenphysik funktioniert nicht bei komplexen Molekülen.

Wenn es zu Prozessen des Lebens kommt, spielt die Quantenphysik eine Rolle, in der Photosynthese beispielsweise. In den Zellen gibt es Quantenprozesse, und alles Lebendige basiert auf Zellen. Aber es ist fraglich, ob in makroskopischen Bereichen wie dem Gehirn die Quantenphysik angewendet werden kann. Um lebendige Organismen wie Gehirne und Zellen zu verstehen, brauchen wir ein anderes Feld, das ich das morphogenetische Feld nenne. Ich bin dagegen, es alles auf ein Quantenlevel reduzieren zu wollen.

JNM: Das ist ein aufregender Kommentar. Sie sagen, dass morphogenetische Feld und die Quantentheorie passen nicht zusammen?

RS: Ich sage, die Quantentheorie ist eine Theorie der kleinsten Teile, sie beschäftigt sich mit Proteinen, Atomen und Molekülen, und mit Licht und Strahlung. Die Frage ist, wenn man zu komplexen Molekülen und Zellen kommt, muss man es dann in die kleinsten Teile aufbrechen, um auf den Quantenlevel zu kommen? Oder ist es so etwas wie Quantenfelder? Doch Felder sind auf einem viel höheren Level. Die holistischen Konzepte der lebendigen Zelle sind holistisch, sie können nicht auf die kleinsten Teile reduziert werden. In der Quantenphysik geht es um die kleinsten Teile, nicht um ganze Zellen. Wir sollten besser versuchen, mit einem holistischen Ansatz zu erklären, was in Zellen oder Gehirnen vorgeht, und die Frage, wie das zur Quantentheorie passt, fallen lassen.

JNM: Was geschieht mit dem Bewusstsein nach dem Tod? Gibt es Hinweise auf ein Leben nach dem Tod, oder dafür, dass das Bewusstsein in irgendeiner Form weiter existiert?

RS: Meiner Meinung nach gibt es Beweise für ein Weiterleben nach dem körperlichen Tod. Diese fallen in verschiedene Kategorien.

Der überzeugendste Beweis für das Weiterleben von Irgendetwas nach dem Tod sind Kinder, die sich an frühere Leben erinnern. Über diese haben Ian Stevenson und andere geforscht. Ihre Studien zeigten, dass manche Kinder, wenn sie noch sehr jung sind, über ein früheres Leben sprechen. Dabei wissen sie Details, die sich später als richtig herausstellen. Alles spricht dafür, dass es wahr ist.

Dabei stellt sich die Frage, was weitergegeben wird. Es sind nicht alle Erinnerungen oder Aspekte der Persönlichkeit. Die Frage ist auch, wie ist die Beziehung zwischen Erinnerungen und Persönlichkeit? Sogar Buddhisten und Hindus haben unterschiedliche Interpretationen zum Thema Wiedergeburt. Das ist ein alter philosophischer Disput: Was ist es, das den Tod überlebt und wiedergeboren wird? Es ist nicht unbedingt das gesamte Bewusstsein.

Die Fälle, die Stevenson studiert hat, sind nicht typisch. Von den über 2000 Fällen, die er untersucht hat, war die große Mehrheit in ihrem früheren Leben ermordet worden, oder zumindest gewaltsam und plötzlich gestorben.

Leute, die an Reinkarnation glauben, sagen, wir alle werden wiedergeboren, aber nur diese Leute erinnern sich daran. Es kann aber auch sein, dass es eine Ausnahme ist. Dass Leute, die nicht wussten, dass sie sterben werden, eher dazu neigen, sich an frühere Leben zu erinnern.

Die andere Kategorie von Reinkarnationen, die ich beeindruckend finde, sind tibetanische Lamas. Sie versuchen absichtlich, wiedergeboren zu werden, wie zum Beispiel der Dalai Lama. Wenn diese fortgeschrittenen Lamas sterben, führen sie Praktiken aus, damit sie wiederkehren und ihre Karriere als Lehrer fortführen können. Der Dalai Lama ist der 14. in einer Reihe. Die Tibeter finden mit quasi-wissenschaftlichen Tests heraus, wer der wiedergeborene Lama ist. Natürlich hoffen viele Tibeter, dass ihre Kinder als wiedergeborene Lamas erkannt werden, weil es den Reichtum der Familie sehr vergrößern würde. Sie müssen also herausfinden, welcher echt ist.

Weitere Hinweise kommen aus dem medialen Bereich, Channelings durch Medien, die behaupten, Nachrichten von Verstorbenen zu überbringen. Manche dieser Botschaften haben Details, welche die Medien nicht wissen konnten. Doch wir wissen nicht, hat die ganze Persönlichkeit überlebt oder nur ein Teil der Erinnerungen? Loggt sich das Medium in die Erinnerungen dieser Verstorbenen ein, anstatt Kontakt mit der Person selbst zu haben? Das Ganze ist etwas unsicher.

Auch die Hinweise durch Nahtoderfahrungen sind unsicher, denn schließlich sind es Nahtoderfahrungen, und nicht Toderfahrungen. Per Definition sind diese Leute nicht gestorben, zumindest nicht dauerhaft, sie waren also nicht tot, als sie diese Erfahrungen machten.

Letztendlich ist es eine Glaubensfrage. Für Atheisten und Menschen, die nicht an ein Leben nach dem Tod glauben, ist es Teil ihres Glaubenssystems und ihrer Weltsicht, dass es unmöglich ist. Für Leute, die nicht an eine atheistische Weltsicht glauben, ist es eine offene Frage.

JNM: Die Kinder, die Stevenson studierte, hatten oftmals nicht nur Erinnerungen an frühere Leben, sondern auch Narben, die von der Art, wie sie starben, herrührten. Wie ist das möglich?

RS: Die Geburtsmale waren das überraschendste an Stevensons Studie. Zum Beispiel war in Alaska jemand ermordet worden, indem er erschossen wurde. Das Kind, das sich an sein Leben erinnerte, hatte ein Geburtsmal an der Stelle, an der die Kugel ihn getroffen hatte. Es waren nicht nur psychologische, sondern aus physische Erinnerungen.

Die Fälle, wo Leute Geburtsmale hatten, die zu der Art ihres Todes passten – das waren Erinnerungen an den Moment des Todes, nicht an Dinge, die ihr Leben lang präsent waren. In manchen Kulturen wird der Körper der Toten mit Malen versehen, damit man sie identifizieren kann, wenn sie wiedergeboren werden. Das ist überraschend, denn es wäre nicht mal eine Erinnerung. Die Beweise, die Stevenson gesammelt hat, sind sehr spannend, aber sie führen nicht notwendigerweise zu einer simplen Antwort. Wenn die Markierung nach dem Tod auf den Körper gemalt wurde, weiß der Wiedergeborene nicht unbedingt etwas davon. Es sei denn, das Bewusstsein schwebte über dem Körper und beobachtete, was passiert, wie in einer Nahtoderfahrung. Aber in diesen Bereichen gibt es keine eindeutigen Antworten.

JNM: Morphische Resonanz – sehe ich das richtig, dass morphische Resonanz die Interaktion zwischen morphogenetischen Feldern ist?

RS: Morphische Resonanz ist die Interaktion zwischen morphischen Feldern. Es dauert lange, zu erklären, was ein morphisches Feld ist, ist das notwendig für den Film?

JNM: Die Frage lautet eigentlich, was hat die morphische Resonanz zu tun mit dem Bewusstsein?

RS: Die morphische Resonanz ist eine Theorie über Erinnerungen in der Natur. Allgemein gesagt ist meine Idee, dass die Gesetze der Natur eher Gewohnheiten sind. Jede Spezies hat eine Art von Kollektivem Gedächtnis, auf das jedes Individuum zugreifen kann und zu dem es beiträgt. Das funktioniert auf der Basis der Ähnlichkeit, Ähnlichkeiten in den Mustern des Verhaltens.

Es ist eine generelle Theorie des Gedächtnisses der Natur. Ich denke, sogar die Art, wie Salz kristallisiert, ist eine Gewohnheit. Die Art, wie sich Wassermoleküle formen, ist eine Gewohnheit. Doch sind diese Gewohnheiten so fest, dass sie sich benehmen, als wären sie strenge Gesetze. Doch wenn wir neue Phänomene beobachten, sehen wir, wie sich diese Gewohnheiten langsam festigen. Es ist eine kontroverse Hypothese über die Erinnerungen und die Natur. Auch andere Leute, wie der Physiker Lee Smolin glauben an Gewohnheiten und ein Gedächtnis der Natur.

Diese Hypothese bedeutet auch, dass unsere eigenen Erinnerungen nicht in unserem Gehirn gelagert sind. Unsere Gehirne sind eher wie Fernsehantennen. Wie Videorekorder wird alles in den Nervenzellen aufgenommen. Die Erinnerungen sind ein Teil des Bewusstseins, aber auch ein Teil des Unbewussten. Der größte Teil unseres Innenlebens liegt im Unbewussten und wird vom morphischen Feld und von unseren Gewohnheiten mitgeprägt.

Man hat eine gewohnheitsmäßige Erinnerung daran, wie Fahrrad fahren geht. Wenn ich Fahrrad fahre, denke ich nicht bewusst darüber nach, wie es geht. Es geschieht automatisch. Diese Gewohnheiten geschehen einfach unbewusst und automatisch.

JNM: Wäre es korrekt zu sagen, dass man sich gar nicht all seine Gewohnheiten bewusst machen kann?

RS: Man kann sich seine unbewussten Handlungen bewusst machen, aber normalerweise funktionieren sie automatisch. Wenn ich Fahrrad fahre und mich dabei mit jemandem unterhalte, denke ich nicht über das Radfahren nach, ich tue es automatisch. Ich nehme auch die Umgebung wahr, fahre nicht in Bäume hinein. All das geschieht unbewusst.

Der wichtigste Aspekt im Überleben des körperlichen Todes ist die Beziehung zwischen Erinnerungen und dem Gehirn. Die Standard-Annahme der Wissenschaft, über die ich auch in meinen Buch „Der Wissenschaftswahn" schreibe, ist der Glaube, dass Erinnerungen im Gehirn gelagert werden. Es ist Standard im materialistischen Weltbild, und die meisten Leute glauben das auch. Wo sollten sie sonst sein? Das Problem ist, die Frage nach dem wo ist die falsche Frage in Bezug auf Erinnerungen. Erinnerungen sind nicht räumlich, sondern zeitlich. Doch wenn man die Frage nach dem wo stellt, hat man eine versteckte Theorie, dass Erinnerungen eine Sache sind, die man irgendwo abstellt. Das trifft zu auf unsere Tagebücher, USB Sticks, Bücher und Aufnahmen. Doch glaube ich nicht, dass biologische Erinnerungen so funktionieren. Ich denke, das Gehirn loggt sich ein, anstatt sie zu speichern.

Wenn die Erinnerungen im Gehirn gespeichert sind, wie man normalerweise denkt, dann muss das Gehirn verwesen, wenn der Körper gestorben ist. Damit müssten auch alle Erinnerungen vergehen. Von einem religiösen Standpunkt aus bedeutet das, keinerlei Weiterleben nach dem Tod ist möglich. Denn für jede Theorie des Weiterlebens nach dem Tod müssen auch die Erinnerungen weiterleben. Wenn man wiedergeboren wird, muss eine Art von Erinnerung da sein, damit ein Teil der Persönlichkeit von einem Körper zum nächsten transportiert wird. Ohne das wäre es ein völlig sinnloses Konzept.

Wenn man an ein Weiterleben glaubt wie im katholischen Fegefeuer, gibt es eine Weiterentwicklung nach dem Tod in einer anderen Sphäre. Aber wenn man nicht weiß, wer man ist und alles, was man getan hat, vergessen hat, hat diese Erfahrung keine Bedeutung.

In der protestantischen Sicht heißt es: Wenn man stirbt, schläft man ein und wacht zum jüngsten Gericht wieder auf. Wenn man dann vor seinen Schöpfer tritt um beurteilt zu werden, wäre auch das sinnlos, wenn man nicht weiß, wer man war und was man getan hat. Deshalb braucht man für alle Theorien des Weiterlebens nach dem Tod auch das Weiterleben der Erinnerungen. Wenn also Erinnerungen materiell im Gehirn gelagert werden, sind all diese Theorien unmöglich. Werden Erinnerungen, wie ich denke, nicht im Gehirn gelagert, sind all diese Theorien möglich.

JNM: Wenn man vor seinem Schöpfer steht, sollte man sich seiner Erinnerungen bewusst sein, damit man nicht mit jemand anderem verwechselt wird.

RS: Ich glaube nicht, dass das ein Problem ist. Vieles, was uns definiert, hängt mit unseren Erinnerungen zusammen.

JNM: Manche Erinnerungen werden unterdrückt, weil es unerfreuliche Erinnerungen waren. Zum Thema Bewusstsein: Man kann sich seiner Erinnerungen und Gewohnheiten bewusst sein oder nicht. Aber wer ist dieser ich, der bewusst ist?

RS: Wir können uns bewusst machen, wie unser Verstand arbeitet, indem wir uns beobachten. Das ist, was Leute beim Meditieren tun.

JNM: Aber wer tut das? Das Gehirn, der Verstand tut es nicht. Wer ist es, dem es bewusst wird, wie sein Verstand arbeitet, während er meditiert?

RS: Dass wir unseren Verstand während der Meditation beobachten können, weist darauf hin, dass wir unseren Verstand in zwei Teile teilen können, ein Teil der beobachtet, und ein Teil der denkt. Es ist ein selbstreflexierender Prozess. Eine Wahrnehmung darüber, wie der Verstand funktioniert, ist was beim Meditieren geschieht. Ein anderer Weg, wie wir unserer Gewohnheiten bewusst werden können, ist durch andere Leute. Wenn ich störende Gewohnheiten habe, weist mich meine Frau schnell darauf hin. Sie macht sie mir bewusst. Wenn ich unterdrückte Erinnerungen habe, die mir Probleme bereiten, kann ich einen Psychotherapeuten aufsuchen, der mir hilft, mich wieder zu erinnern. Mir dieser Erinnerungen wieder bewusst zu werden, kann einen befreienden Effekt haben. Wir können unserer Erinnerungen und Gewohnheiten durch Selbstreflexion bewusst werden. Manche Leute sind mehr selbstreflexiv als andere, manche sind fast gar nicht selbstreflexiv.

JNM: Letzte Frage: Sie haben berühmte Experimente über Telepathie gemacht. Telepathie wird für gewöhnlich als paranormales Phänomen gesehen. Was ist Ihre persönliche Ansicht über Telepathie?

RS: Meine persönliche Sicht ist, dass es ein Fehler ist, Telepathie paranormal zu nennen. Para bedeutet jenseits, paranormal heißt also jenseits des normalen. Ich halte Telepathie für völlig normal. Viele Tiere sind telepathisch, viele Hunde wissen, wann ihre Herrchen heimkommen. Das haben Experimente gezeigt, obwohl die Hunde es nicht hätten wissen können allein vom Zeitpunkt, bekannten Autogeräuschen usw.

Auch Katzen erkennen telepathisch die Vorhaben ihrer Herrchen und wissen im Voraus, wann sie heimkommen. Das alles habe ich in einem Buch beschrieben. Meine Experimente zeigen, dass diese Dinge völlig normal sind. Wenn man mit Hunde- und Katzenbesitzern spricht, kennen sie viele Beispiele, wo ihre Tiere anscheinend Gedanken lesen konnten. Es sind keine paranormalen Hunde und Katzen, es sind normale Hunde und Katzen. Normale Katzen, die normale Dinge tun, die in normalen Familien geschehen.

Viele menschliche telepathische Erscheinungen geschehen in Verbindung mit Telefonanrufen. Jemand ruft an und man sagt „Das ist komisch, ich habe gerade an dich gedacht". Manchmal weiß man auch, wer anruft, bevor man den Hörer abnimmt.

Ich habe viele Experimente zum Thema Telepathie durchgeführt, die zeigen, dass die Leute tatsächlich telepathisch Gedanken empfangen oder senden können. Bei den Telefonexperimenten wird per Zufallsgenerator unter fünf Personen bestimmt, wer anruft, und wer ans Telefon geht. Sie können nicht wissen, wer der Anrufer ist, weil er durch Zufall ausgewählt wird, und bevor sie ans Telefon gehen, müssen sie raten, wer der vier Personen es ist. Bei reinem Zufall lägen sie nur in 25 Prozent der Fälle richtig. Tatsächlich lagen sie bei 45 Prozent richtig.

Ungefähr 80 Prozent der Menschen kennen diese Erfahrung, dass jemand anruft, und man vorher weiß, wer es ist. Es ist normal, nicht paranormal, es passiert normalen Menschen, die ein normales Leben an einem normalen Tag führen. Es ist überhaupt nicht paranormal, es ist ein Teil unserer Natur.

Telepathie bedeutet Fühlen auf Entfernung. „Tele" fern und „Pathie" fühlen. Für Tiere ist es eine völlig normale Art, mit Mitgliedern ihrer Gruppe zu kommunizieren. Es wird nicht paranormal genannt, weil es so selten und ungewöhnlich ist, sondern weil es nicht ins materialistische Weltbild passt.

Materialisten glauben, dass der Verstand im Kopf ist, im Gehirn. Wenn das so ist, können meine Gedanken niemanden beeinflussen, so dass sie wissen, dass ich anrufe. Für Materialisten sind diese Dinge unmöglich, also existieren sie nicht. Deshalb halten sie auch alle Beweise für falsch.

Seit über 100 Jahren tobt darüber ein Kulturkrieg. Die materialistische Weltsicht kann diese Phänomene einfach nicht tolerieren. Die meisten normalen Leute dagegen sehen sie als selbstverständlich an. Wenn ich mit Leuten spreche, die keine bezahlten Mitglieder der Religion der Wissenschaft sind, ist Telepathie für sie etwas selbstverständliches, und sie sagen „Ja, das ist mir gestern auch passiert", oder „Das ist bei meinem Hund auch so". Sie halten es nicht für seltsam, sondern für normal. Und das ist es auch.

JNM: Ist der Tod eine Illusion?

RS: Ich denke, die Frage, die Atheisten und religiöse Menschen trennt, ist die nach der Natur des Bewusstseins. Ist das Bewusstsein etwas, das nur in den Köpfen der Menschen stattfindet? Oder ist es im ganzen Universum? Alle Menschen dachten, dass das Bewusstsein zuerst da war, bis zur Geburt des Materialismus, der erst im 19. Jahrhundert populär wurde. Sogar heute glaubt nur eine Minderheit der Menschheit an den Materialismus. Ich selbst glaube, das Universum hat eine Seele und ein Bewusstsein. Das Bewusstsein ist überall. Wie man die Quelle des ewigen Bewusstseins nennt, hängt von der jeweiligen Religion ab.

Die Juden und Christen nennen sie Gott, die Hindus nennen sie Brahma, Buddhisten und Taoisten nennen sie nicht Gott, aber auch sie haben die Vorstellung eines ewigen Bewusstseins. Wir können dieses ewige Bewusstsein hinter allen Dingen durch Meditation kennenlernen. Das höhere Bewusstsein ist die Basis aller Religionen, der Kern aller Religionen ist die mystische Erfahrung des höheren Bewusstseins. Jede Religion interpretiert es in ihrer eigenen Sprache, mit eigenen Bildern und Sitten. Es ist das, was alle Religionen eint, und was Atheismus von Religionen unterscheidet. Atheismus und Materialismus verleugnen die Existenz eines Bewusstseins jenseits der menschlichen Ebene. Sie sagen, das Bewusstsein sitzt in den menschlichen Gehirnen, alles andere ist unbewusst. Außer uns und vielleicht ein paar Tieren besitzt nichts im Universum Bewusstsein. Selbst wenn sie Tieren ein Bewusstsein zugestehen, beschränken sie es auf Lebensformen. Ich halte das für eine sehr enge Sicht auf das Bewusstsein, und dadurch wird die bloße Existenz des menschlichen Bewusstseins zum „schwierigen Problem" der Wissenschaft.

In Bezug auf unser Bewusstsein und das Weiterleben nach dem Tod finde ich es am einfachsten, wenn ich es mir als einen Traum vorstelle. Wir erinnern uns nicht immer an unsere Träume, aber wir alle träumen. Im Traum haben wir einen anderen Körper, den Traumkörper. Wenn ich träume, liege ich unbeweglich im Bett, aber in meinen Träumen laufe ich herum und spreche mit Leuten, manchmal fliege ich sogar. Im Traum haben wir also einen Traumkörper. Jede Nacht verbringen wir in einer anderen Welt, die unsere Gedanken geschaffen hat, beeinflusst durch unsere Hoffnungen und Ängste, Fantasien und Wünsche.

Ich denke, wenn wir sterben, träumen wir weiter, aber wir können nicht mehr aufwachen. Unser physischer Körper ist tot, also sind wir gefangen in unserer Traumwelt. Welche Träume wir haben, hängt damit zusammen, welche Art von Person wir waren. Manche Leute werden vielleicht in einer Art von Alptraum gefangen sein. Das wäre wie die Hölle, besonders wenn sie ihr nicht entkommen können. Manche haben vielleicht ähnliche Träume wie zu Lebzeiten. Spirituelle Menschen entwickeln sich vielleicht noch weiter und erleben eine Art Befreiung, kommen in eine Art von Paradies, was immer sie glauben. Diese Theorie bedeutet, jeder bekommt die Art von Träumen, die zu ihm passen. Wenn man sein Leben in Angst und Paranoia verbringt, wird man paranoide Träume haben. Wenn du fröhlich und optimistisch bist, hast du positive Nachtoderfahrungen. Das Schöne daran ist, jeder bekommt genau das, was er erwartet. Wenn Atheisten glauben, dass da nur Leere ist – vielleicht passiert ihnen genau das. Möglicherweise findet jeder, dass seine Theorie wahr wird. Deshalb ist es wichtig, an welche Theorie man glaubt.

Jede Religion erzählt uns, dass die Art des Lebens nach dem Tod davon abhängt, welche Art von Leben man geführt hat.

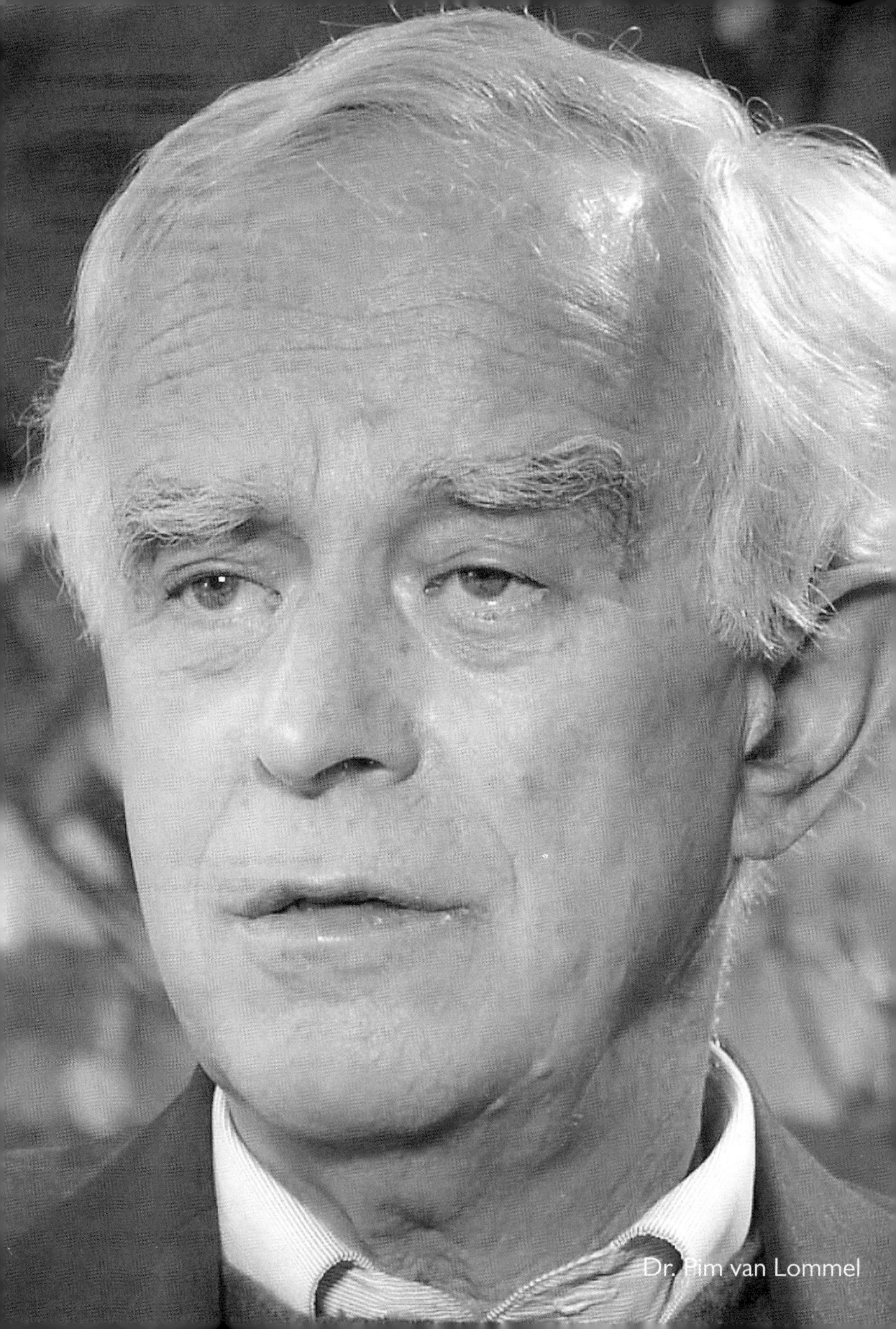

Dr. Pim van Lommel

Interview mit Dr. Pim van Lommel in Arnheim, Holland

Wer sich schon etwas mit der Materie der Nah-Tod-Forschung vertraut gemacht hat, ist mit Sicherheit auf die Bücher und Arbeiten des holländischen Kardiologen Dr. Pim van Lommel gestoßen. Pim van Lommel gehört zu den Pionieren auf diesem Gebiet und war einer der ersten, der umfangreiche Studien durchführte. Dabei fand er internationale Beachtung insbesondere für seine im Jahre 2001 in der medizinischen Fachzeitschrift „The Lacet“ veröffentlichte prospektive Studie über die Nahtod-Erfahrungen von Überlebenden, die einen Herzstillstand erlitten hatten und reanimiert werden mussten. Van Lommel zog aus dieser Studie den Schluss, dass die bis zu diesem Zeitpunkt bestehenden Interpretationen zur Entstehung von Nahtod-Erfahrungen und Bewusstsein einer tiefgreifenden Neubewertung unterzogen werden müssen.

Natürlich gibt es auch Kritiker, die ihm vorwerfen, er betreibe Quantenmystik und möchten deshalb diese Studien und seine Schlussfolgerungen nicht anerkennen. Doch gibt es viel Rückendeckung unter Fachkollegen. Einer davon ist Sam Parnia. Der Kardiologe Sam Parnia führte in jüngster Vergangenheit ebenfalls eine Studie durch. Er forscht am „Weill Cornell Medical College“ in New York. Sein Fokus liegt auf Nahtoderfahrungen von Herzpatienten. 2014 wurden die Ergebnisse seiner AWARE-Studie (kurz für AWAreness during Resuscitation, zu dt. Bewusstsein während Reanimation) veröffentlicht. Die Studie sollte Aufschluss darüber geben, inwieweit mentale Zustände wie Wahrnehmung, Kognition und Bewusstsein, ohne messbare Hirnaktivität auftreten können.

An der Studie hatten sich 15 Krankenhäuser in Großbritannien, den USA und in Österreich beteiligt. Während viereinhalb Jahren erfolgten standardisierte Befragungen bei Patienten, die nach einem Herzstillstand mittels Herz-Lungen Wiederbelebung reanimiert worden waren.

In den teilnehmenden Kliniken waren insgesamt 330 Patienten erfolgreich wiederbelebt worden. Es fanden 140 Erstinterviews statt, wobei aufgrund zeitaufwändiger Einwilligungsformalien bei 90 Patienten die Interviews erst drei bis zwölf Monate nach der Krankenhausentlassung und telefonisch stattfanden. 55 Befragte berichteten von Erinnerungen während ihrer Bewusstlosigkeit davon 9 von einer Nahtoderfahrung. Zwei Fälle wurden daraufhin näher untersucht.

Während bei einem der beiden Patienten der ungünstige Krankheitsverlauf eine weitergehende Befragung unmöglich machte, wurde mit dem anderen, einem 57-jährigen Briten aus Southampton, ein Vertiefungsinterview geführt. Seine Aussagen über den ihn behandelnden Arzt und den Verlauf der Reanimation konnten überprüft und verifiziert werden.

Obwohl tatsächlich nachgewiesen wurde, dass zwei Patienten zu einem Zeitpunkt, an denen ihr Gehirn nicht mehr funktionsfähig war, außerkörperliche Erfahrungen gemacht haben, wenden die Kritiker ein, dass dies zu wenig sei, um als Beweis anerkannt zu werden. Es ist wirklich interessant, wie sich die Naturwissenschaft immer noch gegen die Überlebenshypothese - unser Bewusstsein betreffend - sträubt, denn eines können die Forschungen nicht widerlegen: Die Erfahrungen der NTE-Patienten.

Natürlich wollte ich es jetzt wieder genauer wissen und vereinbarte eine Gesprächsrunde mit Dr. Pim van Lommel bei ihm zuhause in Arnheim. Dieser Ort ist durch die dortigen Ereignisse am Ende des zweiten Weltkriegs und dem späteren Kriegs-Film „Die Brücke von Arnheim" bekannt geworden.

Wie sieht also Pim van Lommel ganz persönlich die NTE-Erfahrungen heute, wie kam es zu den Studien und was sagt er zu den Kritik-Punkten? Welche weiteren Erkenntnisse hat er aus diesen persönlichen NTE-Erlebnissen seiner Patienten gezogen?

JNM: Herr Dr. Pim van Lommel, vielen Dank für das Gespräch, das wir heute zu dem Thema Bewusstsein und Nahtod-Erlebnisse führen können. In der Ausbildung zum Arzt wird vermittelt, wie der menschliche Körper aufgebaut ist, wie die Organe und der Kreislauf sowie das Gehirn mit seinem neuronalen Netzwerk, seinen Botenstoffen, funktioniert. Die Lehrmeinung sagt, wenn der Körper in eine Krise kommt und aufgrund eines Herzstillstandes das Gehirn nicht mehr mit Sauerstoff versorgt wird, sterben die Nervenzellen ab und unser Gehirn und damit unser Selbst stirbt irreversibel, und damit gibt es vermeidlich kein Leben nach dem Tod.

Sie haben prospektive Studien durchgeführt und sind nun anderer Meinung. Woher kommt diese klassische Lehrmeinung, dass unser Gehirn unser Bewusstsein erzeugt?

PvL: Während meines Arztstudiums an der Universität habe ich auch gelernt, dass unser Bewusstsein ein Produkt unseres Gehirns darstellt. Das stellt nach meiner Ansicht nach eine nie bewiesene Annahme dar. Und die meisten Neurowissenschaftler und die Mehrzahl der Mediziner glauben noch immer an diesen Mythos, dass wenn die Gehirnfunktionen verschwinden, auch das Bewusste verschwindet. Das war auch meine Meinung als junger Arzt. Als Kardiologe berichteten mir immer wieder Patienten, die ihren Herzstillstand überlebt hatten, von ihren außergewöhnlichen Erlebnissen. Das erste Mal hörte ich 1969 davon – das war auch das erste Jahr als es medizinisch möglich wurde, Patienten mit einem Herzstillstand wieder zu beleben – in den Jahren davor sind solche Menschen gestorben. Wir hatten also einen Patienten wieder ins Leben zurückgeholt und alle meine Kollegen und ich waren sehr glücklich darüber, aber dieser Patient nicht. Er erzählte uns von seinem Erlebnis mit unglaublich schöner Musik und Farben und einer liebevollen Lichtbegegnung.

Ich habe diese Aussagen eigentlich nie wirklich ernst genommen. Auch das Phänomen der Nahtod-Erfahrungen war noch nicht wirklich bekannt. Das passierte erst 1975 als Raymond Moody sein Buch: „Life After Life“ veröffentlichte und darin den Begriff prägte und viele dieser Fälle darin beschrieb. 1986 habe ich dann ein Buch von George G. Ritchie, „Rückkehr von Morgen“, gelesen.

Im Kriegsjahr 1943 stirbt der angehende Armeearzt George Ritchie an den Folgen einer Grippe. Und kehrt ins Leben zurück. Seine Reise in die unsichtbare Welt dauert nur wenige Minuten.

Nach massiver Aufforderung durch die Krankenschwester gab ihm der anwesende Arzt eine Injektion in sein Herz – was damals sehr ungewöhnlich war – und holte ihn dadurch wieder zurück ins Leben. Und er berichtet anschließend, was er in diesen neun Minuten, die er gestorben war, alles erlebt hatte und es revolutionierte sein „neues zweites Leben“: Dieses Erlebnis des Todes und der Welt danach ließ ihn nicht mehr los. Als ich dieses Buch gelesen hatte, habe ich begonnen, meine Patienten zu befragen, ob sie bewusste Erinnerungen hatten an die Zeitspanne, als sie ihren Herzstillstand hatten. Denn für uns waren sie in diese Phase nicht mehr bei Bewusstsein und klinisch tot. Nach dem Eintreten eines Herzstillstands sind die Patienten innerhalb weniger Sekunden bewusstlos und zeigen auch keinerlei Körperreflexe mehr, weder in der Großhirnrinde noch im Gehirnstamm, bei gleichzeitigem Atemstillstand. Das Atmungszentrum sitzt auch im Gehirnstamm. Ich bekam innerhalb von 2 Jahren Berichte von 50 Patienten, welche diesen

Herzstillstand überlebt haben, und fünf Patienten, welche mir dann von ihrer Nahtod-Erfahrung berichten konnten.

Das war für mich der Anfang dieser Forschung – denn ich wurde neugierig, da ich gelernt hatte, dass es so etwas nicht geben dürfte. Im Anschluss führten wir dann eine prospektive Studie an 344 Patienten, welche einen Herzstillstand überlebt hatten, in zehn unterschiedlichen Krankenhäusern durch. Dabei fanden wir heraus, dass rund 18 Prozent dieser Patienten ein Nahtod-Erlebnis hatten. Bei diesen Patienten führten wir ebenfalls eine Langzeitstudie durch und befragten sie nach zwei und nach acht Jahren noch einmal. Diese Langzeitstudie wurde auch an Patienten, die einen Herzstillstand überlebt hatten, aber von keinem Nahtod-Erlebnis berichten, als Kontrollgruppe durchgeführt, um zu sehen ob hier Veränderungen stattgefunden haben. Alle Befragten mit NTE berichteten, dass sie keine Angst mehr vor dem Tod haben, eine neue Einsicht, was wichtig ist im Leben, nämlich Empathie, bedingungslose Liebe zu sich selbst und zu anderen Menschen an erste Stelle steht und die materiellen Dinge kaum mehr eine Bedeutung haben. Der dritte Aspekt ist die erweiterte Sensitivität. Wir fanden heraus, dass nur die Patienten mit den NTE diese Transformation erlebt hatten. Das ist sozusagen ein objektiver Beweis für ein subjektives Erlebnis ihrer Nahtod-Erfahrung. Die Patienten ohne Nahtod-Erfahrung erinnerten sich deshalb nicht daran, weil sie offensichtlich keine hatten. Wir wissen, Kinder im Alter bis ca. fünf Jahren erinnern sich häufig nicht daran, aber wenn sie eine gehabt haben, machen sie alle diese Transformation durch. Die Schlussfolgerung unserer Studie war also, dass physiologische Faktoren wie Sauerstoff-Mangel, psychologische Faktoren wie Angst vor dem Tod, pharmakologische Faktoren wie verabreichte Medikamente oder das Vorwissen, dass so ein Erlebnis möglich sind, aber auch Religion bzw. Geschlecht, keine Rolle spielten. Diese Elemente waren alle keine Erklärung für ein Nahtod-Erlebnis. Es gibt bis heute keine wissenschaftliche Erklärung dafür, warum Menschen eine Nahtod-Erfahrung machen. Aber wir konnten eben nach dieser Studie sagen, es ist nicht Sauerstoffmangel. Es sind keine Halluzinationen.

JNM: Habe ich Sie richtig verstanden, auch ohne irgendeine Gehirnfunktion – also diese EEG-Nulllinie – haben manche Patienten berichtet, dass sie zu diesem Zeitpunkt diese Nahtod-Erfahrung mit Sinneseindrücken außerhalb ihres Körpers machten? Können Sie uns hier einige Beispiele aufzählen, was diese Patienten hinterher berichten?

PvL: Diese Nahtod-Erfahrungen beinhalten 12 universale Elemente. Nicht alle berichten von allen dieser Elemente, manche können sich nur an einige davon erinnern.

1. Das Unaussprechliche der Erfahrung. Es wird zwar versucht, das Er lebte in Worte zu fassen, was aber nicht wirklich gelingt, da es in un serer Sprache dafür keine zutreffende Beschreibung gibt.

2. Ein Gefühl des Friedens und der Ruhe. Eventuelle Schmerzen, die aufgrund eines gerade passierten Unfalles oder einer schweren Krankheit noch eben vorhanden waren, sind augenblicklich verschwunden.

3. Die Erkenntnis, tot zu sein.

4. Man verlässt buchstäblich den eigenen Körper. Man schwebt außerhalb, oft auch oberhalb an der Decke und beobachtet das Geschehen und sieht auch alle Menschen, welche in diesem Moment um den leblosen, zurückgelassenen Körper stehen. Man sieht die Wiederbelegungsversuche.

5. Oftmals wird es anschließend dunkel und man hat das Gefühl in einem engen dunklen Raum zu sein. Jedoch nur 15 Prozent der Betroffenen empfinden diese Erfahrung als beängstigend. Plötzlich wird eine kleiner heller Lichtpunkt wahrgenommen und die Szene verändert sich in ein Tunnelerlebnis mit einem immer heller werden Licht am Ende, in das man hineingezogen wird. Diese Bewegung hin zum Licht durch den Tunnel nimmt zu. Rund 1 bis 2 Prozent der Betroffenen kommen nicht über diesen dunklen Raum hinaus und erleben den Aufenthalt als furchteinflößende Nahtod-Erfahrung. Einige berichten, dass sie sich wie in der Hölle gefühlt haben.

6. Der Betroffene befindet sich dann in einer wunderschönen Landschaft, die aus noch nie gesehenen Farben, Blumen und Bäumen besteht, oder alles wird begleitet von einer himmlischen Musik, die danach nicht mehr beschreibbar ist.

7. Begegnung und Kommunikation (Telepathisch) mit Verstorbenen.

8. Die plötzliche Anwesenheit eines hell strahlenden, aber nicht blendenden Lichtwesens. Die Erfahrung vollkommener Akzeptanz und bedingungsloser Liebe.

9. Es kommt zu einer Art 4D-Lebensrückschau von der Geburt bis zu diesem jetzigen Moment. Man überblickt das ganze Leben in einem Augenblick. Es wird weder Zeit noch Distanz wahrgenommen – alles ist gleichzeitig. Die Betroffenen können viele Tage über dieses Moment-Erlebnis sprechen, obwohl es nur ein paar Minuten irdischer Zeit gedauert hat.

10. Manchmal kommt es zu einem „flash forward". Man hat das Gefühl, einen Teil des Lebens, der erst vor einem liegt, zu überblicken und zu betrachten. Auch hier gibt es weder Zeit noch Distanz.

11. Es wird dann eine Art Grenze oder Übergang wahrgenommen. Oftmals spricht eine Stimme, dass diese Grenze nicht überschritten werden darf, da es sonst kein Zurück mehr gibt und zurück in den „irdischen" Körper zu gelangen, nicht mehr möglich ist.

12. Man wird zurückgeschickt mit dem Hinweis, dass die Lebensaufgabe noch nicht erfüllt ist oder der Betroffene entscheidet sich freiwillig für die Rückkehr.

Der Betroffene empfindet eine tiefe Enttäuschung und hat das Gefühl, dass sein Bewusstsein nicht wirklich Platz hat in diesem Körper, die Schmerzen sind wieder da. Eigentlich möchte der Patient sofort wieder zurück zu diesem unbeschreiblich schönen Ort mit den nicht in Worte zu fassenden Eindrücken eines „überirdischen" Lebens.

Für die Wissenschaft ist es wichtig, dass man beweisen bzw. objektivieren kann, wann diese bewussten außerkörperlichen Erfahrungen gemacht wurden, wenn man die Aussagen der Ärzte und Krankenschwester mit denen des Patienten vergleicht. Oftmals werden ganz bestimmte Handlungen oder Handlungen, die exakt auf den Zeitpunkt des klinischen Todes fallen und von denen der Patient nichts wissen kann – außer er hat es tatsächlich auch zu diesem Zeitpunkt wahrgenommen - festgestellt.

Viele berichten von Begegnungen mit verstorbenen Verwandten und auch Personen, von denen zu diesem Zeitpunkt nicht bekannt war, dass der Angetroffene verstorben ist.

Ich möchte Ihnen noch ein Beispiel eines Falles geben, den wir während dieser Studie erlebt hatten. Zu uns wurde in die Notaufnahme ein 44-jähriger Mann gebracht, den man bereits bewusstlos in einer Wiese gefunden hatte. Er war zu diesem Zeitpunkt blau angelaufen, hatte keine Atmung mehr und keinen Puls bzw. Herzschlag mehr. Er war klinisch tot. Die bis dahin durchgeführten Wiederbelegungsversuche waren vergeblich. In der Herzabteilung wurde er sofort intubiert, um ihm mehr Sauerstoff zuzuführen, dabei fiel auf, dass er eine Zahnprothese hatte. Der Arzt nahm diese Prothese aus dem Mund und legte sie in den Instrumentenwagen neben ihn. Die weiteren Wiederbelegungsversuche dauerten noch weitere 1 1/2 Stunden, bis er wieder einen Herzschlag, Atmung und einen Blutdruck hatte. Er wurde die ganze Zeit künstlich beatmet und an die Geräte angeschlossen und er war zu keinem Zeitpunkt bei Bewusstsein. Anschließend war er auf der Intensivstation noch eine weitere Woche im Koma. Nach dieser Woche wurde er wieder in die Herzabteilung zur Untersuchung gebracht. Die Krankenschwester, welche bei der Einlieferung und der Wiederbelebung in der Notaufnahme dabei war, brachte ihm Medikamente und als diese das Zimmer betrat, erkannte er sie und sagte zu ihr: „Sie wissen, wo meine Prothese ist, sie waren dabei als mir der Arzt diese entnommen und unten in den Instrumentenwagen gelegt hatte." Er erzählte ihr, dass er alles gesehen und gehört hatte, was in der Zeit der Wiederbelebung passiert ist und konnte alle Details ganz genau beschreiben.

Das ist eine solche Objektivierung für eine außerkörperliche Erfahrung. In diesem Moment hatte er kein Bewusstsein, keine Körperreflexe und man weiß, dass er es gesehen hat, als er im Koma lag. Wir wissen von anderen Studien, dass bei einem Herzstillstand innerhalb von zehn bis 30 Sekunden keine Hirnfunktion mehr messbar ist. 15 bis 20 Prozent der Patienten dieser Studie, die einen Herzstillstand überlebt haben, hatten eine Nahtod-Erfahrung.

JNM: Die Kritiker argumentieren gerne, wenn nur 15 bis 20 Prozent dieser Patienten eine Nahtod-Erfahrung hatten, sind sie vielleicht doch nicht echt, da 80 Prozent sie nicht haben. Was entgegnen Sie hier?

PvL: Dies war eine prospektive Studie, wir haben alle Patienten inkludiert. Wir wissen auch aus dieser Studie, dass Patienten, die schon als Kind eine Nahtod-Erfahrung hatten, häufiger bei einem Herzstillstand eine Nahtod-Erfahrung haben. Es ist auch bekannt, dass Frauen, die als Kind sexuell missbraucht wurden, aus dem Körper herausgetreten sind. Die Verbindung zwischen Körper, Bewusstsein und Gehirn ist ein wenig gelöst. Wenn ein

Körper nicht innerhalb von fünf bis zehn Minuten wiederbelebt wird, trägt er irreparable Schäden davon. Innerhalb dieser fünf bis zehn Minuten haben 18 Prozent der Menschen von einer Nahtod-Erfahrung erzählt. Ich denke – aber das ist keine wissenschaftliche Meinung – dass alle anderen Menschen länger brauchen, um aus ihrem Körper herauszutreten. Es ist kein wissenschaftlicher Beweis, nur eine Annahme, dass alle Menschen nach 30 Minuten oder 60 Minuten aus ihrem Körper heraustreten und eine Nahtod-Erfahrung machen würden. Wir wissen auch, dass Kinder in einer lebensbedrohlichen Situation zu 70 Prozent eine Nahtod-Erfahrung erleben und dass sie im Alter von 25 bis 35 Jahren zu 30 bis 40 Prozent eine Nahtod-Erfahrung erzielen. Am seltensten haben alte Leute Nahtod-Erfahrungen. Vielleicht ist es so, je älter, umso fester ist die Verbindung. Aber das ist nur eine Annahme.

JNM: Es gibt, glaube ich, schon OPs, bei denen Spiegel angebracht sind, wo die Leute eine bestimmte Nummer erkennen müssen...

PvL: Versteckte Zeichen

JNM: Genau, damit man sehen kann, dass er wirklich aus seinem Körper aussteigt, und etwas wahrnimmt, was in dieser Situation eigentlich nicht möglich ist.

PvL: Das haben wir auch in holländischen Studien gemacht. Es gibt Patienten mit außerkörperlichen Erfahrungen, die in allen Details erzählen können, was passiert ist, die aber nicht die versteckten Zeichen gesehen haben. Das ist die unabsichtliche Wahrnehmungsblindheit. Auch hier im Leben nehmen wir nur wahr, worauf wir bewusst unsere Aufmerksamkeit lenken. Wenn man bei einem außerkörperlichen Erlebnis seine eigene Wiederbelebung beobachtet, schaut man nicht, wo versteckte Zeichen sind. Das ist für mich die Erklärung.

JNM: Das legt ja die Hypothese nahe, dass tatsächlich das Bewusstsein endlos ist und das Gehirn als eine Art Radioempfänger fungiert. Wenn dieser Radioempfänger defekt oder nicht richtig eingestellt ist, dann habe ich nicht das volle Bewusstsein. Es gibt auch Menschen, die trotz eines Schadens am Gehirn ein normales Bewusstsein haben.

PvL: Was wir festgestellt haben, ist, dass wir ein erweitertes Bewusstsein haben, auch mit Wahrnehmungen außerhalb des Körpers. Das heißt, auch wenn man gestorben ist, ist noch immer das Bewusstsein da. Der Tod ist für mich das Ende des physikalischen Aspekts, das Ende des Körpers, aber nicht das Ende des Bewusstseins. Es ist immer da, ohne Anfang, ohne Ende, es ist endlos. Das Bewusstsein ist in einem nicht-lokalen Raum, wo Zeit keine Rolle mehr spielt, ob Vergangenheit oder Zukunft. Das Gehirn ist für mich ein Empfangsmodul, ein Interface für Teile des endlosen Bewusstseins. Unser waches Bewusstsein ist in unserem Körper, die Aktivität im Gehirn verursacht dieses Wach-Bewusstsein. Aber das endlose, nicht-lokale Bewusstsein ist nicht in dieser Domain. Das ist niemals messbar. Für die heutige Wissenschaft gilt nur, was man messen kann. Bewusstsein kann man nicht messen, nicht reproduzieren. Die heutige materielle Wissenschaft hat ein großes Problem mit Bewusstsein, da man es nicht beweisen kann.

Um das nicht-lokale Bewusstsein zu verstehen sage ich immer, es ist wie das Internet. Da sind eine Million Websites. Man kann von überall auf der Welt den Computer einschalten und eine Website aufrufen. Man braucht aber ein Instrument, um die Website aufzurufen. Wir haben auch ein persönliches Bewusstsein. Und die erweiterte Sensitivität zeigt an, dass das Empfangsmodul verändert ist, das Kanal 1, den eigenen, aber auch Kanal 2, von anderen Menschen, empfängt. Man bekommt Informationen, Gefühle von anderen Menschen.

JNM: Das heißt, dieses Nahtod-Erlebnis verändert die Codierung des physischen Körpers und ich habe plötzlich einen größeren Empfang?

PvL: Ja

JNM: Interessant ist, dass Roger Penrose sagt, das Phänomen der Zeit müssen wir irgendwann aufgeben, weil es irrsinnig ist. Das ist das gleiche, was Prof. Zeilinger sagt, dieses Problem der Verschränkung ist eigentlich ein erfundenes Wort für etwas, was nicht getrennt ist. Diese Erlebnisse deuten ja tatsächlich darauf hin, dass es einen Raum gibt, wo Ausdehnung keine Zeit hat, wo diese Getrenntheit nicht existiert. Interessant ist auch, wenn Sie von einem erweiterten Bewusstsein sprechen, bei dem die Betreffenden alles wahrnehmen, auch die Gefühle der anderen Menschen wahrnehmen, was von dem Wissen, das sie dort finden, können sie mitnehmen?

PvL: Die Erinnerungen an ihre Lebensrückschau können sie mitnehmen. Sie werden damit konfrontiert, wie sie gelebt haben. Haben sie Liebe gegeben? Haben sie keine Liebe gegeben? Das All-Wissen, das haben sie meistens verloren. Und sie sind permanent verändert. Das ist sehr wichtig, denn die Menschen haben ein Problem damit, dass sie den Gedanken, dass sie mit anderen Menschen jenseits von Zeit und Raum verbunden sind, verlieren könnten. Man hat Zugang zu diesen Informationen. Alles ist in Liebe verbunden, ohne Zeit, ohne Raum.

JNM: Ist schon einmal eine Studie erstellt worden, bei der vor und nach dem Nahtod-Erlebnis ein Gehirnscan gemacht wurde, um zu sehen, ob sich eine Veränderung der Synapsen ergeben hat?

PvL: Es wurden im EEG Veränderungen in Fällen gesehen, bei denen vor dem Erlebnis ein EEG gemacht wurde. Veränderungen im Schlaf. Aber man muss auch kritisieren: Mit unserem Bewusstsein ändern wir unser Gehirn und unseren Körper. Wir ändern, was man Neuroplastizität nennt mit Meditation, mit Achtsamkeitstraining oder auch mit Placebos. Also, wenn Menschen mit Schmerzen oder Depressionen glauben, dass sie ein Medikament bekommen, sieht man strukturelle und funktionelle Veränderungen im Gehirn. Verändern wir das Bewusstsein, verändern wir auch die Struktur und Funktion des Gehirns und des Körpers.

JNM: Dann kann ja diese Erfahrung nur mehr verstärkt in die Welt hinausgetragen werden, durch diese ganzen Forschungsergebnisse zur Reinkarnation, die Jim Tucker oder Ian Stevenson erzielt haben. Wenn das Bewusstsein endlos ist, kann sich vielleicht dieser Code entscheiden, wieder physisch zu werden, irgendwo zu inkarnieren, weil die Integrität erhalten bleibt.

PvL: Das könnte sein. Wenn man dazu sagt, es ist immer die Frage, was genau reinkarniert. Bin ich das? Das glaube ich nicht. Ist es ein Teil des Höheren Bewusstseins, des Höheren Selbst, das in einem Körper reinkarniert? Ich glaube nicht, dass ich zurückkomme. In der anderen Dimension, ohne Zeit und Raum, ist alles immer verbunden. Wenn man wieder das Leben einer Person erlebt, die vor einem gelebt hat, dann weiß man nicht, ob ich das war, oder ob man damit verbunden ist.

Ich weiß nicht genau, was genau reinkarniert, aber Reinkarnation ist möglich, weil das Höhere Bewusstsein vor der Geburt und nach dem Tod immer da ist.

JNM: Das sind auch die beiden Thesen. Bei der einen heißt es, hier wird Information von jemand anderen abgegriffen, die ich mir eins zu eins in die Mentaldatei herunterladen kann. Es scheint aber tatsächlich eine Identität zu geben, die erhalten bleibt, auch im Gesamtbewusstsein. Obwohl dort nichts getrennt ist, ist doch etwas dabei, worüber man sagen kann „das bin ich".

PvL: Ich glaube nicht, dass es das Ego ist. Aber die Möglichkeit bei Nahtoderfahrungen, dass man Kontakt aufnimmt mit dem Bewusstsein verstorbener Verwandter, nach Tagen, Wochen oder Monaten, beweist, dass die Möglichkeit besteht, dass die Essenz der Person noch da ist. Aber ich weiß nicht, für wie lange. Es gibt keine Zeit in der anderen Dimension. Man sagt auch, dass die Persönlichkeit mit allem verbunden ist.

JNM: Das ist schwer vorstellbar, denn wir denken nun mal linear.

PvL: Stellen Sie es sich vor wie den Ozean.

JNM: Genau, der Tropfen ist im Ozean, aber man findet den einzelnen Tropfen nicht, obwohl er da ist. Es gibt Menschen mit sensitiven Begabungen. Ich kenne eine Frau in Deutschland, die hat als Kind drei Nahtod-Erfahrungen gemacht, und sie kann gleichzeitig diese Welt und die andere Welt sehen. Sie kann es quasi gar nicht trennen. Manche Sensitive schalten um, sie sagen, sie sehen einmal diese Welt, einmal jene, nicht beide gleichzeitig. Denken Sie, dass so etwas möglich ist?

PvL: Ja, das nenne ich die erweiterte intuitive Sensitivität. Man hat Zugang zu dieser anderen, höheren Dimension und zu diesem höheren Bewusstsein. Meistens ist es nicht möglich, das bewusst zu machen. Die Information kommt, ohne dass man danach fragt. Aber manche, wie diese Frau, können das bewusst machen. Aber meist geschieht es nicht bewusst. Man erhält nicht-lokale Information, ohne es zu wissen, ohne danach zu fragen. Es kommt einfach rein.

JNM: Ist das aber nicht schon immer da gewesen? Zumindest zu einem kleinen Teil? Ideen, die im Traum entstanden sind, eine plötzliche Eingebung – da steckt es im Wort schon drin, ich bekomme vorübergehend Zugang zu Information, dann macht es klick. Hat man auch als Nicht-Nahtod-Erfahrener immer einen gewissen Zugang?

PvL: Der Zugang ist da. Mozart, Wagner, alle diese hatten Zugang. Auch die moderne Wissenschaft basiert meist auf Eingebung. Das muss man dann rationell aufwerten. Wir haben alle die Möglichkeit, nur meistens nutzen wir sie nicht bewusst. Menschen mit Nahtod-Erfahrung haben das konstant. Und das ist auch schwer.

Eine Nahtod-Erfahrung ist ein spirituelles Trauma, wenn ich das nicht mit anderen teilen kann, wenn die Ärzte mir nicht glauben, oder die Angehörigen. 70 Prozent trennen sich von ihrem Partner, weil sie sich so verändert haben. Ich kenne welche, die 30 bis 40 Jahre geschwiegen haben, weil ihnen niemand geglaubt hat. Es zu akzeptieren ist ein schwieriges Problem, mit Heimweh, Einsamkeit, Depressionen. Es dauert manchmal zehn bis 30 Jahre, bis man es verarbeitet hat. All das heißt, Leben basiert auf Liebe, Verbundenheit mit anderen Menschen, mit der Erde und mit der Natur.

JNM: Jetzt einmal rein spekulativ. Denken Sie, wenn dieses Wissen Grundwissen wäre, wenn man es als kleines Kind schon erfahren würde, dass das Bewusstsein unendlich ist und man keine Angst vor dem Tod haben muss, was würde das in der Gesellschaft verändern?

PvL: Sehr viel. Wenn man wüsste, dass alles, was man anderen tut, zurückkommt, dass alles, was man der Erde tut, zurückkommt, dass alles verbunden ist, müsste man anders leben. Die Gefährdung der Erde ist ein großes Problem, man muss nachdenken, wie unsere Kinder und Enkelkinder leben und überleben müssen. Wenn wir die Erde zerstören, wenn wir andere Menschen zerstören – das kann man nicht in dem Bewusstsein, dass alles zurückkommt. Alles ist immer verbunden.

JNM: Es gibt diesen Spruch „Die Gedanken sind frei". Vor diesem Hintergrund scheinen die Gedanken nur bedingt frei zu sein, denn wenn ich in diesem Nahtod-Zustand bin, kann ja derjenige, der aus dem Körper ausgetreten ist, auch alles hören, was die Anderen gerade denken. Also muss man auch auf seine Gedanken achten.

PvL: Meistens sind es mehr Gefühle als Gedanken. Es sind die Emotionen, die man mitfühlt.

JNM: Sie haben einmal in einem Interview gesagt, dass die Patienten nicht diese sinnliche Wahrnehmung mit den Augen haben, sondern eher eine 360 Grad Ansicht.

PvL: Es ist kein Sehen, es ist Wahrnehmen. Auch von Geburt an blinde Menschen haben eine Wahrnehmung bei einer außerkörperlichen Erfahrung. Sie haben niemals auch nur in Bildern geträumt, sie haben niemals Bilder gesehen, aber in der Nahtod-Erfahrung können sie plötzlich ihren Körper sehen, können Sonne und Schatten sehen, Personen sehen, aber sie sehen es nicht mit den Augen, sondern mit dem Bewusstsein. Aber auch was wir sehen hier auf Erden, ist nur elektromagnetische Information, und das Gehirn ist nur das Instrument, mit dem elektromagnetische Information in Bilder umgesetzt wird. Unser Bewusstsein sieht, nimmt wahr, aber wir brauchen ein Instrument. Ohne es können wir auch wahrnehmen, aber es ist anders.

JNM: Es gibt Menschen, die nach ihren Nahtod-Erfahrungen von blühenden Landschaften berichten, die sagen, dass die Welt, die man dort drüben wahrnimmt, noch viel intensiver ist als unsere. Haben Sie auch solche Berichte gehört?

PvL: Die Erfahrung ist nicht in Worte zu fassen. Man versucht, Worte zu finden, für das was man vorfand. Aber man kennt das Licht nicht, die Farben kennt man nicht, die Musik kennt man nicht, die Landschaft kennt man nicht. Man versucht, etwas zu beschreiben, und am Ende sagt man „aber es war anders". Wichtig ist aber: Es ist mehr reell als das, was hier auf Erden ist.

JNM: Das würde bedeuten: Der Tod ist die Wiedergeburt in die ursprüngliche Heimat.

PvL: Ja, das kann man sagen. Im Leben ist immer noch das erweiterte Bewusstsein da, die Möglichkeit, in Kontakt zu treten mit dem endlosen, nichtlokalen Bewusstsein. So wie im Tod ist es auch im Leben.

JNM: Da wird es uns vielleicht nicht so bewusst.

PvL: Auch die erweiterte intuitive Sensitivität ist Kontakt mit dem endlosen Bewusstsein. Meditation kann auch den Kontakt herstellen. Also nicht nur bei Nahtod-Erfahrungen, auch in der Natur kann diese Erfahrung eintreten. Isolation kann diese Erfahrung hervorrufen. Es ist nicht nur Herzstillstand, aber für die Wissenschaft ist es wichtig, die Herzstillstand-Patienten zu studieren. Sie haben keine Hirnfunktion, so kommt man zu der Schlussfolgerung, dass das Gehirn nicht das Bewusstsein produziert. Es hat eine vermittelnde Funktion, keine produzierende.

JNM: Dann ist es, wie wenn man in einem bestimmten Raum ist und eine bestimmte Aufmerksamkeit braucht, so wird das Bewusstsein für diesen Raum so moduliert, dass ich mich hier zurechtfinde. Kann man es so sagen?

PvL: Das ist genau, was ich über die außerkörperliche Wahrnehmung sage. Man nimmt nur das wahr, worauf man bewusst seine Aufmerksamkeit lenkt.

JNM: Das heißt, die Aufmerksamkeitssteuerung ist hier genauso, wie bei der außerkörperlichen Wahrnehmung, dass man sein Bewusstsein auf irgendetwas lenken muss, das einen interessiert?

PvL: Weil es Bewusstsein ist.

JNM: Laufen denn zur Zeit noch Studien, wird dieses Thema noch weiter verfolgt?

PvL: Ich denke, für neue Ideen brauchen wir keine neuen Studien, aber wir brauchen, dass die Studien bekannt sind. Es ist nötig, dass die Menschen wissen, was wir gefunden haben. Doch es ist noch immer ein großes Tabu, auch in der Wissenschaft. Sie sind zurückhaltend damit, die Nahtod-Erfahrungen, die Studien zu lesen. Für die meisten Neurowissenschaftler ist es ein großes Tabu, sie haben Angst davor. Wir brauchen eine nicht-materielle Wissenschaft, einen Paradigma-Wechsel. Die materielle Wissenschaft ist nicht alles. Bewusstsein kann man nicht beweisen, nicht reproduzieren.

JNM: Im normalen Gesetz, wenn jemand eine Straftat begangen hat, gibt es die Indizienbeweise. Ich würde als Laie sagen, wenn ich diese Fälle höre, dann sind das doch Indizienbeweise, die man gar nicht mehr widerlegen kann.

PvL: Es gibt keinen wissenschaftlichen Beweis. Aber Menschen berichten nach der Nahtod-Erfahrung von Dingen, die sie nur mit erweitertem Bewusstsein wahrnehmen konnten.

3 Millionen Menschen in Deutschland hatten eine Nahtod-Erfahrung, und ungefähr 10 Millionen Menschen hatten eine Nachtoderfahrung, also Kontakte mit dem Bewusstsein verstorbener Verwandter. 10 Millionen! Aber es ist ein großes Tabu.

JNM: Vielen Dank für das interessante Gespräch.

Dr. Raymond A. Moody

Interview mit Dr. Raymond A. Moody in Paris

Bruno wird die Reise nach Paris noch länger in Erinnerung bleiben, nicht weil er viel Neues bei unserem Treffen mit Dr. Raymond A. Moody und Ar. Eben Alexander erfahren hat – das natürlich auch - sondern, weil die Air France für viel „Gepäck- und Sitz-Turbulenzen" beim Rückflug gesorgt hatte. Und zwar nicht erst in den Wolken, sondern schon am Boden beim Einchecken. Dazu später mehr. Wir machten uns also im Februar auf nach Paris, zu einem Treffen, auf das ich mich schon länger gefreut hatte. Zum einen, weil die beiden Protagonisten, Eben und Moody, bisher noch keine (mir bekannten) Interviews für den deutschsprachigen Raum gegeben hatten und zum anderen, weil beide eine ganz besonders wichtige Stellung in diesem Themenbereich einnehmen. Ich möchte fast behaupten, wer sich auch nur ein wenig mit dem Thema „Leben nach dem Tod" und der Nah-Tod-Forschung beschäftigt hat, kommt an Moody nicht vorbei. Sein Besteller „Life after Life" von 1975 verkaufte sich bis heute über 50 Millionen mal. Als er mir das erzählte, dachte ich: „Wow, das ist doch mal eine besondere Hausnummer". Man könnte sich gut vorstellen, dass dieser Mensch bei einem so großen Erfolg, sagen wir mal gewisse „Star-Allüren" hat. Aber nicht Moody. Ich habe selten jemanden mit einem so relevanten Forscherrang getroffen, der mit beiden Beinen so auf dem Boden geblieben ist. Herzlich und sympathisch vom ersten Augenblick an. Er bemühte sich wirklich sehr, sich nicht anmerken zu lassen, dass mein Englisch wohl etwas verbesserungswürdig wäre und ich mich doch nicht ganz so umständlich ausdrücken sollte. Er begrüßte uns so, als wären wir langjährige Freunde, die sich schon eine Ewigkeit nicht mehr gesehen hatten. Das Appartement war modern und großzügig. Dies überraschte uns etwas, denn als wir vor dem großen Stahltor - in einer Seitenstraße mitten in Paris - standen, konnten wir zuerst nicht hinein und die Telefonnummer, die uns die Sekretärin von Eben Alexander gegeben hatte, funktionierte nicht oder wir hatten sie falsch notiert. Ich sollte wohl noch anmerken, dass beide Interview-Partner mit ihren Frauen zusammen nach Paris gereist waren, um ihr neues Buchprojekt mit ihren Verlegern in Europa zu besprechen, und allein durch diesen Zufall (schon wieder) bekam ich beide an einem Ort, quasi auf dem Silbertablett, zum Gespräch präsentiert.

JNM: Dr. Moody, Sie waren zunächst Philosophie-Professor und wurden dann Geriatrie-Psychologe. Dabei begleiteten Sie häufig Menschen auf dem Weg zum Tod. Im Jahr 1975 haben Sie ein Buch geschrieben „Das Leben nach dem Leben". Wie sind Sie auf das Thema Nahtod-Erfahrungen gekommen?

RM: Im Jahr 1962 las ich Platons Republik, ein Buch, das mein Leben von Grund auf verändert hat. Am Ende des Buches gibt es eine Geschichte eines Kriegers, der für tot auf dem Schlachtfeld gehalten wurde. Doch plötzlich stand er wieder auf. Er erzählte, dass er in eine andere Welt gegangen sei. Ich fand heraus, dass viele Philosophen von solchen Fällen fasziniert waren, in denen Leute für tot gehalten worden waren und wieder aufstanden. 1965 traf ich Dr. George Richie, ein Psychiatrie-Professor, der eine solche Erfahrung gemacht hatte. Es faszinierte mich und ich hatte die Ehre, Tausende von Menschen auf der ganzen Welt zu interviewen, die beinahe gestorben wären und unglaubliche Erfahrungen gemacht hatten.

JNM: Also durch eine persönliche Erfahrung kamen Sie zu dem Thema?

RM: Ja.

JNM: Wie kamen Sie als Philosophie-Professor dazu, tausende Interviews zu führen?

RM: Diese Fälle waren sehr verbreitet. Als Philosophie-Professor gab ich Kurse in Philosophie, und Kollegen oder Studenten kamen auf mich zu und sprachen mit mir über ihre eigenen Fälle.

Ich denke, Nahtod-Erfahrungen sind nichts Neues, aber als die Wiederbelebung bei Herzstillstand üblich wurde, wurden diese Erfahrungen noch häufiger. Wir hatten viel mehr Fälle.

JNM: Welche Reaktionen gab es auf Ihre Studien?

RM: Was ich sehr interessant finde: Eine Geschichte, die ich immer wieder höre, ist, dass der arme Dr. Moody vom medizinischen Establishment verfolgt wurde. Dass sie dachten, dass ich verrückt wäre. Eine nette Geschichte, die mich heldenhaft erscheinen lässt. Aber in Wirklichkeit waren meine medizinischen Kollegen sehr hilfsbereit mir gegenüber und ermutigten mich. Tatsächlich haben acht meiner Medizin-Professoren mit mir über ihre eigenen Fälle gesprochen, manche haben sogar selbst derartige Erfahrungen gemacht.

Man hat mich nicht anders behandelt, als zu der Zeit, bevor ich meine Nahtod-Studien begann. Zu dem Zeitpunkt, als ich das Buch schrieb, hatten schon viele Menschen Nahtod-Erfahrungen gemacht.

JNM: Und anscheinend war es nicht ehranrüchig, darüber zu sprechen.

RM: Für mich nicht. Ich bin ein sehr neugieriger Mensch. Ich will alles wissen. Für mich war es ganz normal, neugierig zu sein auf das Leben nach dem Tod. Obwohl ich aus dem Süden der USA komme, hatte ich überhaupt keinen religiösen Hintergrund. Mein Vater war Feldarzt im Zweiten Weltkrieg, und er hatte eine eher zynische Sicht auf die Religion. Bis ich Platon gelesen hatte, war alles, was ich vom Leben nach dem Tod wusste, dass es in Cartoons immer mit Engeln und Wolken dargestellt wird. Ich nahm das tatsächlich nicht ernst. Dann merkte ich, dass Platon, der noch immer mein Held ist, sich tiefer damit beschäftigte. Er überzeugte mich, dass die wichtigste Frage ist, ob wir nach dem Tod weiterleben. Alle anderen Fragen drehen sich sozusagen um diese.

JNM: Obwohl Sie nicht religiös waren, sind Sie tief vorgedrungen in eines der Kerngebiete des Glaubens. Denn das Leben nach dem Tod ist ein großes Thema in den Religionen.

RM: Sie kennen bestimmt das Gemälde von Bosch, einer meiner Patienten hat es nachgezeichnet.

JNM: Bekommen Sie noch immer viele Fälle auf den Tisch?

RM: Ja, davon höre ich ständig, jede Woche vier oder fünf Fälle.

Genaugenommen bin ich ein Logiker und ein Sprach-Philosoph. Das waren meine Spezialgebiete, Philosophie und Altgriechisch. Für mich ist die grundlegende Frage nach einem Leben nach dem Tod, dass nicht klar ist, was es bedeutet. Was bedeutet Leben nach dem Tod? Wenn man die Worte in Wörterbüchern nachliest, widersprechen sie sich oft selbst. Tod bedeutet einfach, der Zustand nach dem irreversiblen Ende des Lebens. Leben nach dem Tod heißt also, Leben nach dem irreversiblen Ende des Lebens, was sich selbst widerspricht. Wie bei so vielen Fragen der Existenz ist die Frage nach der Bedeutung der Wörter sehr wichtig. Die Worte rollen von der Zunge, und die Menschen haben irgendeine Idee oder ein Bild im Kopf, was das Leben nach dem Tod sein könnte. Aber in Wirklichkeit sind es sehr schwierige Konzepte.

JNM: Wir kommen gleich zurück zu Ihrer Rolle als Skeptiker. Könnten Sie für unsere Leser und Zuschauer die grundlegenden Elemente einer Nahtod-Erfahrung beschreiben, und welchen Einfluss die Umgebung spielt?

RM: In meiner gesamten Laufbahn erzählten mir die Menschen rund um den Globus von ähnlichen Erlebnissen während ihres Nahtod-Erlebnisses, zum Beispiel während eines Herzstillstandes:

In dem Moment, in dem ihr Herz zu schlagen aufhört, verlassen sie ihren physischen Körper und bewegen sich durch einen Tunnel auf ein Licht zu und finden sich auf der anderen Seite in einer liebevollen, unbeschreiblichen, hellen und phantastischen Umgebung wieder. Dort begegnen sie anderen spirituellen Wesen, bereits verstorbenen Verwandten und Freunden und erleben dann ihren eigenen kompletten Lebensrückblick in einer Art Hologramm mit jeder Aktion, allen Erinnerungen, Emotionen und auch den Empfindungen der involvierten Menschen. Einige können sich an die Rückkehr in ihren physischen Körper nicht mehr erinnern, in einem Moment waren sie in diesem Licht, im nächsten zurück in ihrem Körper. Andere wurden angewiesen wieder ins Leben zurück zu kehren, da noch unerledigte Aufgaben auf sie warten. Und wiederum andere hatten die Wahl sich zu entscheiden, ob sie zurückgehen oder im Licht bleiben möchten.

JNM: Gab es Unterschiede in den Erlebnissen von Christen, Hindus, Moslems?

RM: Nein, nicht wirklich. Ich habe die ganze Welt bereist, ich erinnere mich, einige Jahre in Indien gewesen zu sein, und hatte erwartet, sehr unterschiedliche Geschichten zu hören. Doch die Geschichten ähnelten denen aus den USA oder sonst woher.

Das erste, was die Betroffen erzählen, egal wie wortgewandt sie auch sind: „Dieses Ereignis ist nicht in irdische Worte zu fassen“. Oftmals wird dann ihr religiöser Hintergrund für die Beschreibung verwendet. Aber alle sind sich einig - es gibt dafür in unserer Sprache keine passende Ausdrucksform.

JNM: In Europa oder in der christlichen Welt haben wir die Vorstellung, dass Petrus am Himmelstor steht und sagt „Du gehst zurück“. Haben Sie ähnliche Konzepte gehört?

RM: Oh ja. Sie übersetzen es in ihren eigenen religiösen Kontext. Viele Leute sagen mir, sie müssen sich Wörter leihen aus ihrer eigenen Tradition, dass es aber eigentlich keine Worte gibt, die diese Erfahrungen beschreiben können.

JNM: Es gibt eine indische Gottheit, „Yamadut“ der Todesbringer, der nur in Indien vorkommt.

RM: Eine der ersten Personen, mit denen ich gesprochen habe, in den 70er Jahren, erzählte von einem Wesen, das er den Engel des Todes nannte. Man hört manchmal ähnliches nur mit anderen Worten.

JNM: Haben Sie persönlich irgendwelche Erfahrungen mit Nahtod-Erlebnissen?

RM: Ich bin einmal dem Tod sehr nahe gekommen. Aber ich erlebte keine typische Nahtod-Erfahrung. Ich erinnere mich nicht, meinen Körper verlassen zu haben. Ich bin aber nicht sehr weit im Sterbeprozess gewesen. Ich nahm eine Art Hyper-Realität wahr, ich kam in einen Bewusstseinszustand, der realer war als der gewöhnliche. Aber ich würde es nicht wirklich eine Nahtod-Erfahrung nennen.

JNM: Sie waren einfach nicht tot genug.

RM (Lacht): Genau, nicht tot genug.

JNM: Sie kommen aus einer Familie, die der Religion skeptisch gegenübersteht. Dennoch glauben Sie nicht an die allgemeinen Erklärungen wie Sauerstoffmangel und Halluzinationen für Nahtod-Erfahrungen.

RM: Dies war ein sehr schwieriger Pfad für mich, da ich ohne religiösen Hintergrund aufgewachsen bin. Mein Leben lang war ich ein Skeptiker. Nicht wie im allgemeinen Sprachgebrauch, denn die meisten Menschen wissen gar nicht, was dieser Begriff bedeutet. Ich bin ein Skeptiker im Sinn von „Phyrron von Elis“, der Original-Skeptiker, der etwa 20 Jahre nach Aristoteles kam. Der Skeptizismus nach Phyrron ist der Versuch, zu vermeiden, übereilte Schlussfolgerungen zu ziehen. Wenn man der Versuchung widersteht, eine Schlussfolgerung zu ziehen, öffnen sich einem alle Möglichkeiten.

Es war also schwierig für mich, alles auf die Reihe zu bekommen. Ich war immer vollkommen davon überzeugt, dass diese Nahtod-Erlebnisse meiner Interview-Partner der vollen Wahrheit entsprechen und mir war von Anfang an klar, dass die allgemeine Erklärung von Sauerstoffmangel nicht korrekt war. Dazu ein Beispiel, das mir meine damalige Medizinprofessorin in meinem ersten Semester erzählte: Während der erfolglosen Wiederbelegungsversuche an ihrer Mutter sah sie selbst in dem Moment als die Mutter verstarb, wie der geistige Körper deren physischen Körper verlies und sich ein Lichttunnel öffnete und verstorbene Familienmitglieder ihr darin entgegenkamen.

JNM: Sie zeigte ihrer Tochter, was geschah?

RM: Offensichtlich. Und wenn dieselben Dinge den Beobachtern widerfahren, sind die Beobachter nicht krank oder verletzt. Die Frage nach einem Sauerstoffmangel stellt sich gar nicht. Wie auch immer, ich konnte mir diese Dinge nicht erklären. In den letzten paar Jahren habe ich sozusagen den Punkt erreicht, wo ich „aufgebe". Ich bin zu der Erkenntnis gelangt, dass unser normales Denken für dieses Phänomen nicht ausreicht, um es verstehen zu können, da es unser Denkvermögen übersteigt.

Ich möchte Ihnen noch ein Beispiel erzählen: Vor zwei Jahren hielt ich in Italien einen Vortrag über Nahtod-Erfahrungen, als mich ein netter junger Chirurg nach meinem Vortrag ansprach, um mir sein Erlebnis zu berichten. Und ich konnte es an seinen Augen erkennen, dass ihm wohl diese Geschichte schwer zu schaffen machte und es für ihn ein großes Rätsel war. Er sagte: Vor wenigen Monaten, während einer Routine-Operation an einem sehr jungen Mann, der sich in einem sehr guten Gesundheitszustand befand und es keine Befürchtung gab, dass es zu irgendwelchen Komplikationen kommen könnte, passierte es dennoch - zur Überraschung aller erlitt dieser einen Herzstillstand und es war dem Chirurgen nicht möglich, in wieder zu beleben. Der Arzt war verzweifelt und konnte sich nicht erklären, wie es dazu kommen konnte und wusste, dass er nun der Familie diese traurige Botschaft überbringen musste. Jedoch genau in diesem Moment sprang die OP-Türe auf und eine Frau, die er zuerst für verrückt hielt, kam in den OP-Saal - und sie können sich denken, wenn Sie sich gerade in dieser Stresssituation befinden, ist es schwierig, genau zuzuhören, was einem gerade gesagt wird - und diese Frau erzählte ihm eindringlich, dass ihr Mann nicht tot sei und er bei ihr draußen im Wartezimmer war und ihr sagte, dass der Chirurg denkt, dass er tot sei und sie deshalb von ihrem Mann geschickt wurde, um zu sagen, dass er nicht tot ist.

Der Chirurg war von dieser Aussage total überrascht und erzählte mir, er hat keine Erinnerung daran, wie er die Wiederbelegungsversuche wieder aufnahm - aber er begann damit von neuem und war erfolgreich damit – das Herz fing wieder an zu schlagen.

Später als der Patient im Aufwachraum wieder zu sich gekommen war, sagte dieser zu dem Chirurgen, dass er außerhalb seines Körpers war, auf die Szene heruntersah und bemerkte, dass die Wiederbelegungsversuche eingestellt waren und er für tot erklärt wurde - was aber nicht stimmte. Weiter erzählte er, dass er gerufen hat, aber die Rufe nicht gehört wurden und deshalb ging er zu seiner Frau in den Warteraum hinaus, um ihr zu sagen, dass sie in den OP-Saal gehen solle, um Ihnen zu sagen, dass er nicht tot ist.

Also, was soll ich sagen...das ist nicht der einzige Fall dieser Art, ich habe viele solcher Berichte von Ärzten erhalten. Ich bin nun an den Punkt in meinem Leben gekommen, wo ich weiß, dass es mehr gibt als wir vermuten.

Was mich ebenfalls sehr ermutigt weiterzumachen, ist, dass ich denke, wir haben die logischen Probleme hinter uns gelassen, die uns daran gehindert haben, sinnvoll über ein Leben nach dem Tod zu sprechen. Das Problem wurde am besten von David Hume ausgedrückt, der im 18. Jahrhundert sagte: „Im reinen Licht der Vernunft erscheint es schwierig, die Unsterblichkeit der Seele zu beweisen. Dafür braucht es eine neue Art von Logik und neue Möglichkeiten des Verstandes, die es uns ermöglichen, diese Logik zu verstehen." Ich denke, Hume meinte das ironisch und wollte sagen, dass es unmöglich ist. Doch ich sage, wir haben tatsächlich neue Möglichkeiten des Verstandes, die es uns ermöglichen, logisch und zusammenhängend über die Frage zum Leben nach dem Tod nachzudenken. Laut Aristoteles haben wir die wörtliche Domain der Sprache gemeistert, sowie die Unterscheidung zwischen wahr und falsch. Das Ganze lässt jedoch ein sehr wichtiges Problem aus, welches Platon angesprochen hat. Platon hat versucht, die Logik unverständlicher Sprache zu verstehen. Ich glaube, das können wir inzwischen. Ich habe nun mein Buch über die Logik des Unsinns veröffentlicht. Wie Platon schon sagte, unverständliche Sprache hat ihre eigene Logik. Sobald wir das verstehen, haben wir völlig neue Wege, logisch über die Frage zum Leben nach dem Tod nachzudenken.

Ich denke, wir sind an einem Punkt in der Geschichte angelangt, wo wir zum allerersten Mal in der Lage sind, logisch und zusammenhängend über die größte Frage der Existenz nachzudenken.

JNM: Sie als Doktor, Sie als Philosoph, was glauben Sie, wer ist es, der diese Erfahrungen macht?

RM: Schon die ersten Philosophen erkannten die Wichtigkeit der Nahtod-Erfahrungen für die Philosophie. Eine der großen klassischen, philosophischen Fragen ist die Frage nach der persönlichen Identität. Was ist es, das die persönliche Identität darstellt? Im Westen dachte als erster Heraklit darüber nach. Heraklit identifizierte die persönliche Identität mit der Seele. Platon hat das übernommen, und hat die Seele als immaterielles Wesen bezeichnet. In der Moderne wurde die Existenz der Seele in Frage gestellt, so wurden die Leute auch unsicher in Bezug auf die persönliche Identität. Ich glaube, es ist immer noch eine große Frage.

JNM: Die Christen sagen, man hat eine Seele. Sollte es nicht heißen, man ist eine Seele?

RM: Das ist richtig. Offensichtlich haben wir eine Art persönliche Identität, aber ich denke, über die Seele zu sprechen, würde uns nicht sehr weit bringen. Ich sehe die persönliche Identität als ein narratives Konzept. Als Kind las ich etwas von Elie Wiesel, der sagte: „Gott erschuf den Menschen, weil er Geschichten liebt." Was ist Ihre persönliche Identität? Ihre Lebensgeschichte. Wir leben dieses Leben mit einer bestimmten Identität, einer bestimmten Geschichte, dann geschehen einige unverständliche Dinge, und dann sind wir zurück in einer neuen Geschichte.

JNM: Oder leben weiter auf einer anderen Ebene.

RM: Stimmt. Ich muss wirklich sagen, ich würde gerne aus diesem Rad aussteigen. Vielleicht ist da ein Dasein des Bewusstseins jenseits all dieser Geschichten. Doch dieser Zyklus der Geschichten ist sehr interessant. Ich frage mich oft, wie sind diese Leben, die wir leben, im großen Ganzen verbunden? In Boccaccios „Decameron" oder in Chaucers „Canterbury Tales" gibt es eine Rahmenhandlung, die die einzelnen Geschichten umrahmen und verbinden. Ich frage mich, ob es in Wirklichkeit ähnlich ist, ob es irgendeine Rahmenhandlung gibt. Meine Antwort: Ich weiß es nicht, aber es macht mich neugierig.

Ein narratives Leben ist eine Serie von Ereignissen in Zeit und Raum. Aber durch die Nahtod-Erfahrungen wurde klar: Sobald man hier raus ist, spielt Zeit und Raum keine Rolle mehr. Leute mit Nahtod-Erfahrungen erzählen, dass ihre Erfahrungen nicht in Zeit und Raum stattfanden, und dass es keine Worte gibt, sie zu beschreiben. Dennoch müssen sie in einer Art Reisebericht davon erzählen: „Ich stieg aus meinem Körper aus, ging durch einen Tunnel auf ein Licht zu, ich traf verstorbene Verwandte und Freunde, ich kehrte zurück zu meinem Körper und zurück ins Leben.“ Das ist ein Reisebericht, obwohl es keine Zeit und keinen Raum gibt. Das bedeutet, es ist eigentlich ein unsinniger Reisebericht.

Als Lincoln Präsident war, gab es einen Vorfall während des Bürgerkriegs. Es war während einer sehr ernsten Zeremonie. Überall standen Leute. Lincoln sollte ein Pferd besteigen und die Prozession fortführen. Aber Lincolns Pferd blieb mit dem Huf im Schlamm stecken. Das Pferd sprang herum und jeder war peinlich berührt. Doch Lincoln blickte auf das Pferd hinab und sagte ruhig: „Wenn du so weiter aufsteigst, steige ich ab“. Jeder lachte, die Anspannung war gebrochen. Wenn man über Lincolns Bemerkung nachdenkt, erzeugt es ein lebhaftes Bild im Kopf dieser Bewegungen.

Die Leute, die aus der anderen Welt zurückkommen, erzählen uns Dinge, die eigentlich unsinnig sind. Aber sie sind genauso, wie wir es vermuten würden. Jeder, der in einer anderen Dimension der Existenz war und zurückkehrt, ist gezwungen, Unsinniges zu sprechen, um das Erlebte in Worte zu fassen. Ich denke, das ist in Ordnung.

JNM: Es passiert also etwas in zehn Minuten oder zehn Stunden, was dort nicht zehn Minuten oder Stunden dauert.

RM: Dieses Phänomen können wir sogar in dieser Existenz erfahren. Zum Beispiel, wenn Sie ins Kino gehen, sehen dort einen Film über drei Generationen einer Familie, doch wenn Sie herausgehen, sind nur zwei Stunden vergangen. Aber in Ihrer Erfahrung entfaltete sich eine lange Zeitperiode.

JNM: Die Seele verlässt den Körper während einer Nahtod-Erfahrung, oder der Geist oder das Bewusstsein. Man erlebt sich selbst als passiv und kommt zurück, wenn es einem gesagt wird. Wie kommt es zu dieser Akzeptanz der Autorität?

RM: Wie interessant! Faszinierend! Darüber habe ich noch nie nachgedacht! Mir fällt dazu William James und seine berühmte Beschreibung der mystischen Erfahrung ein. Eine seiner Kriterien für eine mystische Erfahrung ist, dass es passiv geschieht. Man tut vielleicht etwas, um diese mystische Erfahrung zu machen, Mantras singen, oder sich Isolieren, aber sobald die mystische Erfahrung beginnt, erfährt man sie passiv.

JNM: Aber Sie haben keine Hinweise in den vielen Fällen, die sie untersucht haben, erhalten, warum die Leute in der anderen Welt Befehlen sofort gehorchen?

RM: Ich kenne einen Fall, in dem die Person sich dem Befehl widersetzte. Der Person wurde gesagt, sie solle bleiben, doch sie bestand darauf, zurückzukommen. Der Plan war, dass sie drüben bleiben sollte, doch die Person bestand darauf, dass sie zurück müsse.

JNM: Also gelegentlich widersetzt sich jemand?

RM: Zumindest dieses eine Mal.

JNM: In Ihrem Buch „Das Licht von drüben" haben Sie über Phänomene während des Sterbeprozesses geschrieben. Was ist für Sie das Interessanteste an Nahtod-Erfahrungen?

RM: Ich denke, jeder betont andere Aspekte der Nahtod-Erfahrungen.

JNM: Und für Sie persönlich?

RM: Leonardo sagte einst, die Person, die die Gelegenheit hat, mit einem Sterbenden zusammen zu sein, ist gesegnet. Das habe ich auch erfahren. Wenn man mit Leuten diese letzten Stunden Zeit verbringt, ist es so inspirierend und bereichernd. Viele Ärzte haben diese Erfahrung gemacht, wenn sich der Raum öffnet und eine neue Dimension in die Realität tritt - ich finde keine Worte für dieses Geschehen und man fühlt, wie sich der Raum um den Sterbenden magisch verändert.

JNM: Das kann nicht in physikalischen oder medizinischen Begriffen erklärt werden.

RM: Ich habe noch nie darüber nachgedacht, es zu erklären. Man spürt sofort, dass man es nicht beschreiben kann. Die Sterbenden scheinen komplett von ihren weltlichen Problemen befreit zu sein. Sie scheinen mit einem inneren Licht zu glühen. Es ist unbeschreiblich. Man muss es als Licht bezeichnen, aber es ist nicht wie das Licht, das von der Glühbirne oder von der Sonne kommt. Wenn man den Patienten gut kennt, fühlt man, dass man in einer Art Transitzone zwischen den Welten ist. So kann ich es am besten beschreiben.

Leute im Sterbeprozess werden oft komplett sie selbst. Man kann die Neurosen wegfallen sehen, es ist wunderschön.

Mehrere Male in meiner Karriere, als die Patienten gestorben sind, habe ich sie sprechen gehört, doch nicht durch meine Ohren. Das habe ich auch schon von vielen Ärzten gehört. Es ist weitverbreitet.

Ein sehr faszinierendes Phänomen beim Sterben, das noch nicht viel untersucht worden ist, ist, was ich das Schwanenlied-Phänomen nenne. In den letzten Tagen, Stunden oder Minuten des Lebens, sogar wenn sie sich laut ihren Verwandten nie für Poesie interessiert haben, rezitieren Sterbende Poesie oder Liedtexte, manchmal erdichten sie Verse, und manche singen.

Ich erinnere mich, wie ich das zum ersten Mal im Jahr 1974 als Arzt miterlebte. Eine ältere Frau rezitierte Poesie während sie starb. Ich hatte davon 12 Jahre früher bei Platon gelesen. Bei der Hinrichtung des Sokrates kamen morgens seine Freunde, ihn zu besuchen, und sie fragen ihn, ob er wirklich Lieder geschrieben habe im Gefängnis. Sokrates war sonst ein Gegner von Musik, hielt sie für Zeitverschwendung. Und Sokrates sagte, er habe Träume und Visionen gehabt, die ihm geraten hatten, sich der Musik zuzuwenden. Sokrates vergleicht dies mit einem griechischen Volksglauben, dass kurz vor ihrem Tod Schwäne die schönsten Lieder singen, um sich auf die andere Seite einzustimmen.

Es ist ein medizinisches Phänomen, das leicht dokumentiert werden kann, und doch nicht die Aufmerksamkeit erreicht hat, die es verdient.

JNM: Bei den Sterbenden bis zu ihrem letzten Atemzug zu sein, war normal, solange es Menschen gibt. Wie kommt es, dass man heute das Sterben ausgelagert hat und so wenig über die Phänomene beim Sterbeprozess weiß?

RM: Ich weiß es nicht. Wenn man sich das Schwanenlied-Phänomen ansieht, gibt es ein paar Beschreibungen davon. Es gibt ein Buch von Isaac Disraeli „Anekdoten der Literatur", dort beschreibt er, was er poetische Tode nennt: „Menschen, die in den letzten Stunden Poesie schreiben." Ein faszinierendes Phänomen, das leicht dokumentiert werden kann.

Vielleicht dachten die Leute, es wäre idiosynkratrisch. Es ist selten im Vergleich zu Nahtod-Erfahrungen. Wenn Leute davon hören, denken sie möglicherweise „Nun, das ist ein Einzelfall". Man muss mehrere Fälle kennen um zu erkennen, dass es ein Muster ergibt.

JNM: Gibt es zum Ende des Interviews irgendeine Botschaft, die Sie dem Publikum zukommen lassen wollen?

RM: Zunächst: Danke fürs Zuhören. Ich denke, dies ist ein sehr wichtiges Phänomen, über das es sich nachzudenken lohnt.

Dr. Eben Alexander

Interview mit Dr. Eben Alexander in Paris

Auch der äußerst sympathische Dr. Alexander war geduldig mit mir. Ich vergesse die Szene nicht, in der uns Bruno fünfmal vor die Appartementtüre komplimentierte, um das Betreten des Zimmers mit uns beiden zu filmen und ich offenbar immer irgendwelche Faxen machte, die dann die Aufnahme versauten. Dr. Eben war relaxt und hatte großen Spaß dabei. Auch hier hatten wir das Glück, dass das Appartement so großzügig angelegt war, dass wir für beide Interviews eine andere Kamera-Position und Sitzgelegenheit zur Verfügung hatten.

Natürlich waren die Beiden es gewohnt, interviewt zu werden, aber sie betonten auch, dass einige meiner Fragen neu, ungewöhnlich und sehr interessant sind. Damit gelang es mir, Informationen zu bekommen, welche bisher so nicht in den Büchern der beiden Autoren zu finden sind und wohl eine Premiere darstellen.

Für die Leser mag das ein besonderes „Schmankerl" sein, denn eines wollte ich unbedingt vermeiden: Das wiederzugeben, was die Beiden schon in ihren Büchern zum Besten gaben. Nein, es musste eine andere Perspektive dazukommen, ein anderer Blickwinkel auf die Forschungsergebnisse von Moody und dem Nah-Tod-Erlebnis von Eben Alexander. Etwas Ergänzendes, das für meine Leser und Zuschauer eine perfekte Ausweitung der Einsichten in das Thema darstellen kann. Ich denke, dies ist mir gelungen. Der Dank gilt hier natürlich auch Dr. Moody und Dr. Alexander dafür, dass sie auf meine Fragen so phantastisch und ehrlich geantwortet haben.

Der Besteller von Dr. Eben Alexander „Blick in die Ewigkeit" war sehr lange auf den Top-Plätzen der Sachbuch-Ranglisten zu finden, und ich weiß, dass viele Leser nun darauf brennen zu erfahren, was ich mit dem Neurochirurgen Dr. Eben Alexander und dem Psychiater und Philosophen Dr. Raymond A. Moody besprochen und dabei erfahren habe.

JNM: Dr. Eben Alexander, Sie sind ein Hirnchirurg. Sie haben die übliche materialistische Ausbildung genossen. In jüngeren Jahren hätten Sie nicht geglaubt, dass nach dem Hirntod noch Bewusstsein da sein kann. Ist das richtig?

EA: Das ist absolut richtig.

JNM: Sie haben Ihre Meinung geändert, als Sie eine eigene Nahtod-Erfahrung gemacht haben.

EA: Ich wurde mit schwerer Gehirnhautentzündung im Koma liegend ins Krankenhaus eingeliefert. Dort wurde festgestellt, dass ich Anfang der Woche eine Überlebenschance von 10 Prozent hatte, und Ende der Woche nur noch eine Zweiprozentige - ohne Aussicht auf Genesung.

Meine vollständige Erholung innerhalb von acht Wochen nach dem Aufwachen aus dem Koma war eine Riesen-Überraschung für die Ärzte und für mich. Für diese Genesung gibt es in der klassischen Medizin keinerlei Erklärung und für mich war es natürlich ein wunderbares Geschenk, da ich viel über die Zusammenhänge zwischen Gehirn, Verstand und Bewusstsein erfuhr.

JNM: Was haben Sie aus dieser Erfahrung gelernt?

EA: Ich denke, diese Erfahrung zeigt uns eindeutig, dass unsere Existenz weit über das normale Leben hinausreicht, unser Verständnis über die Natur des menschlichen Geistes sehr begrenzt ist und wir unser gegenwertiges Weltbild überdenken müssen. Das Universum ist viel großartiger und umfassender, als wir bisher dachten. Meine Erfahrung zeigt uns, dass die Natur des Bewusstseins umfassender ist und wir begreifen sollten, was es bedeutet, Mensch zu sein.

JNM: Wie erklären Sie sich Ihre Nahtod-Erfahrung?

EA: Die einzige Erklärung die ich für meine Nahtod-Erfahrung habe, ist, dass wir alle spirituelle Wesen in einem spirituellen Universum sind.

Unser Lebensweg ist viel umfassender und geht über viele Leben hinaus und ich erkannte, dass mein viel größeres wahres Selbst auch eine enorme Kraft besitzt, meinen freien Willen zu manifestieren - wenn wir bereit dazu sind, dies zu akzeptieren. Wir sollten unser Verständnis dafür öffnen, dass jedem diese Entwicklungsmöglichkeiten offen stehen, die viel umfassender sind, als ich bis dahin dachte.

JNM: Man sollte offen für Neues sein?

EA: Ich denke, genau das ist es. Ich ging unwissend - aber offen - in diese Erfahrung. Und das ist sehr wichtig.

Tatsächlich würde ich sagen, das größte Geschenk in diesem Abenteuer, das wir alle teilen, ist eine weltoffene Skepsis. Alles in Frage zu stellen. Und, aus diesem Blickwinkel heraus war das erste, was ich revidieren musste, meine materialistische Weltsicht, dass nur die Materie existiert und dass unser Gehirn Ich-Bewusstsein erzeugt. Ein lächerliches Konzept, das die meisten weltoffenen Skeptiker schnell aufgeben sollten, besonders wegen unseres größeren Verständnisses von Gehirn, Verstand und Bewusstsein.

JNM: Wie würden Sie heute das Bewusstsein definieren? Sicherlich nicht als an Körper und Gehirn gebunden, nachdem Sie diese außerkörperliche Erfahrung hatten. Wer oder was ist dieses Bewusstsein?

EA: Das ist die ewige Frage, um die es hier geht. Wer ist das Ich, das wahrnimmt? Ich meine, die beiden größten Mysterien in der modernen Wissenschaft sind zum einem: Das Mess-Paradoxon in der Quantenphysik und zum anderen die Entstehung des Selbst. Beide Rätsel deuten darauf hin, dass es sich hier um die Phänomene des Bewusstseins handelt. Wie schon René Descartes meinte: „Ich denke, also bin ich." Wer ist dieses Ich, das denkt? Dabei gilt es, die wahre Natur des Ichs zu erkennen und für mich zeigt meine Erfahrung eindeutig, dass wir ein Teil eines einzigen allumfassenden Bewusstseins sind. Die Grenzen unseres Selbst sind in vielerlei Hinsicht künstlich. Unser Bewusstsein überlappt sich zumindest teilweise mit dem anderer vernunftbegabter Wesen. So lassen wir schließlich das altmodische Konzept hinter uns, dass wir alle Individuen sind, die von der Geburt zum Tod in ihrem begrenzten Körper leben, und dann war es das. Die transpersonale Psychologie geht über dieses Konzept hinaus. Wir sind alle Teil des einen Bewusstseins – das ist die einzige Sicht, die für mich Sinn ergibt.

JNM: Betrachten Sie sich selbst als Träger des Bewusstseins, oder betrachten Sie sich als Bewusstsein selbst?

EA: Das, was wir darüber sagen können, ist, dass dieses Bewusstsein existiert, ob alles andere existiert wissen wir nicht.

Man kann darüber streiten, wie jeder Einzelne die Realität wahrnimmt. Vor meiner Erkrankung war die Welt für mich nur materialistisch aufgebaut. Aber jetzt ist mir bewusst geworden, dass diese physische Welt wesentlich umfassender und großartiger ist, als ich mir dies bis dahin vorstellen konnte.

Deswegen macht es Sinn, das Bewusstsein zu schulen, durch Meditation zum Beispiel. Wenn man erkennt, dass das Gehirn nicht das Bewusstsein erzeugt, sondern dass es ein Filter ist, der das ursprüngliche universale Bewusstsein hereinlässt, in einer begrenzten Weise, dann erkennt man, wie wichtig es ist, hinter den Schleier zu blicken. Das endlose universale Bewusstsein ist die Quelle allen Bewusstseins, und wir sind alle ein Teil davon.

Meditation ist nicht so sehr ein Rückzug ins eigene Bewusstsein, sondern ein hinausgehen ins universale Bewusstsein.

JNM: Um es zusammenzufassen: Sie sagen, Sie sind ein kleiner Teil innerhalb eines großen Ganzen?

EA: Nein. Ich bin das große Ganze, das gesamte Universum. Der Verstand ist ein Hologramm, in dem sich das Ganze und die Teile spiegeln. Das Universum ist ein Hologramm. Sie sind tatsächlich eins im selben Hologramm. In unserer Kultur haben wir diese begrenzte Sicht, dass wir isoliert, einzeln sind. Das Konzept des Selbst wird geprägt von der Isolation. Doch ein großer Teil der Erkenntnis besteht aus der Loslösung von der Illusion des Selbst. Ich denke, dorthin führen die modernen Bewusstseinsstudien, dass wir alle Teil eines Ganzen sind.

JNM: In Ihrer Jenseitserfahrung wachten Sie ohne Erinnerung an irgendetwas auf. War das eine erfreuliche Erfahrung?

EA: Mein jenseitiges Bewusstseinsempfinden in dieser anderen unwirklichen, primitiven Umgebung, war ohne irgendeine Rückmeldung - niemand würde diese Sphäre als angenehm empfinden - und da ich unter Amnesie litt, konnte ich mich absolut an nichts Irdisches mehr erinnern, nichts über Eben Alexanders Leben, nichts mehr über die Welt, das Universum, oder das menschliche Leben an sich. Dieser Seins-Zustand war alles, was ich war.

Nach einer Weile schien es mir ein wenig beengt, aber es war der einzige Seins-Zustand, den ich kannte, also akzeptierte ich ihn.
Wenn ich darauf zurückblicke, war das auffallendste daran die Amnesie. Wie eine komplett weiße Leinwand, nur Leere. Doch in dieser völligen Unvoreingenommenheit konnte sich alles entfalten.

Von dieser primitiven Sphäre wanderte ich weiter in reichere und schönere Welten. Man muss nicht auf ein Nahtod-Erlebnis warten, um in diese Seins-Zustände zu gelangen, es gelingt einem auch durch Meditation.

JNM: Um es zusammenzufassen: Wenn Sie diese Nahtod-Erfahrung ohne den Teil mit der Amnesie gemacht hätten, was wäre anders?

EA: Ich denke, ich hätte eine phantastische Reise erlebt, aber als ich zurück in diese Welt gekommen bin, hätte ich dazu geneigt, alles als Halluzination abzutun. Meine Ärzte wussten vom Zustand meines Gehirns, dass es keine Gehirnfunktionen gab, die Bewusstsein hätten erzeugen können. Für mich war diese Amnesie ein großartiges Geschenk, auch wenn sie untypisch für Nahtod-Erfahrungen ist. Hätte ich zum Beispiel meinen Vater gesehen, der vier Jahre vorher gestorben war, hätte ich vermutlich geglaubt, dass es an meiner Erwartungshaltung liegt: Wenn man stirbt, sieht man verstorbene Verwandte. Deswegen war es so wichtig, dass ich keinerlei Erinnerung an mein Leben hatte, bei einem typischeren Nahtod-Erlebnis hätte ich vermutlich alles für eine Halluzination gehalten. Und das, obwohl meine Ärzte beteuerten, dass ich eigentlich überhaupt nichts hätte erleben dürfen.

JNM: So waren Sie völlig offen.

EA: Offen, um die Lektionen zu lernen, die mir erteilt wurden.

JNM: Was, würden Sie sagen, war das faszinierendste an Ihrer Nahtod-Erfahrung?

EA: Die zwei Erlebnisse, die mich in der Jenseitswelt am meisten fasziniert haben, sind: Einerseits diese Welt, mit all ihren Existenzen, Blumen, Schmetterlingen, tanzenden Seelen und zum anderen die übergeordneten Sphären mit überwältigender Ausstrahlungskraft, mystisch, emotional und voller Strahlkraft, einfach alles - irgendwie ähnlich unserer Welt, aber mit viel mehr spirituellem Bewusstsein und viel realer, als unsere Wirklichkeit.

Diese göttliche Sphäre des reinen Seins, der Heilung und der bedingungslosen Liebe - dieser Gott, den ich Ohm nannte, das war die ultimative Resonanz, dieses Eins-sein - dieses Seelengefühl - das vergisst man nie mehr und es gibt in unserer Sprache keine Worte dafür.

Dieses Eins-sein ist für mich der überzeugendste Beweis, dass dieses gesamte holistische Universum ein Ausdruck eines einzigen allumfassendem Bewusstseins ist.

Zu sagen, wir sind ein Teil davon, ist irreführend, denn wir sind identisch damit. Wir erkennen das nicht, wenn wir in unseren kleinen Körpern auf der

Erde gefangen sind. Aber es war eine große Offenbarung für mich. Diese Einheit mit der universellen Liebe wird in den meisten Nahtod-Erfahrungen beschrieben, und es ändert das Leben für immer. Man kann es nie vergessen.

Ich erzähle den Leuten immer wieder, das Universum ist ein bewusstes Wesen, und man hat dazu Zugang. Man muss nicht auf ein Nahtod-Erlebnis oder bis zum Tod warten, um es herauszufinden.

Man muss nach innen gehen, den Verstand stilllegen, den ganzen Lärm dieser Welt ausschalten. Wir alle können das als bewusste, vernunftbegabte Wesen. Die größte Gabe ist, dass wir in der Lage sind, uns mit dieser Kraft, dieser Liebe, dieser unbegrenzten Einheit zu verbinden. Wir sind nie getrennt vom Göttlichen.

JNM: Es sei denn, wir tun es.

EA: Es sei denn, wir tun es. Wobei unsere Kultur uns sehr in dieses kleine Hier und Jetzt hineinzwängt. Doch gibt es viel mehr in diesem Universum, als das Materielle, und das ist ein großes Problem unserer modernen Zivilisation, dass ein falsches Gefühl der Getrenntheit vermittelt wird.

JNM: Natürlich hat die Wissenschaft auch ihre Vorteile. Wir hätten keine Ärzte ohne die Wissenschaft. Sie haben erwähnt, dass Sie durch wundervolle Landschaften und Licht reisten. Was mir auffällt, wenn Menschen von ihren NTEs erzählen, beschreiben sie sich oft als passiv durch Zeit und Raum schwebend. Wie kommt es dann, dass dort dennoch religiöse Autoritäten fehlen?

EA: Das ist eine gute Frage. Ich denke, eines der Dinge, die wir entdecken, ist, dass wir selbst für unser Schicksal verantwortlich sind – dennoch dachte ich während der ganzen Seelenreise, dass ich nur ein Passagier wäre und erst am Ende dieses Nahtod-Erlebnisses wurde mir bewusst, dass ich selbst die Entscheidung treffen kann, ob ich dort bleibe oder wieder zurückkehre. Und ich habe die Entscheidung getroffen.

In dieser Phase, als ich am Ende meiner Erfahrung diese sechs Gesichter wahrgenommen habe, befand ich mich immer noch in dem Zustand, in dem ich mich an nichts mehr erinnern konnte - ich wusste nicht, dass ich Eben Alexander bin - ich hatte aber keine Furcht, um mich war alles endlose Weite - angefüllt mit Freude und Aufregung. Ich hatte keine Bindung, keine Verantwortung für irgendetwas - und ich fühlte, dass, egal was passiert, es so in Ordnung ist.

Als am Ende, am siebten Tag der Reise, diese sechs Gesichter erschienen, war darunter das Gesicht meines Sohnes Bart. Ich wusste nicht, wer er war, denn ich hatte immer noch keine Erinnerungen. Doch er bat mich, zurückzukommen, und ich hörte die Ärzte über mein Schicksal sprechen, dass ich nur noch eine zweiprozentige Chance hatte, zu überleben. Sie rieten dazu, die Maschinen auszuschalten. Die Woche über hatten sie Bart von den schlimmsten Nachrichten abgeschirmt, aber an diesem Morgen hörte er, dass ich wohl sterben würde. Er rannte ins Zimmer, zog mein Lid hoch und bat mich „Papa, werde wieder gesund!"

Ich sah ihn nicht mit meinen Augen, doch ich spürte seine Anwesenheit. Ich hörte ihn auch nicht mit meinen Ohren, weil ich weit weg in den spirituellen Ebenen war. Doch ich spürte seine Anwesenheit und sein Bitten zeigte mir, dass es etwas Wichtiges gibt, das mich an diese Welt bindet. Ich musste einfach zu ihm zurückkehren.

Wenn ich darauf zurückblicke, kommt es mir vor, als wäre es ein letzter Test meines freien Willens gewesen. Ich erkannte, dass ich eine Entscheidung fällen musste. Und die Entscheidung war, zurückzukommen. Es ging um die Liebe, die ich für eine andere Seele verspürte, auch wenn ich keine Ahnung hatte, wer es war.

JNM: Also etwas oder jemand rief Sie zurück?

EA: Ich würde sagen, es war eine weitere Art, die Einheit auszudrücken, dass wir alle ein Ausdruck einer wundervollen Seele sind, die lernt, wächst und lehrt. Die Verbindung war es, die mich zu einer Entscheidung zwang. Ich entschied mich, in diese Welt zurückzukommen, obwohl ich keine Ahnung hatte, was mich erwartete. Ich wusste von dieser Welt, den Menschen, aber nichts von Eben Alexander. Ich wusste nicht, wie es sein würde, in diese Welt zurückzukehren in einen bestimmten Körper.

JNM: Aber es fühlte sich richtig an.

EA: Nicht nur richtig. Als ich diese Verbindung und diese Verantwortung spürte, war es fast, als hätte ich gar keine Wahl mehr. Ich musste es tun. Es war das einzig richtige.

JNM: Möchten Sie den Lesern und Zuschauern noch eine Botschaft überbringen?

EA: Meine Botschaft ist, das Alles mit Allem verbunden ist, dass es keine Trennung gibt, wir sind alle eins - und das Einzige, was wirklich zählt, ist Liebe, Mitgefühl, Vergebung, Akzeptanz, und Gnade. Wenn wir unser Gegenüber verletzen, schaden wir uns nur selber. Deswegen ist der beste Weg, uns weiterzuentwickeln, wiederzuentdecken, dass wir alle göttlich sind, ein göttliches Wesen. Wir müssen lernen uns selbst zu lieben und andere zu lieben.

Und schon wieder auf nach London...

Durch meine mittlerweile sehr umfangreichen Kontakte, machte mich Gesa Dröge darauf aufmerksam, bzw. fragte mich, ob ich denn schon ein Gespräch mit Prof. Dr. Erlendur Haraldsson geführt hätte. Ich gab ihr zu verstehen, dass ich zwar schon einmal etwas von diesem Mann gehört hatte, mich aber nicht mehr genau entsinnen konnte, um was es bei seinen Forschungen geht. Das war für Gesa natürlich eine Steilvorlage und so klärte sie mich ausführlich über ihn auf. Da fiel mir auch wieder ein, dass mich Jim Tucker aus Virginia schon einmal an ihn verwiesen hatte, als ich mehr zum Thema Reinkarnation wissen wollte. Jim Tucker ist der Nachfolger von Ian Stevenson, der über 40 Jahre bis zu seinem Tod im Jahr 2007 an den Reinkarnationsfällen geforscht hatte, und Prof. Dr. Haraldsson führte dafür viele Feldforschungs-Arbeiten im Auftrag von Stevenson in Sri Lanka und Indien durch.

Natürlich musste ich mit ihm sprechen. Gesa meinte, er komme im Herbst 2017 nach Deutschland, um mehrere Vorträge über seine Projekte zu halten. Da Prof. Haraldsson einer der Pioniere auf dem Gebiet der Reinkarnationsforschung und der Forschungsarbeiten zu Sterbebett-Visionen und parapsychologischen Phänomen ist, war mir klar, dass ich diesen Experten unbedingt sprechen musste. Die Vortragsreihe von ihm im Herbst war mir allerdings viel zu weit weg, und so kontaktierte ich ihn und bat ihn um ein Interview. Es dauerte ein paar Tage, aber er stimmte zu, uns Anfang 2017 in London zu treffen, da er dort einen Vortrag halten müsste. Wieder ein Zufall – der exakt in meinen zurechtgelegten Terminplan für die Realisierung des Buches und des Doku-Films passte.

Univ.-Prof. Dr. Erlendur Haraldsson ist ein international ausgewiesener Psychologieprofessor und Parapsychologe, der in Deutschland (u.a. bei Hans Bender in Freiburg i.Br.) studiert hat, in Europa, in den USA und in Indien Labor- und im Rahmen mehrerer Projekte Feldforschung betrieben hat und bis zu seiner Emeritierung an der Universität von Reykjavik tätig gewesen ist. Der isländische Psychologe, emeritierter Lehrstuhlinhaber an der Universität Reykjavik, zählt zu den weltweit geachtetsten Grenzwissenschaftlern. Neben Nahtoderfahrungen, Reinkarnation, außersinnlichen Wahrnehmungen (ASW) und Medialität zählt zu seinen Forschungsschwerpunkten auch Geistiges Heilen. Professor Haraldsson widmete dem geistigen Heilen mehrere empirische Studien und gehörte dem Wissenschaftlerteam des von der EU geförderten Europäischen Fernheilprojekts EUHEALS

(2001-2004) an. Von 1959 bis 1963 war er als Schriftsteller und Journalist tätig gewesen. Nach einem Psychologiestudium an der Universität von München, das er 1969 mit der Diplomprüfung abschloss, promovierte er 1972 bei Professor Hans Bender, dem Nestor der deutschen Parapsychologie, in Freiburg/Breisgau. Fünf Forschungsjahre verbrachte Haraldsson in den USA: An der „Foundation for Research on the Nature of Man" in Durham, North Carolina, bei Professor Ian Stevenson, in der Abteilung für Psychiatrie an der Universität von Virginia in Charlottesville sowie bei der „American Society for Psychical Research" in New York. Gemeinsam mit Dr. Karlis Osis führte Haraldsson eine Studie über Nahtoderlebnisse durch, deren Bilanz (At the Hour of Death) in zahlreiche Sprachen übersetzt worden ist. Ab 1974 gehörte er der Psychologischen Abteilung der Universität Island an. Von dort aus brach er mehrfach zu Forschungsreisen nach Fernost auf: Auf Sri Lanka befragte er Dutzende von Kindern, die sich an ein früheres Leben zu erinnern schienen, und deren gesamtes soziales Umfeld - dabei fand er wiederholt eindrucksvolle Anhaltspunkte für Reinkarnation.

In fünf Büchern, die inzwischen als Standardwerke gelten, hat Dr. Erlendur Haraldsson, seine Forschungsergebnisse zu ausgewählten Gebieten der Psychologie und der Parapsychologie publiziert.

Wir trafen ihn also in seinem Londoner Hotel. Bruno war zwar - wenn man seinen Gesichtsausdruck richtig zu deuten vermochte - etwas entsetzt, als er sah, dass weder im Foyer, noch in einem der Nebenzimmer, ein geeigneter Platz für ein gutes Interview vorhanden war. Das Hotel war nicht so großzügig ausgelegt, hatte keine Lobby und auch die Zimmer waren eher spartanisch und sehr klein bemessen. Aber es half nichts, und so mussten wir wohl oder übel auf dem Zimmer von Prof. Haraldsson drehen. Mit vielerlei Tricks und Lichtgestaltung gelang es uns, wider Erwarten, ihn so in Szene zu setzten, dass die Aufnahmen für gut befunden werden konnten. Haraldsson war damit einverstanden, das Interview in deutscher Sprache zu geben, was mich sehr freute, denn ein solches gab es bisher noch nicht. Durch seine langen Studienjahre in Deutschland hatte er damit kein Problem. Ich war schon sehr gespannt. Er kannte die Fragen noch nicht (was übrigens bei allen anderen Protagonisten auch der Fall war), und so legten wir los. Gesa Dröge war auch mit am Set, da sie sich für seinen Vortrag am nächsten Tag interessierte. So war sie angereist, um ihn persönlich kennenzulernen. Gesa Dröge ist medial veranlagt, seit vielen Jahren für ein Sterbehospiz tätig und wollte mit ihm auch ihre eigenen Erfahrungen zum Thema „Sterbebett-Visionen" austauschen.

INTERVIEW MIT DR. EBEN ALEXANDER

Prof. Dr. Erlendur Haraldsson

Interview mit Prof. Dr. Erlendur Haraldsson in London

JNM: Herzlichen Dank Herr Prof. Dr. Haraldsson dafür, dass Sie sich die Zeit nehmen, um uns dieses Interview zu geben. Ich habe ein paar interessante Fragen vorbereitet.

Sie haben viele Jahre paranormale Phänomene untersucht. Zu den paranormalen Vorkommnissen in ihren Séancen gehörten nicht nur Levitationen von Objekten verschiedenster Art, die wild in der Luft schweben, sondern auch Levitationen der Medien selbst.

EH: Ich habe das nie selbst beobachtet. Es kam bei einem sehr bekannten isländischen Medium vor, Indridi Indridason. Da gab es viele Levitationen, auch Levitationen von ihm. Er war eines der größten physikalischen Medien, die es gegeben hat. Ich habe ein Buch über ihn geschrieben, das es natürlich nur auf Englisch gibt.

JNM: Wie stehen Sie zu den Phänomenen, die bei diesen Séancen auftreten? Die normalen Menschen sagen, das ist alles Betrug.

EH: Diese Phänomene wurden sehr gründlich bei mehreren Menschen untersucht, sie haben allerhand Maßnahmen vorgenommen, so dass Betrug eigentlich unmöglich war. Wenn man diese Berichte ordentlich liest, bleibt kein Zweifel. Jeder kann mein Buch lesen und sich überzeugen, dass das echte Phänomene sind.

JNM: Es heißt ja auch, diese Phänomene widersprechen der klassischen Physik.

EH: Ja, entweder entkommen sie der Gravitation, oder es gibt nicht-physikalische Kräfte, die die Sachen bewegen.

JNM: Es gibt ja auch diese Aborte oder Ektoplasma.

EH: Ja, das gab es nicht bei Indridason, aber bei anderen. Bei Indridason sind manchmal diese Figuren erschienen. Es bildete sich eine Leuchtsäule und in der Leuchtsäule bildete sich eine menschliche Figur. Diese menschliche Figur konnte sprechen, man konnte sie anfassen und so weiter. Ektoplasma gab es nicht bei Indridason.

JNM: Das ist sehr interessant, denn man liest über diese Phänomene zurzeit nichts, außer in den alten Büchern. Diese Phänomene sind in der Öffentlichkeit nicht bekannt. Vielleicht sollten wir noch etwas erklären, was in einer Séance passiert? Es gibt ein Medium, das geht in Trance, und dann gibt es Lichtphänomene und Erscheinungen. Sie sagen, man kann diese Figuren anfassen. Gehen die auch in Dialog?

EH: Es gibt zwei Arten von Medien: Die mentalen Medien, die nur sprechen, und mit denen man sprechen kann, und die physikalischen Medien, die physische Phänomene zeigen - es spielen zum Beispiel physikalische Instrumente, ohne, dass man eine Hand sieht. Oder man spürt, man wurde angefasst, oder es erscheinen Lichtphänomene. Diese Lichtphänomene - zum Beispiel bei Indridason - waren verschiedener Art. Manchmal kamen sternenartige Lichter, und die konnten verschiedene Farben haben, manchmal kamen Leuchtsäulen und Leuchtnebel. Bei Indridason gab es auch viele Stimmen von Verstorbenen. Diese Stimmen haben die Leute, die anwesend waren, oft gekannt und sie konnten mit ihnen reden, wie sie es getan hatten, als sie noch lebten. Er war eines der größten Stimmenmedien, die ich kenne. Bei Daniel Dunglas Home, einem sehr berühmten Medium, gab es viel weniger Stimmen.

JNM: Nochmal kurz zusammengefasst für die Leser und Zuschauer: Hier haben sich also mehrere Wissenschaftler diese Phänomene vorgenommen, haben sie ganz genau auf Betrug untersucht, und haben diese Phänomene dokumentiert?

EH: Es gab mehrere sehr gründliche Untersuchungen. Zum Beispiel wurde Indridason in fremde Häuser gebracht, wo nur Skeptiker waren. Trotzdem sind die Phänomene erschienen. Als er in diese fremden Häuser kam, wurde ihm seine Kleidung weggenommen und andere Kleidung gegeben.

JNM: Alle diese Dinge wissen die Leute heutzutage kaum. Wobei sehr viele Menschen in Deutschland Phänomene schon selbst erlebt haben. Wie sind Sie zu Ihren Forschungen gekommen? Haben Sie selbst solche Phänomene erlebt?

EH: Ich habe solche Phänomene erlebt. Ich studierte eine Weile Philosophie. Dann lernte ich in Freiburg Professor Hans Bender kennen. Ich änderte mein Studienfach in Psychologie und promovierte bei ihm. Er hatte großen Einfluss auf mich. Aber die Literatur über Parapsychologie und so weiter kannte ich schon ein wenig, als ich Hans Bender kennenlernte. Aber durch ihn habe ich erfahren, wie man diese Forschungen machen kann. Ich lernte mehr über die aktuelle Forschung. Nachdem ich mit meinem Studium in Freiburg fertig war, ging ich in die USA. Ich hatte zuvor etwas Korrespondenz mit J. B. Rhine, er war der berühmteste Parapsychologe seiner Zeit. Es war 1986, und ich blieb ein Jahr bei ihm. Dort hat man viel experimentiert, und ich auch. Danach war ich ein Jahr lang an der „University of Virginia", vor allem bei Professor Ian Stevenson, der Leiter der Psychiatrischen Abteilung. Er hat sich später vor allem mit Erinnerungen an ein früheres Leben bei Kindern beschäftigt und Untersuchungen gemacht. Zudem war er sehr an mediavistischen Phänomenen interessiert. Er hat mir geholfen, dass ich ein mentales Medium in Island, Björnson, untersuchen konnte. Er war in den USA, New York. Später hat mich Stevenson gebeten, ob ich nicht viele Fälle von Kindern, die sich an ein früheres Leben erinnern, untersuchen möchte. Das habe ich gerne getan. Wir haben uns geeinigt, dass ich das in Sri Lanka mache, da ich Sri Lanka kannte. Er hatte auch Mitarbeiter in Sri Lanka, die mir helfen konnten. In Sri Lanka hatte ich über die Jahre etwas über 60 Fälle. Im Allgemeinen konnte ich etwa fünf Fälle pro Jahr finden. Sri Lanka hat eine Bevölkerung von etwa 18 Millionen, so waren das auch in Sri Lanka seltene Fälle, aber man konnte sie finden.

JNM: Bleiben wir noch einmal kurz bei dem Thema Phänomene. Da Sie selbst diese Untersuchungen durchgeführt haben, zu welchem Schluss, zu welchem Ergebnis sind Sie gekommen? Sie haben also dieses isländische Medium untersucht. Widersprechen diese Phänomene unserem klassischen Weltbild?

EH: Björnson hat diese Untersuchungen zusammen mit Stevenson gemacht. Er hat bei diesen Sitzungen Menschen beschrieben, die verstorben, aber mit den Anwesenden verwandt und bekannt waren. Aber diese Menschen, die am Versuch teilnahmen, hat er vorher nie getroffen. Die Frage ist: Wie bekam er die Eindrücke von diesen Leuten? Es gab keinen physischen Kontakt, er konnte sie nicht sehen, er war hinter einer Wand, und sie konnten nicht hören, was er sagte. Trotzdem hat er es richtig gemacht. Nicht alles, aber genug richtig, dass es statistisch signifikant war.

JNM: Das heißt, es wurde eine Person geholt, die eine Frage gestellt hat?

EH: Nein, wir hatten zehn Versuchspersonen, und sie wurden dazu gerufen, und Björnson hat geschrieben, was er bei ihnen sah. Und dann gab es eine kurze Pause und dann kam die nächste Versuchsperson. Dann haben wir das, was Björnson über die Versuchspersonen gesagt hat, auf Tonband aufgenommen und aufgeschrieben, und haben das diesen zehn Personen gegeben, ohne dass sie wussten, was zu wem gehörte. Sechs von diesen zehn haben ihren eigenen Bericht gefunden. Das ist statistisch signifikant. Auf diese Weise haben wir das festgestellt. Es war nie so, dass alles, was Björnson sagte und beschrieb, stimmte, aber es war wesentlich mehr richtig, als man bei reinem Zufall erwarten würde.

JNM: Es kann natürlich auch sein, dass die Person, die das ausgewählt hat, sich nicht an alle Sachen erinnern konnte. Dass es also kein Fehler des Mediums war, sondern der Versuchspersonen.

EH: Das wäre eine Möglichkeit. Wir haben sie alle gebeten, diese Protokolle engen Verwandten zu zeigen. Damit hat sich einiges erklärt, aber das reichte nicht aus, dass alles richtig war.

JNM: Fassen wir es noch einmal zusammen: Dieses Medium bekam zehn Personen vorgestellt, und beschrieb, was es bei diesen zehn Personen an Verstorbenen sieht, ist das richtig? Oder was es generell sah?

EH: Es ging eigentlich nur um Verstorbene. Es hat nichts über ihre Umgebung und Verwandte oder so gesagt.

JNM: Bleiben wir bei den Phänomenen, die in diesen Séancen auftauchen. Lichtphänomene, Levitationen, Sprachdurchgaben – es scheint, dass diese Medien sämtliche Ausprägungen haben. Sie haben selbst zwei paranormale Phänomene miterlebt?

EH: Ich war in Kopenhagen, um Philosophie zu studieren. Dort mietete ich ein Zimmer. Es war in einer kleinen Wohnung im ersten Stock. Zwei Zimmer waren zur Straße, und darin arbeiteten zwei Näherinnen, um Kleider zu verbessern. Nach fünf oder sechs Uhr waren sie weg. Neben meinem Zimmer war die Küche. Eines Abends hörte ich Geräusche aus der Küche und dem Gang. Ich dachte, die Damen wären zurückgekommen. Es wurde auch etwas in der Küche gemacht. Und dann auf einmal: Kein Licht und alles still. Das war sehr merkwürdig. Später am Abend hörte ich das noch einmal. Ich habe dann genau hingehört. Dann machte ich die Tür auf und alles wurde plötzlich still. Später ging ich ins Bett. Ich schlief auf einem Sofa, vor dem Sofa war ein Stuhl. Wie so viele in Kopenhagen hatte ich ein Fahrrad, das ich mit ins Zimmer brachte. An diesem Abend lag es auf dem Stuhl. In der Nacht wachte ich plötzlich auf, völlig geblendet vom hellem Licht. Das Licht vom Fahrrad strahlte direkt in meine Augen. Sonst, weder vorher noch nachher, geschah das nie. Das war wirklich merkwürdig.

JNM: War das nicht zu Zeiten, in denen Sie sich mit diesen Phänomenen noch gar nicht beschäftigt haben?

EH: Doch, ich glaube schon. Ich hatte schon einiges gelesen. Und ich hatte auch schon kleinere Erlebnisse gehabt. Mit 15 Jahren hatte ich ein mystisches, religiöses Erlebnis. Eine Art Lichtgestalt kam in mich hinein, und ich wurde ganz leicht und spürte viel Freude. Das geschah zum ersten Mal am Mittag, als es regnete. Ich war mit anderen Leuten nahe an der Küste, dort war so ein Kamm mit Geröllsteinen. Es regnete, und zugleich schien die Sonne, und alles leuchtete auf. Ich hatte das Gefühl, ich würde selbst vom Licht beleuchtet. Es war ein wundervolles Erlebnis und hatte großen Einfluss auf meine spirituelle Entwicklung. Ich habe nie bezweifelt, dass es etwas Übersinnliches gibt. Das war sehr bedeutsam für mich und es kam später wieder.

Es machte mich mehr interessiert an den Untersuchungen. Und dann kam eine Sache nach der anderen.

JNM: Alle diese Phänomene, die bei Séancen auftauchen, werden von Skeptikern ja immer als normale Phänomene abgetan und dass es so etwas nicht gibt. Wenn Sie, als der renommierteste Forscher auf diesem Gebiet, die Aussage treffen – „Doch, diese Phänomene sind wahr“ - wie ist das dann zustande gekommen?

EH: Ich sage gar nicht, dass sie alle echt sind, aber es gibt Fälle, die echt sind. Daran habe ich keinen Zweifel, denn ich habe Untersuchungen gemacht, die das beweisen, und auch selbst solche Erfahrungen gemacht. Diese Phänomene sind noch nicht physikalisch erklärbar. Aber ich glaube, wenn wir mehr Forschung machen, kommen wir näher ran. Irgendwie müssen diese Phänomene in unser Weltbild eingegliedert werden.

JNM: Vielleicht ist das auch ein Ansporn für junge Menschen, die dieses Buch lesen oder sich diesen Film anschauen und dann sagen: „Ich gehe auch in diese Forschung.“ Viele meinen ja, wir haben schon alles erforscht und wissen schon alles. Ich denke, der Schlüssel ist das Bewusstsein, das ja in der Forschung momentan völlig außen vor ist. Wie sehen Sie das?

EH: Natürlich ist das Bewusstsein auch ein Geheimnis. Wir wissen nicht, wie es zustande kommt, und wir sind uns bewusst, es bleibt immer unbekannt.

JNM: Sie haben ein Buch über „Sai Baba“ geschrieben. Wer ist Sai Baba, was hat er gemacht?

EH: Sai Baba war ein Inder. Er wurde recht jung schon sehr bekannt, weil er sehr religiös war und immer religiöse Gesänge singen wollte. Er hatte auch eine Gabe, er konnte aus seiner Hand Leuten Verschiedenes schenken.

JNM: Also Materialisation?

EH: Ja, materialisieren. Das hat er mehrere Male am Tag gemacht. Es konnte etwas Essbares sein, es konnten schöne Sachen sein wie Ringe, alles Mögliche. Manchmal hat er ihnen gesagt: „Bitte, halte deine Hand so" und dann erschien eine Sache in der Hand. Das hat er sein ganzes Leben lang getan.

Die Skeptiker meinten natürlich, das war irgendein Unfug. Ich habe in meinem Buch viele Menschen interviewt, die Sai Baba kannten, aber auch seine Kritiker. Auch Leute, die bei ihm waren, ihn dann aber verlassen haben. Sogar diese sagten, sie hätten nie erklären können, wie Sai Baba das machte. Einige von ihnen wussten, wo er zum Beispiel seine Kleidung hatte, sie ließen sie waschen. Es gab keine versteckten Taschen oder ähnliches.

JNM: Über Sai Baba wird ja im Internet gesagt, alles, was er getan hat, war Lug und Trug, Taschenspielertricks. Das kann man also ausschließen?

EH: Diejenigen, die das sagen, haben keine oder sehr wenige Beobachtungen von ihm gemacht. Aber ich habe viele Leute interviewt, die Sai Baba über längere Zeit kannten, auch seine Kritiker, auch einzelne Besucher. Es kann sein, dass er irgendwo gepfuscht hat, das weiß ich nicht. Aber ein großer Teil seiner Phänomene war echt. Es gab auch Phänomene, die auf Entfernung zustande kamen. Er hat oft eine Art Staub, „Vibhuti", der im Hinduismus eine ähnliche Rolle spielt wie Brot und Wein im Christentum, materialisiert. Es ist in der Tat der Kot von Kühen, der gebrannt wird, und dann entsteht eine ganz feine Asche. Diese Asche ist manchmal bei Anhängern von Sai Baba erschienen, aber auch bei Leuten, die Sai Baba wenig kannten. Plötzlich ist sie auf Bildern von Sai Baba oder auf Bildern von anderen Heiligen erschienen. Es kann keine Frage sein, dass Sai Baba bei ihnen war und sie eingeschmiert hatte. Es wurde an so vielen Stellen in Indien gesehen, Kalkutta, Bengale, Delhi, es war massenhaft. Das ist unerklärt.

JNM: Ich glaube, Sie meinen jetzt diese „Bilokation", an mehreren Orten gleichzeitig sein?

EH: Ich habe von zwei Fällen gehört, wo Sai Baba erschienen ist, als er mit ziemlich großer Sicherheit woanders war. Einmal war er auf Besuch in einem Ort nahe der Ostküste von Südindien. Gleichzeitig ist er an der Westküste erschienen. Er ist plötzlich in ein Haus gekommen und sagte den Leuten, „Wir wollen einen Gebetsgesang haben". Er sah wie Sai Baba aus mit den vielen schwarzen Haaren und dem orangefarbenen Kleid. Dann hat er ihnen gesagt: „Bitte, lade deine Nachbarin ein." Sie hielten dann eine Messe ab. Als diese zu Ende war ist er rausgegangen und verschwunden.

JNM: Sai Baba hatte also die Fähigkeit, an zwei oder mehreren Orten gleichzeitig zu sein?

EH: Auf jeden Fall haben wir zwei Fälle untersucht, die es in dieser Zeit gab. Er war in der Tat anderswo.
Wir haben viele Leute interviewt, die Augenzeugen waren. Wir haben einen Bericht darüber in meinem Buch über Sai Baba veröffentlicht.

JNM: Es gibt also Menschen, die können ungewöhnliche Dinge vollbringen. Sie können Gegenstände materialisieren, sich an zwei Orten gleichzeitig aufhalten, mit Verstorbenen sprechen.

EH: Es gibt einzelne Menschen, wie zum Beispiel Sai Baba, die diese Sachen hervorbringen können. Es gab bei den großen Medien im 19. und frühen 20. Jahrhundert auch Phänomene, wo Objekte erschienen sind. Es ist äußerst selten, aber es hat solche Leute gegeben.

Es gibt Medien wie zum Beispiel Nielson in Dänemark. Er war ein begabtes Medium, er hat auch levitiert. Es gibt Beschreibungen von ihm und Sitzungen in Kopenhagen. Er war auch in Island, da gibt es auch Beschreibungen. In Oslo hat ihn eine Kommission untersucht und dabei recht grob behandelt. Es geschahen dort keine Phänomene, und dann haben sie geschrieben: „Weil keine Phänomene bei uns erschienen sind, bedeutet das, dass bei ihm keine Phänomene vorkommen. Das muss auf irgendeinem Betrug beruhen."

JNM: Es ist genau das Problem, dass die Medien diese Phänomene nicht beliebig hervorrufen können. Aber letztendlich reicht ja ein dokumentierter Fall, damit das ganze Weltbild auf dem Kopf steht.

EH: Es gibt bei Indridason sehr interessante Phänomene. Wir haben ja schon über ihn gesprochen. Einmal, bei einer Sitzung, ist bei ihm in einer Lichtsäule ein Mensch erschienen, und er sagte, sein Name wäre Jensen. Er wäre aus Dänemark. Er sprach auch dänisch. Dann ist er verschwunden, dann kam er wieder hinein und sagte, er wäre in Kopenhagen gewesen, dort ist ein Brand ausgebrochen in einer Fabrik. Später sagte er, jetzt hat man den Brand gelöscht. Zu diesem Zeitpunkt gab es kein Telefon und keine Radioverbindung nach Island, es war 1905. Man musste auf die nächste Zeitung warten, ob an diesem Tag etwas geschehen ist.

Der Indridason hat das am 24. November 1905 geschrieben. Man wartete auf das nächste Schiff, das die Zeitungen aus Kopenhagen brachte. Die kamen kurz vor Weihnachten an, und es gab einen Artikel in der größten Zeitung von Kopenhagen vom 25. November: „Fabrikbrand in Kopenhagen". Es gab einen Brand in einer Fabrik am 24. November. Es hat sich also bestätigt. Später ist dieser Jensen noch einmal erschienen und man fragte ihn, wer er sei. Er sagte, er hieße Emil Jensen. Außerdem wäre er unverheiratet, er sagte auch, er wäre nicht alt geworden.

JNM: Er war also schon verstorben...

EH: Ja. Ich habe in Kopenhagen nach ihm geforscht, bin in einige Archive gegangen. Es gab tatsächlich einen Emil Jensen. Aber der Fabrikbrand war in der Großen Königsstraße in Kopenhagen. In derselben Straße wohnte Emil Jensen.

Dieser Fall erinnert sehr an den Fall von Emanuel Swedenborg, dem großen Wissenschaftler und Mystiker aus Schweden. Einmal war er in Göteborg, kam auf dem Schiff aus England zurück, und an dem Abend, an dem er zurückkam, haben ihn seine Freunde zum Essen eingeladen. Es waren recht viele Leute da. Als er an diesem Abend aus dem Raum gegangen ist und zurückkam, war er etwas besorgt und sagte, es war ein Brand ausgebrochen in einem Teil von Stockholm. In diesem Teil hatte er sein Haus. Später sagte er, jetzt sei der Brand unter Kontrolle. Etwa zwei Tage später kamen die ersten Eilboten aus Stockholm mit der Nachricht, dass ein großer Brand in Stockholm gewesen war. Fast 200 Häuser waren niedergebrannt.

Das Feuer fing kurz vor seinem Haus an. Der Fall von Indridason mit dem Feuer in Kopenhagen hat große Ähnlichkeit zu dem Fall von Swedenborg und dem Feuer in Stockholm.

JNM: Das ist eine gute Überleitung zum Thema Reinkarnation. Also offensichtlich ist unser Bewusstsein in der Lage, an Informationen heranzukommen, die nicht, wie in der klassischen Physik, über Raum und Zeit laufen. Sondern ich habe Zugang zu Informationen, wo auch immer die herkommen. Nun zum Phänomen der Reinkarnation: Viele Menschen halten das für Mystik, ein Gerücht, und, dass es keine Belege gibt. Was sagen Sie dazu?

EH: Man hat viele Untersuchungen, besonders von Kindern gemacht, die behaupten, sie erinnern sich an ein früheres Leben. Professor Stevenson von der Universität von Virginia hat viele Fälle in verschiedenen Ländern untersucht. Er hat bestätigen können, dass manche dieser Fälle so sind, dass die Ereignisse und die Personen, die die Kinder beschreiben, gefunden werden können. Das, was die Kinder über ihr Vorleben gesagt haben, lässt sich bestätigen.

Später hat Stevenson mich gefragt, ob ich nicht auch einige solche Fälle untersuchen möchte. Ich habe ja gesagt und mehrere Fälle in Sri Lanka untersucht. Ich hatte 60 Fälle in zehn, elf Jahren.

Es gab zum Beispiel den Fall der Thusita Silva, ein kleines Mädchen, das sagte, sie hätte früher in einem Ort namens Akuressa gelebt. Da ist sie einmal über eine Brücke gegangen und in den Fluss gefallen. Ihr Mann war auch dabei und hat versucht, ihr zu helfen. Sie ist aber ertrunken und war einige Monate schwanger gewesen.

Wir sind nach Akuressa gefahren, wo es tatsächlich eine Brücke gab. Nahe der Brücke war ein Haus, und sie sagte, sie wäre aus dieser Familie.

Wir sind dahin gegangen und haben gefragt, ob jemand in der Familie ertrunken sei. Ja, ihre Schwiegertochter ist über die Brücke gegangen und in den Fluss gefallen und ertrunken. Dann sind wir zu dem Beamten, der alle ungewöhnlichen Todesfälle untersuchte, und er hatte das registriert mit der Frau, die ertrunken war. Sie hieß Nanayakkara und sie war im fünften Monat schwanger. Das hat sich also bestätigt.

Ich habe diesen Fall sehr gründlich untersucht und einen Bericht darüber geschrieben. Er ist auch in meinem Buch.

Ich habe mehrere solcher Fälle untersucht und viele von ihnen waren sehr eindrucksvoll. Ich kann mich zum Beispiel an den Fall von Purnima erinnern. Das war ein Mädchen, das mitten in Sri Lanka wohnte. Der Vater war Schulleiter. Mit etwa drei Jahren fing sie an, darüber zu sprechen, dass sie Räucherstäbchen hergestellt hatte. Sie konnte aber nicht sagen, wo. Doch dann kam ein Dokumentarfilm über den Kelaniya-Tempel in Sri Lanka. Und sie hätte dort, auf der anderen Flussseite gewohnt.

Um diese Zeit fing ein neuer Lehrer an, bei ihrem Vater in der Schule zu arbeiten. Er war aus Kelaniya und sagte, wenn er am nächsten Wochenende nach Kelaniya gehe, werde er nachfragen. Auf der anderen Flussseite fragte er nach Leuten, die Räucherstäbchen machen. Er hat zwei gefunden, ein dritter hatte schon aufgehört. Er hat sie besucht und gefragt, ob nicht irgendein Familienmitglied gestorben sei. Einer aus der Familie war auf dem Weg in die Stadt auf dem Fahrrad gefahren und von einem Bus überfahren worden. Purnima hatte davon gesprochen, dass sie bei einem Verkehrsunfall gestorben war.

Interessant war auch, dass sie ein Geburtsmal an der Seite hatte, an der Stelle, an der in ihrem früheren Leben der Bus über sie gefahren ist. Dort war die größte Wunde, die Rippen stachen in die Lunge. Ich habe den Bericht der Leichenschau gelesen, dort stand das geschrieben. Es kommt immer wieder bei diesen Fällen von Kindern vor, die sich an ein früheres Leben erinnern, dass sie Narben haben, die zu der Stelle passen, wo sie tödliche Verletzungen gehabt hatten.

Ein weiteres interessantes Merkmal dieser Fälle: Etwa 80 Prozent der Kinder sprechen davon, dass sie durch einen Unfall gestorben sind, und meistens in recht jungen Jahren.

JNM: Wie interpretieren Sie das – ist das tatsächlich ein Indiz für ein Leben nach dem Tod, oder hat unser Bewusstsein nur Zugang zu dieser Mentaldatei?

EH: Wenn es diese Geburtsmale nicht gäbe, könnte man sagen, die Kinder haben Zugang zur Vergangenheit, was jemandem geschehen ist. Aber diese Geburtsmale entwickelten sich schon vor der Geburt. Es ist eigentlich sehr künstlich, zu argumentieren, dass diese Erinnerungen durch irgendeinen telepathischen Einfluss zustande kommen.

JNM: Das heißt, wenn jemand durch einen Unfall oder Mord sehr früh aus dem Spiel genommen wird, wird er sehr schnell wieder ins Spiel hineingesetzt?

EH: Das weiß ich nicht, aber es scheint so, dass manche, die durch einen gewaltsamen Tod sterben, sich daran erinnern, wenn sie wiedergeboren wurden. Aber es gibt so viele Unfälle in der Welt, doch kaum ein Kind erinnert sich.

Diese Fälle erscheinen häufiger in einigen Ländern in Asien als in Europa.

JNM: Vielleicht liegt es nur daran, dass wir es hier nicht ernst nehmen, wenn ein Kind das erzählt?

EH: Es kann sein, dass, wenn die Kinder über so etwas sprechen, man es hier in Europa ablehnt. Aber ich habe einen Fall in Island untersucht. Es war ein Junge im üblichen Alter, der mit drei, vier Jahren anfing, über ein Leben auf dem Land zu sprechen. Er sprach von Menschen, mit denen er dort lebte, von einem Boot an der Küste, und er sprach von einem Unfall mit einem Traktor. Er sagte nicht direkt, er wäre auf dem Traktor. Der Junge lebte bei seiner alleinerziehenden Mutter, mit dem Vater hatte er kaum etwas zu tun. Aber der Vater hat einen älteren Bruder gehabt, der durch einen Unfall auf dem Traktor gestorben ist. Die Familie hatte auch ein Boot. Es war ein sehr interessanter Fall.

JNM: Ein Fall, der gut dokumentiert ist, reicht ja aus, um zu zeigen, hier stimmt etwas mit unserem Weltbild nicht.

EH: Aber wir haben recht viele interessante Fälle in Sri Lanka gefunden. Auch in Libanon, wo ich auch viele Fälle untersucht habe. Und natürlich hat auch Ian Stevenson ganz viele Fälle veröffentlicht.

JNM: Warum denken Sie, dass diese Forschungsergebnisse, die Sie und Stevenson und viele andere gemacht haben, so extrem ignoriert werden?

EH: Die Forschungsergebnisse passen nicht in das heutige Weltbild, deswegen werden sie abgelehnt. Aber ich glaube, viele, die Studien von Stevenson gründlich gelesen haben, nehmen es als etwas Richtiges an, oder zumindest etwas Unerklärtes.

Ich finde, dass unser Weltbild begrenzt ist und, dass einige dieser paranormalen Phänomene, wie zum Beispiel die Erinnerung an ein früheres Leben, irgendwie in unser Weltbild eingegliedert werden müssen. Ich glaube, das geschieht eines Tages, wenn man mehr Forschung gemacht hat und die Forschungsergebnisse besser kennt.

JNM: Aber die Forschungsergebnisse, die schon erzielt wurden - sind sie mehr als nur Indizien? Kann man die Fälle nicht widerlegen?

EH: Die Fälle sind nicht widerlegbar, aber manche versuchen, sie anders zu interpretieren. Doch das scheint mir meist eine künstliche Erklärung.

Aber vor allem werden diese Phänomene ignoriert, nicht nur von den Skeptikern, sondern auch von der allgemeinen Bevölkerung. Man weiß sehr wenig darüber und hat sich kaum damit befasst.

JNM: Kommen wir zum Thema Sterbebettvisionen. Die meisten Menschen kennen diese ganzen Sterbephänomene und Sterbebettvisionen nicht, weil heute nicht mehr zuhause gestorben wird, sondern irgendwo im Krankenhaus, und die Leute nicht mehr anwesend sind. Was sind für Sie Sterbebettvisionen und was haben Sie hier untersucht?

EH: Ich habe eine große Untersuchung mit Karlis Osis gemacht, meinem amerikanischen Kollegen, erst in den USA und dann in Indien. Wir haben einige hundert Ärzte und Krankenschwestern nach ihren Beobachtungen bei Sterbenden befragt, ob sie irgendwie halluzinierten oder Visionen hatten. Recht viele Ärzte und Krankenschwestern berichteten davon. Sie haben beobachtet, dass manche Patienten kurz vor dem Tode anfangen, darüber zu reden, dass sie irgendwelche engen Verwandten sehen. In seltenen Fällen auch Engel. Es war in den USA und in Indien ähnlich, obwohl die Länder sehr unterschiedliche Kulturen haben. In beiden Ländern gab es Sterbebettvisionen.

JNM: Das heißt, die Menschen sehen nicht nur Verwandte und Engel, die sie abholen, in Indien gibt es ja auch diesen „Yamadut", doch sie sehen auch schöne Landschaften und Musik.

EH: Meist erschienen die Gestalten von Verwandten und sagen: „Wir sind da, dir zu helfen, in die andere Welt zu gehen." Das gab es sowohl in Indien als auch in den USA.

Ich habe mit Karlis Osis, meinem Co-Autor, ein Buch darüber geschrieben: „Der Tod – ein neuer Anfang" (1978, Originaltitel: „At the Hour of Death", 1977, letzte engl. Ausgabe 2012). Die deutsche Version wird Ende 2017 neu verlegt werden. Da werden sehr viele Fälle veröffentlicht. Wir haben auch den Einfluss von Medikamenten untersucht, von Fieber, von verschiedenen Zuständen, die zu Halluzinationen führen können. Wir haben ausgerechnet, dass viele Patienten, die keine solche Charakteristika hatten, trotzdem Sterbebettvisionen hatten. Wir kamen zu dem Schluss, dass Sterbebettvisionen unabhängig sind von Medikamenten und so weiter. Das hat übrigens vor einigen Jahren ein Forscher in England, Peter Fenwick, auch bestätigt. Er hat eine Untersuchung mit Interviews mit Ärzten und Krankenschwestern gemacht, die in Hospizen waren, und sie waren fest davon überzeugt, dass diese Erscheinungen nicht von Medikamenten hervorgerufen worden waren.

JNM: Es sind auch keine Halluzinationen in dem Sinne?

EH: In dem Sinne sind es keine Halluzinationen. Im natürlichen Sinne nicht, aber in dem Sinn, dass andere Leute sie meistens nicht sehen.

JNM: Gibt es Fälle, wo andere Menschen sie sehen?

EH: In ganz seltenen Fällen sieht mehr als ein Mensch diese Erscheinungen.

JNM: Was mich an dem Buch fasziniert hat, sind zwei Fälle, wo jemand abgeholt wird und zu einer Lichtgestalt gebracht wird, und die Lichtgestalt sagt dann: „Hier habt ihr mir den falschen Herrn Meier gebracht. Bringt ihn zurück". Und die gleiche Krankenschwester berichtet dann, dass am selben Abend im selben Krankenhaus ein anderer Herr Meier gestorben ist. Was sagen sie dazu? Irren sich die Lichtwesen manchmal?

EH: Wir haben einzelne Fälle in unseren Untersuchungen gefunden, wo der Patient zurückgekehrt ist, weil es noch nicht seine Zeit war. Diese Fälle erinnern etwas an Nahtod-Erfahrungen. Die Leute sind ja fast gestorben, waren irgendwo in einer anderen Welt, und sind dann zurückgekehrt.

JNM: Einen Unterschied gab es, soweit ich mich erinnern kann. In Amerika sind alle frohen Mutes gegangen. Und in Indien haben 25 Prozent der Patienten gesagt: „Oh, da kommt der Yamadut (der indische Todesbote), da gehe ich nicht mit".

EH: In Indien kam es wesentlich häufiger vor, wenn irgendwelche Gestalten kamen, um ihn abzuholen, dass er nicht mitgehen wollte. Yama ist der Gott des Todes. Im Hinduismus gibt es den Glauben, dass Yama einen Boten schickt, Yamadut, um jeden abzuholen. Und wenn diese Gestalt erscheint, wollen manche nicht gehen. Ein Teil des Glaubens an Yamadut ist: Ob er freundlich oder nicht freundlich ist, hängt von der Art ab, wie du dein Leben geführt hast. Wenn du ein schlechtes Leben geführt hast, erscheint er in einer bösen Gestalt, und wenn du ein gutes Leben geführt hast, erscheint er in einer guten Gestalt. Deswegen wollten in Indien manche nicht mitgehen.

JNM: In Bayern sagt man, es kommt der Sensenmann. Ist der Sensenmann das gleiche wie Yamadut?

EH: Kann sein, dass es ähnlich ist. Aber dann gab es noch einen Unterschied zwischen Patienten in den USA und in Indien. In Indien starben die Patienten viel früher. Im Durchschnitt starben die Patienten, die Visionen hatten, mit 42 Jahren, in den USA mit 62 Jahren. Es kann sein, dass manche nicht aus der Welt gehen wollten, weil sie noch weiterleben wollten. Das ist eine mögliche Erklärung, aber ich weiß nicht, ob sie die richtige ist.

JNM: Mich haben auch die Fälle fasziniert, wo der Arzt den Patienten schon als geheilt entlassen wollte, und nur aus dem Zimmer gegangen ist, um die Entlassungspapiere zu holen. In den paar Minuten sagte der Patient zur Schwester „Da kommt der Yamadut“ und starb innerhalb der nächsten fünf Minuten, obwohl er als geheilt entlassen werden sollte.

EH: Solche Fälle hatten wir auch. Der Arzt meinte, der Patient wäre in einem recht guten Zustand, aber dieser Mann ist trotzdem gestorben. Er hat eine Stimme gehört, die er so interpretierte, dass er abgeholt wird, und ist gestorben.

JNM: Wenn ich das Buch richtig gelesen habe, ist es doch so: Sobald der Patient eine Sterbebettvision hatte, war der Kuchen gegessen, dann wurde gestorben.

EH: Dann starben sie meistens kurz darauf. Es gab nur wenige Fälle, wo sie zurückkehrten.

JNM: Das ist doch eine wichtige Botschaft für die Hospize. Wenn der Patient eine Sterbebettvision hat, kann man gleich den Totenschein ausstellen, weil man weiß, jetzt stirbt er.

EH: Das schreibt auch Peter Fenwick in seinem Buch, dass, wenn Patienten eine Sterbebettvision haben, sie bald darauf sterben.

Es ist auch sehr wichtig, dass die Gestalten, die erscheinen, die Verwandten, sagen, sie sind da, um den Menschen zu holen und begleiten ihn in die Welt der Verstorbenen.

JNM: Zu den Lichtgestalten und Engeln: Was sind diese Ihrer Meinung nach? Sind es höhere Wesen, die auf einer anderen Ebene diese „Show" hier auf der Erde beobachten? Was haben die für eine Aufgabe?

EH: Man weiß nicht wirklich viel über diese Sachen, also kann ich nichts groß dazu sagen.

JNM: Für mich scheint es so, als wären wir hier auf einer Existenzebene, und dann gibt es noch eine Ebene darüber.

EH: Manche dieser Phänomene weisen darauf hin, dass es eine andere Welt gibt. Oder wie manche Physiker sagen, es gibt nicht nur ein Universum, es gibt ein Multiversum. Es gibt eine andere Realitätsebene, die auch wirklich ist. Vielleicht sind es Verstorbene, vielleicht auch andere Gestalten, die in dieser anderen Ebene sind.

JNM: Herzlichen Dank für das Interview.

Und wieder einmal scheint es Dinge und Geschehnisse zu geben, welche in unseren westlichen Denkmustern nicht vorkommen. Bilokation – also die Fähigkeit an zwei Orten gleichzeitig zu sein, oder das Phänomen der Aborte, der Materialisation. Das kennen wir bereits aus den Séancen von Warren Caylor und Kai Mügge beim Basler PSI-Verein. Jeweils nach einer medialen Sitzung fallen entweder die geschliffenen Glas-Steinchen in verschiedenen Farben durch die Zimmerdecke oder kommen aus Mund, Augen oder Nase des Mediums. Diese paranormalen Phänomene bringen uns gleich zu unserem nächsten Interview-Partner, Herrn Dr. Dr. Walter von Lucadou nach Freiburg im Breisgau.

Dr. Dr. Walter von Lucadou

Interview mit Dr. Dr. Walter von Lucadou

Walter von Lucadou gilt weltweit als einer der führenden Forscher auf dem Gebiet der Parapsychologie. Er zählt zu den Herausgebern diverser Fachzeitschriften und fungierte auch als wissenschaftlicher Berater für die sechsteilige ARD-Dokumentation „DIMENSION PSI", die im Jahr 2003 ausgestrahlt wurde. Seine Hauptuntersuchungsgebiete sind Systemtheorie und Grenzgebiete der Psychologie.

Von Lucadou studierte Physik und Psychologie an der Albert-Ludwigs-Universität Freiburg und an der Freien Universität Berlin. Nach dem Diplom in Physik wurde er an der Universität Freiburg zum Dr. rer. nat. und an der FU Berlin zum Dr. phil. promoviert. Walter von Lucadou vertritt einen eigenständigen, unorthodoxen Ansatz zur Erklärung paranormaler Phänomene, der versucht, die psychologischen und physikalischen Erklärungsmuster zu vereinen. Während die klassische Parapsychologie bisher davon ausging, dass bei Ereignissen wie Hellsehen oder Telepathie Informationen als Signal, wenn auch in unbekannter Form, übertragen werden und bei der Psychokinese letztlich eine bisher unbekannte Kraft einwirkt, vertritt Lucadou die Auffassung, dass dabei quantenmechanische Prozesse stattfinden. Zwischen den jeweiligen Ereignissen besteht demnach keine kausale Verbindung, sondern eine „Verschränkung" im Sinne der Quantenphysik bzw. Quantenmechanik, wobei Elementarteilchen sich zueinander entsprechend verhalten, ohne dass eine kausale Beziehung zwischen ihnen besteht. Daher seien parapsychologische Phänomene - geht man von der Hypothese ihrer realen Existenz aus - nicht operationalisierbar. Das heißt, sie wären nicht zweckgerichtet und willentlich nutzbar, sondern „passierten" situativ als eine Form pragmatischer Information.

Ein Vorläufer dieses Erklärungsansatzes findet sich schon in der Jung-Paulischen Synchronisationstheorie - die ebenfalls von einer akausalen Verbindung bei paranormalen Ereignissen ausgeht, die Ursache jedoch nicht in quantenphysikalischen Prozessen sieht, sondern in einem durch den Sinn beziehungsweise die Bedeutung oder die Symbolik gestifteten Zusammenhang. Gegen den quantenmechanischen Erklärungsansatz Lucadous wird von vielen Physikern eingewendet, dass quantenmechanische Prozesse nur auf der Ebene des Mikrokosmos, also im Bereich der Elementarteilchen, wirksam sind, nicht jedoch im Makrokosmos, also oberhalb der Molekularebene. Dr. Dr. Walter von Lucadou hält diese Argumentation nicht für stichhaltig, da es für diese Annahme bisher keine Belege gebe.

JNM: Sehr geehrter Herr Dr. von Lucadou, vielen Dank für das Interview für unseren Film und das Buch. Sie sind ja Physiker und Psychologe und damit ein Wissenschaftler, der über die Arbeitsweise in den klassischen Naturwissenschaften gut Bescheid weiß. Also genau weiß, wovon er spricht.

WvL: Hoffe ich jedenfalls.

JNM: Was hat Sie dazu bewegt, sich mit diesen paranormalen Phänomenen auseinanderzusetzen?

WvL: Es wird über Phänomene berichtet, zum Beispiel über Leute, die voraus träumen, sogenannte Wahrträume. Oder sie bekommen mit, was jemand anderes gerade fühlt, erlebt, zum Beispiel bei Unfällen, wo man von Krisentelepathie spricht. Oder Gegenstände bewegen sich ohne ersichtlichen Grund. Wenn davon auch nur ein Promille stimmt, dann ist es etwas, was nicht in einem physikalischen Lehrbuch auftaucht. In der Physik gibt es so etwas nicht. Deswegen muss sich eigentlich ein Physiker dafür interessieren, und deswegen habe ich damit angefangen. Ich beschäftige mich damit seit 50 Jahren.

JNM: Haben Sie dabei auch interessante Fälle aufdecken können - Fälle, die mit der klassischen Physik nicht erklärbar sind?

WvL: Zunächst muss man sagen, dass alle paranormalen Phänomene, Telepathie, Hellsehen, Telekinese, Spuk, überhaupt nicht von der Physik erfasst werden, und zwar deswegen, weil die Physik sich per Definition nur mit dem befasst, wo der Mensch keine Rolle spielt. Das ist gerade der große Vorteil der Physik gewesen, dass sie nur Dinge betrachtet, die außerhalb vom Menschen stattfinden, sozusagen unabhängig vom Menschen. Man spricht in der Physik auch vom Beobachter, und der wird eigentlich immer außen vor gelassen. Das ist ein großer Vorteil der Physik, weil sie auf diese Art Fakten bekommt und Daten, die unabhängig vom Menschen sind. Wir wissen, dass wenn der Mensch beteiligt ist, die Sache schwierig wird. Schon Galilei hat versucht, die Lichtgeschwindigkeit zu bestimmen. Er hat es so gemacht, dass er von zwei verschiedenen Hügeln aus eine Lampe aufgestellt hat. Die musste immer einer aufmachen, und der Assistent am anderen Hügel musste sie aufmachen, wenn er das Licht gesehen hat. Daraus hat er eine Lichtgeschwindigkeit von 20 Metern pro Sekunde berechnet, was natürlich vollkommen falsch ist. Dabei kam ein psychologischer Faktor ins Spiel, nämlich die Reaktionsgeschwindigkeit. Das hat er nicht berücksichtigt. Später ist ihm das auch aufgefallen. Deswegen lässt die Physik den Menschen außen vor.

In der Parapsychologie ist es so, dass es Vorgänge sind, bei denen der Mensch dazu gehört. Deshalb ist die klassische Physik nur ein Teil der Parapsychologie. Wir müssen immer die Psychologie mitberücksichtigen. Das macht es auf der einen Seite interessant und auf der anderen Seite schwierig.

JNM: Vielleicht kann die Quantenphysik da eine Schnittstelle darstellen?

WvL: Da ist insofern etwas dran, dass die Quantenphysik den Beobachter mit in die Physik eingeführt hat. Aber da muss man vorsichtig sein. Was der Hans-Peter Dürr vertritt, ist eine bestimmte Interpretation der Quantenphysik, und sehr viele Physiker sind anderer Meinung und sagen, so darf man das nicht verstehen. Da ist nicht der menschliche Beobachter Teil der Szene, sondern die Beobachtungsapparatur. In dem Moment, in dem ich eine Beobachtung mache, und das Licht in die Kamera fällt, ist die Messung zu Ende, und ob das ein Mensch anschaut oder nicht spielt keine Rolle. Das ist aber eine Interpretation, die nicht alle Physiker teilen. Es gibt in der Tat seit ungefähr 30, 40 Jahren die Idee, dass diese Eigenschaft der Quantenphysik - dass der Beobachter mit eine Rolle spielt - eine Basis bietet, um diese paranormalen Effekte, bei denen der Beobachter ganz wichtig ist, mit dem gleichen Ansatz zu erklären. Das nennt man „Observational Theories“, also Beobachter-Modelle. Die werden seit ungefähr 1974, seit einer Tagung in Genf, diskutiert. Bei dieser Tagung war ich auch zugegen. Seitdem gibt es eine heftige Diskussion darüber. Man kann noch nicht sagen, dass sie abgeschlossen ist.

JNM: Sie haben einmal in einem Interview erwähnt, dass sogar ein Nobelpreisträger kurz vor einer Konferenz ausgeladen wurde, weil er sagte „Ich beschäftige mich auch mit Dingen, die noch nicht ganz erklärbar sind“. Da sieht man, wie vorsichtig die Mainstream-Wissenschaft mit diesem Thema umgeht.

WvL: Das ist meiner Meinung nach ein echtes Defizit und ein Manko. Das sollte eigentlich nicht sein, dass man allein dadurch, dass man sich mit einem bestimmten Gebiet befasst, nämlich der Parapsychologie, gleich ausgeladen wird und unter Generalverdacht gestellt wird. Aber wenn das schon einem Nobelpreisträger passiert, wie dem Brian Josephson, dann nehme ich es etwas leichter. Ich kriege natürlich auch ständig einen Shitstorm ab, werde übelst beschimpft und als unwissenschaftlich bezeichnet. Das nennt man Dogmatismus, und das hat mit Wissenschaft gar nichts zu tun. Alles, was ich sage, und alles, was ich experimentell und theoretisch tue, darf natürlich kritisiert werden. Das ist selbstverständlich. Aber wenn es heißt, jemand ist unwissenschaftlich, nur weil er ein bestimmtes Argument verwendet, dann ist das Dogmatismus.

JNM: Wenn man zusammenfasst, was sie die letzten 50 Jahre an Phänomenen untersucht haben, sind da Fälle dabei, die zeigen, dass diese Dinge tatsächlich existieren?

WvL: Erst einmal möchte ich folgendes sagen: Wenn man sich 50 Jahre lang mit einem Thema beschäftigt und wirklich mit Tausenden von Menschen gesprochen hat, die so etwas erlebt haben – und das sind ja nicht alles Verrückte oder Leute, die sich wichtigmachen wollen - dann wird es irgendwann einmal absurd zu sagen, so etwas gibt es nicht, oder anzunehmen, dass die Leute sich das einbilden oder sich täuschen. Natürlich kommt es vor, dass sich Menschen täuschen, das ist selbstverständlich. Viele Sachen, die ich selbst erlebt habe, erzähl ich gar nicht groß, weil die Leute sagen: Naja, gut, der kann sich ja auch täuschen. Und das gebe ich sofort zu. Keiner ist perfekt und man kann sich leicht täuschen. Aber wenn man praktisch sein ganzes Leben lang immer wieder solche Berichte hört, von ganz normalen Menschen wie Sie und ich, dann sagt man sich irgendwann, es ist vielleicht mal sinnvoll, anzunehmen, dass es so etwas gibt. Allerdings muss man dazu sagen, die paranormalen Phänomene haben relativ merkwürdige Eigenschaften. Sie sind nicht so, wie der Tisch hier, sondern sie haben die Eigenschaft der „Elusivität". Das bedeutet, sie sind flüchtig. Also, wenn man sie dingfest machen will, hat man den Eindruck, dass sie sich entziehen. Das gilt für andere Dinge in der Psychologie auch, es ist nicht etwas, wo man sagen kann, das gibt es gar nicht. Jetzt kommt noch etwas hinzu: Ich bin ja nicht der einzige, eine ganze Reihe von anderen Wissenschaftlern haben versucht, durch theoretische Modelle zu verstehen, was da abläuft. Wenn wir davon ausgehen, dass es sich um Effekte von Verschränkungsphänomenen handelt, wird mit einem Mal diese Elusivität verständlich. Sie wird sogar notwendig. Wenn man nicht diesen klassischen Ansatz glaubt, dass die PSI-Phänomene klassische Wirkungen, Energien und Kräfte sind, sondern wenn man annimmt, dass es Verschränkungsphänomene sind, dann wird auf einmal verständlich, warum sie so merkwürdig erscheinen. Das finde ich, ist eine erhebliche Erkenntnis, die man vor 20 oder 30 Jahren noch nicht hatte. Ich will damit sagen, ich bin eigentlich ganz zufrieden, weil ich den Eindruck gewonnen habe, nicht nur aufgrund von Erlebnisberichten sondern auch von Experimenten, dass wir heute sehr viel mehr von den paranormalen Dingen verstehen als vor 50 Jahren. Das kann einen eigentlich ganz zufrieden stimmen.

JNM: Sie haben einmal ein Beispiel genannt: Wenn ein Hammer levitiert, dann kann man den nicht fotografieren, es sei denn, er ist nicht ganz auf dem Bild.

WvL: Die Geschichte mit dem Hammer ist ein Phänomen gewesen, das der englische Psychologe Ken Bacheldor mit mir durchdiskutiert hatte. Es war insofern total interessant, weil wir einen Austausch hatten. Ken Bacheldor hat immer versucht, die parapsychologischen Phänomene nachzubauen. Dabei ist ihm aufgefallen, dass es ihm nie gelungen ist, so etwas auf Video aufzuzeichnen.

Eines Tages rief er mich an und war ganz aufgeregt. Er sagte, es sei ihm endlich gelungen, entgegen meiner Theorie, die Levitation von einem Hammer aufzuzeichnen. Dann habe ich gesagt, dass ist jetzt wirklich interessant, denn es wäre eine Widerlegung des Modells. Doch es stellte sich heraus, dass, ohne dass er oder irgendjemand aus der Gruppe es wusste, die Kamera überhaupt nichts aufgezeichnet hatte. Es war ein Schalter umgestellt, von dem niemand etwas wusste. Das zeigt auch, dass diese Elusivität keine psychologische Eigenschaft ist, weil die Leute es nicht sehen wollen – das hat Bacheldor immer angenommen – sondern, dass es eine systemische Eigenschaft ist. Wenn die Bedingungen so sind, dass man alles im Griff hätte, ist es ein Widerspruch gegen das sogenannte NT-Axiom. Das Non-Transmission-Axiom sagt aus, dass die PSI-Phänomene keine klassischen Signale sind, die von A nach B gehen, sondern Verschränkungszusammenhänge. Mit denen kann man so etwas nicht machen. Es ist interessant, weil vorher immer gesagt wurde, das sind psychologische Bedingungen. Jetzt weiß man, es hat nichts mit der Psychologie zu tun, höchstens ein bisschen, aber primär ist es die Eigenschaft des Phänomens selber.

JNM: Wir können also diesen levitierenden Hammer wahrnehmen, aber sobald wir versuchen, das mit der Technik zu dokumentieren, funktioniert es nicht?

WvL: Komischerweise ist es so. Wenn der Mensch etwas sieht und berichtet - in Spukfällen sehen die Menschen es ja auch - sagt man immer, das ist Einbildung oder eine Halluzination. Dagegen kann ich nichts sagen, und warum? Weil eine Aussage von einem Zeugen immer subjektiv ist. In der gegenwärtigen Diskussion in der Bewusstseinsforschung spricht man von Qualia, das heißt eine bloße Wahrnehmung, wenn ich sage „Der Tisch hat geschwebt". Dann kann ich nicht entscheiden, ob ich Opfer von einem Trick geworden bin, oder irgendeine Seh-Wahrnehmungsstörung hatte, was es ja alles gibt, und deswegen wäre es kein fester Beweis. Dieses Axiom sagt eigentlich nur aus, wenn ich etwas wirklich in der Hand hätte, womit ich wirklich eine kausale Wirkung nachweisen könnte, dann wäre es ein Widerspruch zu diesem NT-Axiom. Das heißt nicht, dass es so etwas nicht geben könnte, aber dann ist das Modell falsch. Bisher habe ich noch keinen Fall gefunden, wo das Modell nicht richtig war.

JNM: Aber Sie haben selbst schon Spukphänomene beobachtet?

WvL: Es wäre ein absolutes Missverständnis, zu denken, dass ich sagen will, die Spukphänomene wären nur eingebildet oder nicht real. Sie sind so real wie andere Dinge auch. Aber man kann den Mechanismus, wie es dazu kommt, nicht herausfinden. Das finde ich eigentlich interessant. Wenn Sie so wollen, kann ich es mit einem anderen Bild darstellen. Normalerweise unterscheiden wir auf der einen Seite das Mentale, was in unserem Bewusstsein vorgeht, und da sagen wir „das ist nicht stofflicher Natur", Gefühle, Vorstellungen, Fantasien usw. Ganze Romane, sonst könnte niemand einen Roman erfinden, wenn er nicht so eine geistige Welt in sich hätte. Auf der anderen Seite gibt es, so glauben wir jedenfalls, da draußen die physikalische Welt. Die Trennung zwischen den beiden Welten geht auf den Physiker Descartes zurück. Er teilte die Welt in zwei Bereiche, die „Res Extensa", das ist die Welt da draußen, und die „Res Cogita", das ist die Welt dort drinnen. Mir scheint es folgendermaßen: Diese paranormalen Phänomene zeigen, dass es keine scharfe Trennungslinie zwischen dem Physikalischen und dem Mentalen gibt, sondern es gibt eine Art Übergangszone, eine Art Niemandsland, wo man gar nicht entscheiden kann, ob etwas rein physikalisch oder rein mental ist. Das Mentale und das Physikalische sind so miteinander durchwoben, dass man sie gar nicht auseinanderhalten kann. Solche Sachen untersucht ja die Physik nicht, die Psychologie auch nicht. Die Parapsychologie ist die Wissenschaft von diesen physo-mentalen Vorgängen, ich spreche auch vom psycho-physikalischen System. Dort finden diese Dinge statt, aber sie sind real.

Ich spreche auch nicht davon, dass Sie keinen freien Willen haben, oder dass Sie kein Bewusstsein haben – das ist ja auch real, aber von einer anderen Natur als die rein physikalischen Dinge.

JNM: Es gibt Experimente mit Yogis, die sich acht Tage lang haben vergraben lassen, den Herzschlag angehalten und die Körpertemperatur um einige Grad gesenkt haben. Das passt ja ins klassische Weltbild nicht hinein?

WvL: Das ist schwierig. Man geht natürlich davon aus, dass unsere Körperfunktionen autonom sind, und nicht direkt unserem mentalen Zugriff zugänglich sind. Sonst könnten wir unsere Verdauung selber regeln. Es ist ganz gut, dass wir das nicht können, sonst würden wir da auch noch Unfug betreiben. Teilweise passiert es auch; es gibt Leute, die werden dadurch krank, dass sie sich alle zwei Minuten den Blutdruck messen. Wir wissen aber noch nicht - inwieweit durch Training - es ein Meditationslehrer oder Yogi erlernt, physikalische Vorgänge zu beeinflussen, auf die der normale Mensch nicht zugreifen kann. Das wird in der Medizin unter dieser Biofeedback-Idee untersucht. Ich habe den Eindruck, dass dieser katesische Schnitt zwischen dem mentalen und dem physikalischen Bereich verschiebbar ist. Das sieht man genau beim Spuk. Man könnte den Spuk auch als psychosomatische Reaktion definieren, die nicht innerhalb, sondern außerhalb des Körpers stattfindet. Wie das geht wissen wir nicht, aber wir wissen auch nicht, wie die Yogis das machen, dass sie ihren ganzen Metabolismus runterfahren. Wenn man dieses erweiterte Modell zu Hilfe nimmt und sagt, es gibt einen Übergangsbereich, dann ist es nicht außerhalb der Welt. Dann würde man sagen, das gibt es halt.

JNM: Braucht man zusätzlich zur Parapsychologie eine neue Richtung, ein neues Feld?

WvL: Absolut! Es gibt ja erste Ansätze dazu. Man hat in der Psychologie gemerkt, dass man über das Bewusstsein noch relativ wenig weiß. Weil man immer nur nach den objektiv messbaren Dingen gefragt hat, und solche Sachen wie freier Wille oder Bewusstsein konnte man wissenschaftlich nicht fassen. Doch in letzter Zeit beschäftigt man sich damit. Die Bewusstseinswissenschaft ist der erste Ansatz von Seiten der Psychologie her, sich dieser Frage zu nähern. Deswegen werden auch viele Untersuchungen gemacht, wo man Meditierende und Yogis untersucht. Es ist absolut notwendig, dass man die Parapsychologie mit einbezieht.

Das geht bis in die Medizin. Es gibt einen riesigen Bereich Alternative-Medizin: Leute, die durch Handauflegen heilen, Homöopathie, Akupunktur. Dieser Bereich ist stark von mentalen Faktoren abhängig. Die Leute sagen dann, das ist ja ein Placebo-Effekt. Doch diese Placebo-Effekte haben ja durchaus ganz spezifische Wirkungen, wirken zum Teil auch bei Tieren, die gar nicht durch Einrede beeinflussbar sind.

Ich denke, es ist wirklich notwendig, dass es eine neue Wissenschaftsdisziplin dazu gibt. Ob ich das noch erlebe, dass es dazu einen Lehrstuhl an der Universität gibt, das weiß ich nicht. So etwas geht langsam in Deutschland.

JNM: Viele Forscher sind ja der Meinung, dass das Bewusstsein nicht vom Gehirn erzeugt wird, sondern dass das Gehirn eher eine Antenne oder ein Resonanzkörper ist, und das Bewusstsein außerhalb des Körpers ist.

WvL: Was Sie da ansprechen ist ein theoretischer Ansatz, der schon länger existiert. Der Neuropsychologe und Nobelpreisträger Sir John Eccles hat diese Idee gehabt, dass das Mentale eine eigene Welt darstellt, und gewissermaßen auf unserem Gehirn Klavier spielt. Das Gehirn ist quasi das Interface zwischen der mentalen und der physikalischen Welt. Diese Vorstellung ist natürlich ein reines Modell. Bei den Nahtoderfahrungen hat man schon den Eindruck, dass da was dran ist. Ich denke allerdings, dass das Modell noch viel zu einfach ist. Man muss diese ganzen paranormalen Phänomene mitberücksichtigen, dann kommt man der Sache näher. Gerade die Nahtoderfahrungen sind ein schönes Beispiel dafür.

Vor 50 Jahren hat noch niemand über Nahtoderfahrungen gesprochen. Heute ist es ein ganz normales Forschungsfeld in der Physiologie, in der Medizin und der Psychologie. Es wird natürlich immer noch gesagt, es liegt am Sauerstoffmangel, doch wenn Sie genau hinschauen und die Berichte ernst nehmen, stellen Sie fest, dass da vieles nicht passt. Es gibt viele Berichte, in denen Menschen, die Nahtoderfahrungen gemacht haben, Dinge wahrnehmen konnten, zum Beispiel von oben auf das Krankenhaus herabschauen konnten, und Dinge gesehen haben, die sie gar nicht wissen konnten. Halluzinationen als Erklärung reichen nicht aus. Deswegen bin ich einerseits froh, dass man sich um diese Nahtoderfahrungen kümmert.

JNM: Wie stehen Sie zu einem Weiterleben nach dem Tod? Überdauert etwas? Nahtoderfahrungen und Jenseitskontakte sprechen ja dafür.

WvL: Es gibt eine gewisse Denktradition, die geht zurück auf den Spiritismus im letzten Jahrhundert. Die Vorstellung, dass es ein Jenseits gibt und dass sich die Seele in diesem Jenseits aufhält, gibt es in allen Kulturen. Sie ist so alt wie die Menschheit. Das ist keine neue Erfindung.

Aber der Spiritismus im eigentlichen Sinne, wie er 1848 entstanden ist und sich dann von Amerika über England, Frankreich und ganz Europa ausgebreitet hat, ist eine spezifische Vorstellung. Und zwar kommt hier zu der Vorstellung, dass die Seele den Tod überdauert oder vielleicht reinkarniert werden kann - sich irgendwo aufhält in einem Jenseits oder einer Art Gegenwelt - dazu, dass man mit der verstorbenen Seele

Kontakt aufnehmen kann. Praktiken wie Gläserrücken dienten dazu, das nachzuweisen.

Ich habe natürlich überhaupt nichts gegen diese Vorstellung, das wäre absurd, wenn 90 Prozent der Menschen fest davon überzeugt sind, dass die Seele weiterexistiert. Durch Abstimmung kann man das nicht entscheiden. Auf der anderen Seite ist es so, wir wissen, dass wir dazu neigen, anthropomorphe Bilder für komplexe Sachverhalte zu erzeugen. Früher hat man, wenn es gedonnert und geblitzt hat, gesagt, dass ist jetzt der Donnergott, der mit seinem Hammer schlägt. Das ist nicht von vornherein dumm, denn gewissermaßen ist es eine gute Handlungsanweisung, denn es heißt, ich muss mich in Acht nehmen und Schutz suchen. Solche anthropomorphen Bilder sind nicht irrational oder dumm, weil sie uns Handlungsmöglichkeiten eröffnen. Professor Dörner hat untersucht, dass solche irrationalen Strategien häufig erfolgreicher sind, als die Leute, die glauben, sie haben alles im Griff.

Das heißt, wenn jemand sagt, die Seele existiert weiter, und ich muss mich auch darum kümmern, ist das womöglich besser und vernünftiger als jemand, der sagt, mit dem Tod ist alles aus.

Aber ist dieses Bild nicht selbst zu einfach? Dass die Psyche von hierhin nach dorthin wandern kann, ist meiner Ansicht nach zu einfach. Wenn man alles weiß und berücksichtigt, was wir in der Mechanik über die katechische Grenze beschlossen haben, stellen wir fest, dass wir möglicherweise die gleichen Effekte noch anders erklären können. Allerdings nicht mit so einem einfachen Modell.

Der erste Schritt in diese Richtung war von Carl-Gustav Jung, der gesagt hat, es gibt ein kollektives Unbewusstes.

Er hat es sich so vorgestellt: Jeder Mensch, jedes Individuum, man kann auch sagen die Seele, ist so eine Art mentale Struktur, die Teil des kollektiven Unbewussten ist. Diese mentale Struktur mündet beim Tod wieder in das kollektive Unbewusste. Man kann es sich als große mentale Struktur vorstellen, die sich alle Menschen teilen. Diese Vorstellung kommt vielen Dingen, wie Träumen, entgegen, aber ist sehr ungenau und wage.

JNM: Es gibt ja noch viele Dinge zwischen Himmel und Erde zu erforschen und die Wirklichkeit ist viel größer, als wir wahrnehmen.

WvL: Die Entdeckung von Sigmund Freud, dass es überhaupt das Unbewusste gibt, dass vieles, was der Mensch tut, von unbewussten Faktoren gesteuert wird, war ja schon eine Riesenentdeckung. Das hat man ja vorher nicht für möglich gehalten, hat geglaubt, was man sieht, hört und fühlt ist alles. Der nächste Schritt, würde ich sagen, ist, dass man feststellt, das Unbewusste ist nicht so individualistisch, wie wir uns das vorstellen. Dass es nicht nur ein Teil unseres individuellen Gehirns ist, sondern ein Teil unserer gesamten Menschheitskultur. Dadurch bekommt man auch ein viel besseres Gespür und Verständnis für den Wert von Kultur.

Der Mensch ist dadurch definiert. Natürlich ist er ein Wirbeltier, und wir unterscheiden uns genetisch gar nicht so sehr von den Primaten, aber wir haben die Kultur entwickelt. Diese Kultur ist dermaßen vielfältig, vielschichtig und differenziert, viel größer als der physiologische Anteil des Menschen. Um dem gerecht zu werden, ist es vielleicht gar nicht so schlecht, wenn manche Leute von der Welt des Geistigen oder dem Geist sprechen - ich habe nichts dagegen. Man darf es sich nur nicht so verkürzt vorstellen. Das Gespenst im Betttuch, das da herumschwebt, wäre ein wenig simpel.

JNM: Es ist bei Darwin - verkürzt dargestellt –so, dass die Evolution ein Kampf ums Überleben ist. Entscheidend ist das Miteinander, die Zusammenarbeit. Diesen Gedanken wieder in die Menschheit hineinzubringen, dass gerade die Unterschiede das Tolle sind, und nicht die Ausgrenzung...

WvL: Da Sie gerade Darwin erwähnen: Er wurde immer falsch verstanden. Es gibt ja diesen ganz schrecklichen Sozialdarwinismus, der vor allem im Dritten Reich gepflegt wurde, der besagte: Nur derjenige, der sich am besten durchkämpft, der brutal auf Andere einschlägt, der ist der Erfolgreiche. Das stimmt ja gar nicht! Es ist so, dass der kultivierte Mensch, der tolerant ist und auf seine Mitmenschen eingeht, im erweiterten Sinne dem Anderen in der Evolution etwas voraushat. Deshalb ist die geistige Evolution der wichtigere Teil der menschlichen Entwicklung als das bloße sich mit Muskelkraft Durchsetzen. Die kulturelle Evolution ist genau das, was den Menschen auszeichnet. Deswegen dürfen wir das nicht vernachlässigen. Alle Versuche, bei Schulen und in der Ausbildung Geld zu sparen, sind der falsche Weg. Wir müssen die Kultur fördern.

JNM: Diese Phänomene, die Sie untersuchen, erleben die eine bestimmte Bevölkerungsschicht?

WvL: Das geht wirklich quer durch die Menschheit, und das hat es immer gegeben. Diese paranormalen Erlebnisse oder Erfahrungen gehören einfach zum Menschen dazu. Ich würde auch sagen, das ist ein Zeichen dafür, dass das Mentale eine eigene Realität darstellt.

Allerdings muss man auch sagen, vieles, was Sie auf dem Esoterik-Markt sehen, ist meiner Ansicht nach der gleiche Fehler, den wir in der Welt da draußen gemacht haben. Die Titanic und die ganzen Katastrophen, die der Mensch durch seine Hybris „Er hat alles im Griff" sich selbst eingebrockt hat. Das sollten wir nicht auf der mentalen Ebene wiederholen.

Wenn wir sagen, wir haben alles im Griff, wir können den Menschen zu einem ferngesteuerten Roboter machen, der Mensch kann effizient gemacht werden durch bestimmte Psychotechniken und dann wird er übersinnlich – das ist derselbe Irrtum auf der mentalen Ebene wiederholt.

Deswegen muss man sehr vorsichtig damit umgehen, und das machen wir auch in der Beratungsstelle, dass wir Menschen helfen, die in diesem undurchschaubaren Esoterik-Markt Schaden erlitten haben. Da gibt es wirklich massive Sachen, damit ist nicht zu spaßen. Deswegen muss man mit dem Mentalen wirklich vernünftig umgehen.

JNM: Man kann also in Ihre Beratungsstelle gehen, und man braucht keine Angst zu haben, nicht ernst genommen zu werden.

WvL: Wir arbeiten mit den Vorstellungen, die die Menschen haben. Es nützt ja nichts, wenn ich physikalisches Zeug daherrede. Ich kann mit einem überzeugten Spiritisten genauso über die Phänomene reden, wie mit einem Materialisten, der sagt, das habe ich mir nur eingebildet. Weil die Strukturen bei beiden gleich sind, sie erleben ja das gleiche, haben nur andere Vorstellungen dazu.

Man muss es sich immer wieder vor Augen führen: Es spielt keine Rolle, weil wir ständig mit Dingen umgehen, die wir nicht verstehen. Die meisten Leute haben ein Handy, und ich mache jede Wette, 90 Prozent haben keine Ahnung, wie es funktioniert. Und trotzdem können sie damit umgehen. So ist es auch mit psychischen und paranormalen Erfahrungen, die haben die Menschen einfach. Die Wenigsten wissen, was dahinter steckt, die Wenigsten haben eine Vorstellung, wie komplex das alles ist, aber sie können trotzdem richtig damit umgehen. Das muss man ihnen erklären und sagen.

Hier einmal ein Beispiel: Viele Menschen, die einen nahen Angehörigen haben, der gestorben ist, und an dem sie sehr stark gehangen haben, haben das Bedürfnis, noch einmal Kontakt aufzunehmen und mit ihm zu sprechen.

Deswegen rufen viele bei uns an, ob wir ihnen ein Medium empfehlen können. Das ist absolut verständlich. Aber wenn man einen überzeugten Spiritisten dazu befragt, sagt er genau wie ich: Das lassen wir lieber bleiben. Der Spiritist begründet es so: Dem Verstorbenen tut es nicht gut, wenn wir ihm nachstochern und etwas wissen wollen, der muss sich ja selbst erst einmal orientieren können. Bis der in der jenseitigen Welt zurechtkommt, braucht es seine Zeit, und diese Zeit muss man ihm lassen.

Ich würde sagen: Es tut den Lebenden nicht gut, wenn sie diesen Trauerprozess, bei dem sie Abschied nehmen müssen, unterbrechen. Sie müssen es erst einmal bewältigen und sich dieser Aufgabe stellen. Es ist nicht gut für sie, wenn sie den Eindruck kriegen, sie könnten in Funkkontakt bleiben. Das Verhalten ist dasselbe. Beiden würde ich sagen, seien Sie vorsichtig damit. Achten Sie auf Ihre Träume, oder was Sie erleben, nehmen Sie das ernst.

Wenn zum Beispiel eine Frau, deren Mann verstorben ist, den Mann plötzlich im Wohnzimmer sieht, oder er sitzt in seinem Sessel, sage ich zu ihr: „Ich kann Ihnen nicht sagen, ob es ein Jenseits gibt oder nicht, aber betrachten Sie es doch als Abschiedsgeschenk." Ob sie jetzt glaubt, dass er im Jenseits weiterexistiert, ist ja ihre Sache. Warum soll ich sie davon abhalten, das hilft ihr doch vielleicht.

Wenn der Mann allerdings ein Haustyrann war, und sie ehrlich gesagt froh ist, dass er nicht mehr da ist und sie quälen kann, dann wäre es absolut herzlos, ihr zu sagen, es ist der Geist von diesem Mann. Das ist für die Frau die Hölle. Dann sagt sie, den werde ich nie mehr los. Deswegen muss man genau hinhören, ob eine Vorstellung wie die Spiritistische dem Menschen hilft, oder ob sie für ihn ganz schlecht sein kann. Wenn man Menschen helfen will, muss man immer schauen, welche Ressourcen sie haben, wie sie selber darangehen, was für sie angenehm und gut ist und was sie ablehnen. Damit muss man arbeiten.

Wir schreiben niemandem vor, was sie denken, glauben oder fühlen sollen. Wir wollen nicht die Welt verbessern, wir wollen den Menschen bei den Erlebnissen, die sie wirklich haben, helfen.

JNM: Das heißt, dass diese Erfahrungen sehr individuell sind?

WvL: Natürlich. Wir haben nichts anderes als unsere Erfahrungen, die können Sie nicht hintergehen. Wenn Sie jetzt hier neben mir einen Geist stehen sehen würden, dann haben Sie diese Erfahrung gemacht. Sie können sich zwar hinterher einreden, dass Sie sich das eingebildet haben, trotzdem haben Sie die Erfahrung gemacht. Das heißt, Erfahrungen sind nicht hintergehbar. Man kann sie im Nachhinein uminterpretieren, aber man hat diese Erfahrungen gemacht. Wenn man sich das klargemacht hat, weiß man über die Bedeutung von Erfahrungen, deshalb macht es überhaupt keinen Sinn, Ihnen das ausreden zu wollen.

JNM: Herr Dr. Walter von Lucadou, ich bedanke mich herzlich für dieses Gespräch.

Gesa Dröge

Interview mit Gesa Dröge (Sensitive Hospizarbeiterin)

JNM: Es freut mich, dass wir uns kennenlernen und Sie mir ein Interview zum Thema Instrumentelle Transkommunikation (ITK) geben. Aber vorher sollten wir uns unterhalten: Woher kommen Sie? Was machen Sie? Und wie kommen Sie zu diesem Thema?

Sie haben die letzten 5 Lebensjahre von Herrn Prof. Dr. Ernst Senkowski bis zu seinem Tod 2015 begleitet. Wie haben sie sich beide kennengelernt?

GD: Ich wurde1966 geboren und groß geworden in Hamburg. Später bin ich nach Lüneburg gezogen. Dort lebe ich auch heute. Das Ganze hat 2005 angefangen, als ich mit der ehrenamtlichen Hospizarbeit begonnen habe: Zuerst habe ich einen Kurs gemacht, und dann Sterbende begleitet. Das mache ich bis heute. Mein Interesse an der Instrumentellen Transkommunikation ist durch Prof. Dr. Ernst Senkowski entstanden. Ihn habe ich 2010 kennengelernt. Ich suchte für mein eigenes Buch, einen Gedichtband, der im selben Jahr herauskam, einen Nachwortschreiber. Die konventionellen Leute aus den Hospizdachverbänden haben das abgelehnt. Ich verstand nicht warum, und dann dachte ich mir: „Jetzt suchst du dir so einen ganz Verrückten - Im positiven Sinne der sogenannten materialistischen Realität entrückt". Ich traf ihn und er hat ein Nachwort geschrieben. Da habe ich gemerkt: „Mensch, das könnte interessant werden". Denn die Durchgaben in der instrumentellen Transkommunikation sind dieselben Nachtodkontakte, die wir in der Sterbebegleitung, in den Sterbebettvisionen, auch haben.

Wir haben später eine gemeinsame Website gegründet, nicht zufällig mit den Wörtern Sterbebegleitung und Jenseitskontakte. Da gibt es einen Zusammenhang, den man immer noch nicht erklären kann.

JNM: Vielleicht sollten wir auf diese Transkommunikation ein bisschen näher eingehen. Viele Menschen kennen ja dieses Thema überhaupt nicht. Sie haben zwar am Rande mal gehört, dass es diese Tonbandstimmen gibt, aber was es genau ist, wo es überhaupt herkommt, da gibt es sehr große Wissenslücken. Vielleicht können Sie etwas darüber sagen, wie es zu dieser Transkommunikation gekommen ist?

GD: Also, im Grunde muss man sehr früh anfangen: Mediale Durchgaben von Verstorbenen kennt man schon aus dem Schamanismus. Die Antike ist auch durchsetzt damit. In den 1920er Jahren hatte der Thomas Edison den Phonographen erfunden. Wie genau der funktioniert, weiß ich nicht. Er hat ihn jedenfalls eingeschaltet, und da kamen so quiekende Stimmen heraus. Doch die wollte keiner hören, insofern ist es untergegangen. Später, Anfang der 1950er Jahre gab es in Italien, in Mailand, Tonbandstimmen von zwei Patres - Gemelli und Ernetti - also die Versuche, jenseitige Hilfe über Radio und Tonbänder zu erreichen. Das ist auch untergegangen. Parallel dazu gab es in den USA auch etwas, da wurde etwas in einem Journal veröffentlicht. Der Friedrich Jürgenson hat in Deutschland zusammen mit Konstantin Raudive die ganze Sache ein bisschen salonfähiger gemacht. Es heißt immer, er hätte sie entdeckt. Das ist nicht ganz so. Er hat zumindest den Mut gehabt, damit an die Öffentlichkeit zu gehen. Das war Anfang oder Mitte der 60er Jahre.

Die einfache Variante ist: Man nimmt ein Kofferradio, stellt die Mittelwelle ein oder die Kurzwelle und sucht ein Sendergemisch aus fremdsprachigen Sendern. Damit schließt man die Möglichkeit aus, dass man meint, zwischen den deutschen Radiostimmen jenseitige Stimmen zu hören. Dann schaltet man das Tonband ein und nimmt es auf. Dann wird es abgehört und dazwischen sind Stimmen. Friedrich Jürgenson hatte Vogelstimmen aufgenommen, dazwischen gab es Stimmen, die eigentlich gar nicht da sein konnten. Er schrieb ein Buch darüber, das kam dann auch in Deutschland auf den Markt. Konstantin Raudive, der zweite Pionier der Tonbandstimmen, hatte auch den Mut und hat das veröffentlicht. Er wurde Anfang der 70er Jahre, wie man so schön sagt, überprüft. Das war in England. Er wurde mit seinem Tonband in einen Farraday-Käfig hineingesteckt, und dieser Käfig lässt keine elektromagnetischen Wellen hinein. Man kann davon ausgehen, dass nichts auf dem Band sein darf. Er hat aber ungefähr 20-30 Stimmen aufgenommen. Er hat sein Buch auch ins Englische übersetzt. So ist das auch in die amerikanische und englische Welt gekommen. Es ging nun ein bisschen bergauf, aber im Grunde ist es bis heute noch kein anerkanntes Wissenschaftsgebiet.

JNM: Ernst Senkowski hat sich ja mit dem Thema intensiv auseinandergesetzt. Er ist der deutsche Pionier auf dem Sektor. Wie ist er dazu gekommen?

GD: Er hatte 1974 eine Fernsehsendung verfolgt, in der der Friedrich Jürgenson behauptete, er hätte Stimmen von Verstorbenen, also die Geschichte mit den Vogelstimmen. Es saß auch Professor Hans Bender in der Diskussionsrunde, ein sehr bekannter, und ich denke in den Kreisen auch anerkannter, Parapsychologe. Der Bender war der einzige, der dem Jürgenson so ein bisschen zugesprochen hat, die anderen waren alle gegen ihn. Das hat dem Ernst

Senkowski nicht gefallen, denn der Jürgenson war ihm recht sympathisch, und der Senkowski als Experimentalphysiker hat sich gesagt: „Dem gehe ich doch mal auf den Grund. Als Wissenschaftler glaube ich das erst, wenn ich es selbst gesehen habe." Einige Jahre später hat er selber Versuche gemacht. Im Januar 1977 bekam er, wie er selber sagt, die Stimme seines Vaters auf das Band, mit einem ostpreußischen Dialekt. Da hat er sich gesagt: „So, offensichtlich gibt es das, und jetzt untersuche ich das mal physikalisch." Den physikalischen Beweis hatte der Raudive schon erbracht, aber irgendwie ist das bis heute noch nicht durchgedrungen. Es ist immer noch ein Randthema der parapsychologischen Grenzwissenschaft, die Instrumentelle Transkommunikation ist wirklich so etwas wie das Aschenputtel.

JNM: Ist denn dieser Kontakt abhängig davon, ob ich daran glaube oder nicht, und hat es etwas mit dem Experimentator zu tun?

GD: Ich denke mal, die Experimentatoren, so nennt man die, die diese Einspielung machen, sind so gut wie alle irgendwie medial veranlagt. Was ist jetzt medial? Sie haben sowieso schon Antennen zu anderen Bewusstseinsbereichen; entweder sie wissen es schon oder sie wissen es nicht. Die Medialität fördert es, solche Stimmen zu empfangen. Man weiß auch nicht, wie die Jenseitigen reagieren. Das ist ein Kommunikationsproblem. Der theoretische Physiker Burkhard Heim hat gesagt, es kommt nur Kommunikation zustande, wenn annähernd gleiche Strukturen vorhanden sind. Wenn das sozusagen einrastet, und da scheint die Medialität eine große Rolle zu spielen. Es gab auch mal einen sehr schönen Satz, der aus dem Jenseits von einem Verstorbenen kam: „Die Technik ersetzt nicht die Macht des Gedankens." Genau das ist es. Es ist eigentlich allgemeingültig. Ernst Senkowski hat bis zum Schluss gesagt: Es liegt nicht an der Technik. Sie hilft uns natürlich, aber sie ist nicht ausschlaggebend für den Erfolg.

JNM: Wobei wir wieder bei der Quantenphysik wären. Wenn das Ganze bewusstseinsgesteuert ist, das Bewusstsein notwendig ist, um Realität zu erschaffen, dann geht es nicht ohne menschliches Bewusstsein, auch in der Technik nicht.

GD: Man hat bei verstorbenen Transkommunikatoren die Geräte danach durch andere Menschen ausprobieren lassen. Oft haben die Geräte nichts mehr gebracht. Die Kritiker haben sich gefreut und gesagt: „Wir hatten recht! Das stimmt alles nicht! Alles getrickst!" Diejenigen, die die ITK, also die Instrumentelle Transkommunikation, fördern wollen, haben von vorne angefangen. Es ist auch ein schwieriges Thema in der Öffentlichkeit.

JNM: Aber eigentlich ist das doch genau der Beweis dafür. Wenn das Bewusstsein als Schnittstelle notwendig ist, und wenn dieser mediale Mensch nicht mehr da ist, der die Verbindung aufrechterhalten kann, dann ist es kein technisches Problem, sondern ein mentales. Wenn man diesen Sensitiven braucht, dann kann es ohne ihn doch gar nicht gehen.

Was sind denn die beeindruckendsten und überzeugendsten Aufzeichnungen, die bisher gemacht wurden? Ich habe ein Interview mit Ernst Senkowski, in dem er gesagt hat, er habe nicht nur Stimmen von Verstorbenen auf Band, sondern auch andere Intelligenzen, die man gar nicht zuordnen kann.

GD: Ja, da wird es schwierig. Wenn wir die Stimmen der Verstorbenen noch nicht gesellschaftlich anerkennen und beweisen können, wie wollen wir das bei extraterrestrischen Wesen machen? Es hat sich mal eine Gruppe bei Ernst Senkowski über Telefonkontakt gemeldet – (Galaktische) Parallelliga – und das war selbst ihm zu viel. Er hat gesagt: „Mein Gott, was wollt ihr eigentlich?" Da kamen Antworten, die waren dermaßen abgedreht, dermaßen verrückt, dass er gesagt hat: „Das kann man zwar veröffentlichen, aber unter der Prämisse: Keine Ahnung, was das soll". Das ist schwierig.

JNM: Wie viele Gruppen von Forschern beschäftigen sich denn nun mit dem Thema? Ist es ein europäisches Phänomen, oder läuft es weltweit? Ist das Thema immer noch aktuell?

GD: In Deutschland herrscht ziemliche Ebbe. Ich würde meinen, nach Ernst Senkowski ist erst einmal Pause. Da ist gar nichts mehr. In anderen Ländern ist das wesentlich offener. Brasilien zum Beispiel. Da ist ja die Mentalität eine ganz andere. Die haben das Thema Sterben, Tod, auch die Krankheiten ohnehin schon in ihr Leben integriert. Wenn dann solche Leute Experimente in der Tonbandforschung machen, dann haben sie einigermaßen Erfolg. Es gibt auch sonst noch Gruppen. In Frankreich war kürzlich sogar ein Kongress, in Portugal wird viel gemacht, in Amerika. Deutschland ist da ziemlich am Ende, sozusagen.

JNM: Ernst Senkowski hatte mir erzählt, dass er einmal einen direkten Anruf aus dem Jenseits bekommen hat. Also nicht Stimmen auf Tonband, sondern einen Anruf am Telefon.

GD: Ja, die instrumentelle Transkommunikation beinhaltet nicht nur die Tonbandstimmen, das ist nur ein Teil. Es sind auch Stimmen über das Telefon, also Anrufe, gekommen, und über Computer: Texte, die sich selbstständig ausgedruckt haben, damals noch mit dem C64. Und dann gab es noch paranormale Bilder oder Fotos, die über den Fernsehbildschirm durchgekommen sind, zum Teil auch mit Sprache.

JNM: Ich habe erlebt, dass ich eine direkte Stimme bei mir im Wohnzimmer gehabt habe. Habt ihr das Thema auch schon einmal gehabt?

GD: Auf der medialen Ebene, sicherlich.

JNM: Nein, ich meine, so wie wenn sie nicht da wären, aber ich höre sie trotzdem sprechen.

GD: Ach so. Wow, Glückwunsch.

JNM: Das war elfmal hintereinander jeden Samstag.

GD: Es gibt diese Dinge, da haben wir schon einen Beweis.

Ernst Senkowski hatte mal einen Telefonanruf. Das ging über den Adolf Homes, auch ein Experimentator. Der Anruf war von einem Kardinal Augustin Hlond.. Das war sehr spannend, denn der hat in mehreren Sprachen bestimmte Aussagen am Telefon getätigt. Mit diesen Aussagen konnte der Adolf Homes nichts anfangen, denn er konnte gerade mal ein wenig Englisch. Das hat er Ernst Senkowski berichtet. Es wurde recherchiert: Diesen Augustin Hlond gab es tatsächlich, das kann man auch nachlesen, diesen Bericht findet man auch. Was im Einzelnen gesagt wurde, weiß ich jetzt nicht auswendig. Zumindest ist anhand der historischen Daten über den Augustin Hlond herausgekommen, dass man diese Stimme als echt befinden kann.

JNM: Kommen wir von der ITK zu Ihrer eigentlichen, oder vielmehr ehrenamtlichen Tätigkeit, die Sterbebegleitung. Ein ganz wichtiger Beitrag in unserer Gesellschaft, in der das Sterben aus unseren heimatlichen Betten verdrängt worden ist. Man lässt die Leute in Krankenhäusern sterben. Da muss es Menschen geben, die die Sterbenden begleiten, ob er nun an einer Krankheit oder an Altersschwäche stirbt. Viele Menschen wissen gar nicht, wie das Sterben abläuft und was es für Phänomene hierbei gibt. Vielleicht können Sie uns da ein bisschen berichten, was Sie als Hospizmitarbeiterin erleben.

GD: Als ehrenamtliche Hospizbegleiterin ist es meine Aufgabe, den Sterbenden zu begleiten. Aber auch die Angehörigen, die oft mit dieser Situation nicht zurechtkommen. Es gibt tatsächlich auf medialem Wege Nachtodkontakte zwischen Sterbenden und bereits schon verstorbenen Angehörigen, wie sie auch in der ITK zu finden sind. Das wurde jahrzehntelang als Halluzination abgetan. Aber das ist es einfach nicht, das hat man inzwischen herausgefunden. Der Pim van Lommel spricht inzwischen von einem unendlichen Bewusstsein. Und wenn es immer wieder auftritt, dann muss schon etwas dran sein.

JNM: Da muss ich einhaken: Wie ist es denn mit Ihren eigenen Erlebnissen?

GD: Da muss ich jetzt mal kurz überlegen, welchen Fall nehmen wir denn?

JNM: Es gibt ja auch diese Phänomene, wo jemand plötzlich wieder sehen konnte. Oder jemand war gelähmt und konnte sich wieder bewegen. Oder er hat die Leute um sich herum wiedererkannt, obwohl er das nach einem Schlaganfall nicht konnte…

GD: Ich bin zu einer Sterbenden in ein Pflegeheim gerufen worden. Sie war im Sterbeprozess, dass hatte ein Palliativ-Mediziner bestätigt. Man hörte sie schon von weitem immer „Mama“ rufen. Ich habe mir gleich gedacht, entweder sieht sie sie, oder sie sieht sie nicht, aber irgendetwas ist da los. Ich bin dann zu dieser Frau, sie war auch noch vernehmungsfähig. Sie sagte: „Meine Mama ist draußen vor der Tür im Flur, aber sie kommt nicht rein“. Dann hab ich ihr gesagt: „Vielleicht kommt sie nicht rein, weil sie möchte, dass Sie zu Ihrer Mutter gehen, und nicht umgekehrt.“ Sie hat das bestätigt und gesagt, ihre Mutter sei ja schon bei Gott. Sie war sehr gläubig. „Und ich mach mich ja auch bald auf den Weg zu Gott und meine Mutter will mich wohl abholen.“

Bei mir ist es so, wenn ich schon in so ein Zimmer hineinkomme, oder in das Haus, oder die Station, merke ich: Ich bin nicht alleine.

Es gab einmal einen sehr, sehr alten Menschen, 102 war der glaube ich. Er bot mir in seinem Zimmer einen Stuhl an. Er sagte: „Aber bitte setzen Sie sich nicht auf den Stuhl“. Und da rutschte mir raus: „Nein, da sitzt schon jemand.“ Der hat geweint wie ein Kind und sagte: „Endlich mal jemand, der mich ernst nimmt. Ich kann mit niemanden darüber sprechen, ich bin so alt geworden und ich habe das bisher mit niemanden besprochen.“ Das ist bitter. So darf das nicht sein. Das muss bitteschön in die Hospizarbeit integriert werden. Und da sind wir auch dabei, das ernst zu nehmen und nicht so zu tun, als wenn es so etwas nicht gäbe und schon gar nicht, dies alles als Halluzinationen abzutun oder als Nebenwirkung von Medikamenten. Die gibt es natürlich auch.

Aber wenn man mal Studien liest: Halluzinationen sind meist angsteinflößend und behindern womöglich den Sterbeprozess. Diese medialen Geschichten, die Sterbebettvisionen, oder Stimmen, die gehört werden, oder Träume erleichtern eher das Sterben. Sehr häufig wird die Botschaft an die Sterbenden herangetragen: Ihr sterbt nicht alleine, ihr werdet von den bereits Verstorbenen abgeholt. Und das ist doch wunderbar!

JNM: Elisabeth Kübler-Ross hat ja mit krebskranken Kindern gearbeitet, die unglaubliche Erlebnisse hatten. Diese Kinder haben oft mit 4, 5, 6 Jahren ein Wissen gehabt, das Kinder in dem Alter nicht haben. Sie wussten aber, dass sie jetzt sterben, und haben von ihren Sterbebettvisionen erzählt.

GD: Elisabeth Kübler-Ross sprach in den 80er Jahren auch schon von Frequenz und Wellenlänge. Das sind eigentlich Begriffe aus der klassischen Physik. Als sie das kundgetan hatte, war sie aus den drei Fernsehprogrammen, die es damals gab, erst einmal draußen. Da haben alle gesagt: „Was soll das denn?“ Das versteht nun niemand. Inzwischen erinnern sich die Bewusstseinsforscher und auch die Quantenphysiker daran und sagen, da war doch mal was! Wir sind nicht auf derselben Wellenlänge mit den Sterbenden. Die Sterbenden sind aber offensichtlich auf derselben Wellenlänge oder Frequenz wie die Jenseitigen. Es ist im Grunde ein Kommunikationsproblem. Mehr ist es gar nicht. Eigentlich ist es so einfach, aber es wird verkompliziert, denn an einem Sterbenden kann die Pharmaindustrie nichts mehr verdienen. Das tut sie aber doch, indem sie Medikamente verteilt, und die auch nicht absetzt. Und die Begründung für diese Visionen: Es sind Halluzinationen.

JNM: Es gibt Menschen, die auch optische Erlebnisse haben, zum Beispiel die Frau, welche ihre Mutter draußen im Gang sieht. Sie sind ja auch medial veranlagt. Sehen Sie das auch, was diese Menschen erzählt haben?

GD: Medial veranlagt würde ich mich schon nennen. Meine Mutter ist sehr früh verstorben. Sie war 36 Jahre alt, da war ich dreieinhalb. Das war 1970. Das Thema Sterben und Tod war absolutes Tabu. Ich kann mich erinnern, als ich ungefähr fünf war, hatte ich das Gefühl, dass ich ihre Stimme höre. Ich habe das natürlich keinem erzählt, das hätte mir keiner geglaubt. Aber irgendwann habe ich Schatten im Zimmer wahrgenommen. Wirklich wie eine Figur oder einen menschlichen Umriss. Ich war da als Kind wohl ganz unvoreingenommen und habe den Schatten gefragt: „Wer bist du denn? Was willst du?“ Und dann kam als Antwort, als mediale Antwort: „Mama. Das darfst du aber keinem erzählen, das geht nicht.“ Als ich im Kindergarten war, hab ich schon mit meiner Mutter kommuniziert. Insofern ist das für mich nicht fremd und auch nicht paranormal. Diese mediale Eigenschaft kommt mir natürlich in der Hospizarbeit auch zugute. Wenn ich in die Räume komme, wo sich diese Menschen befinden, spüre ich sofort – ich muss das nicht mal sehen, ich spür das einfach – wir sind nicht allein. Die Sterbenden sind immer sehr dankbar, sehr oft zu Tränen gerührt, dass sie endlich mal - manchmal nach Jahrzehnten - jemanden finden, der mit ihnen über diese Dinge spricht. Manche sind auch Jahrzehnte krank, das meine ich damit, wenn jemand zehn Jahre lang Krebs hat, und er, auch wenn er noch nicht im Sterbeprozess ist, eine innere geistige Verbindung zu Verstorbenen hat, und visualisiert sie dann im eigenen Sterbeprozess. Die sind so dankbar, dass endlich mal jemand da ist, der ihnen zuhört.

JNM: Kommen wir auf die Instrumentelle Transkommunikation zurück. Ernst Senkowski hat das Thema ja von vorne bis hinten analysiert. Welche Botschaften haben denn die Jenseitigen für unser Leben?

GD: Wenn jemand daheim in seinem Wohnzimmer einen klassischen Einspielversuch macht, und seine verstorbene Mutter oder Vater oder wen auch immer erreichen will, dann sind die Botschaften natürlich persönlich für den, der das einspielt. Es gab einmal eine Einspielung in Italien: Die Tochter war bei einem Unfall verunglückt und die Mutter rief nun „Wie geht's dir denn?" Die Stimme sagt ganz deutlich „Mama, hallo". Die Mutter ist völlig aufgelöst, aber das kann man ja verstehen. Sie war heilfroh, dass sie so etwas auf dem Band hatte. Die Aussagen, die ein bisschen weiter gehen, landen immer beim Bewusstsein. Es geht immer um Integration oder Wahrnehmung des Ganzen. Es gab da einmal eine Aussage: „So lange ihr das Thema Tod und Sterben nicht integriert, seid ihr halbbewusste Tiere". Das ist natürlich der Hammer, und der Inhalt sehr, sehr treffend. Das war bei Konstantin Raudive. Da fällt mir noch eine Durchgabe bei Doc Müller ein: „Die Erde befindet sich auf einem nicht evolutionswürdigen Niveau." Das ist schon Jahrzehnte her und man hat es immer noch nicht verstanden. Was sollen denn die da drüben noch machen? Die machen schon alles Mögliche, um uns wachzurütteln. Ich glaube, die wollen uns helfen, in diesen Bewusstseinswandel einzusteigen, und auch den Mut zu haben, dort einzusteigen. Wir brauchen keine Angst zu haben. Im Grunde kann uns nichts passieren. Wenn wir verstanden haben, dass das Leben auf der Erde nur ein Film ist. Und wenn wir verstanden haben, dass das Bewusstsein weiterexistiert und wir eigentlich nicht sterben. Der Tod ist nur eine Illusion. Das hat man sowohl in der ITK vermittelt, und das vermitteln ständig die Sterbenden. Besser geht's nicht, was wollen wir denn noch haben?

JNM: Die Sensitiven, wie der Sam Hess, die mit Bewusstseinserweiterung auch in diese Welt hinüberschauen können, die sehen, was in dieser Zwischenwelt vorgeht. Die sagen, sie sehen den Verstorbenen in seinem Astralleib oder diese Lichtwesen, auch die geben das Positive weiter.

GD: Es ist halt so, dass hierzulande unsere Wissenschaft immer noch sehr dogmatisch ist. Das hat Ernst Senkowski auch mal so formuliert, das ist schon ein paar Jahre her. Aber es ist immer noch gültig. Es wird immer nach Beweisen verlangt und die Grundlage soll die herkömmliche Physik sein. Und das haut eben nicht mehr hin. Der Beweis, dass 100 000 Sterbende diese Visionen hatten und immer noch haben, das reicht offensichtlich nicht. Warum denn eigentlich nicht?

JNM: Es ist das Gleiche mit den Nahtoderlebnissen, die teilweise so extrem und so eindeutig sind. Tausende von diesen Berichten und trotzdem wird es nicht anerkannt.

GD: Wobei noch ein Zusammenhang in den nachtodlichen Kontakten in der ITK und in der Sterbebegleitung besteht: Es ist unabhängig vom Glauben, unabhängig, in welchem Land derjenige lebt, unabhängig von der Sprache, vom Alter, vom Geschlecht. Die Ergebnisse sind ähnlich oder gleich. Aber man denkt keinen Schritt weiter, dass man sagt, jetzt müsste man das doch mal integrieren, beispielsweise in die Arbeit von Ehrenamtlichen in der Sterbebegleitung. Man ist da jetzt aber dabei, man hat angefangen.

JNM: Ich habe mit Pim van Lommel gesprochen oder auch mit Alexander Eben, das sind Leute, die auch in meinem Film zu Wort kommen. Es wird gehört, die Leute interessiert es. Die dogmatische Wissenschaft tun wir mal zur Seite. Ich glaube einer Gesa Dröge, die diese Sachen am Sterbebett erlebt hat, und auch alle anderen, denen diese Sachen berichtet werden, sind da näher dran. Diese Quantenphänomene gibt es eben nicht nur im Mikrobereich, sondern auch im Makrobereich. Diese Phänomene existieren. Die Physik muss um den Faktor Mensch erweitert werden. Das Bewusstsein müssen wir integrieren, das kann man nicht rauslassen.

GD: Wo noch ein für mich wichtiger und sehr interessanter Zusammenhang besteht, ist zwischen denjenigen, die sich mit Parapsychologie beschäftigen, und diejenigen, die sich mit Sterbebettvisionen beschäftigen. Dies sind nämlich oft ein und die Selben. Es gab 1926 ein Buch, „Death Bed Visions", von einem Sir William Barrett, das war die erste langjährige Studie, die zwei

Jahre nach seinem Tod veröffentlicht wurde. Dieser Barrett war gleichzeitig Mitbegründer der „Society of Psychical Research“. Da kann niemand sagen, dass das nichts miteinander zu tun hat. Es waren die Parapsychologen, die sich mit den Sterbebettvisionen auseinandergesetzt haben, zum Beispiel der Haraldsson, ein isländischer Psychologe, studierte bei Hans Bender in Freiburg, spricht also auch fließend Deutsch. Er ist Psychologe und ausgebildet in der Parapsychologie. Dafür gibt es ja noch keinen Lehrstuhl, aber trotzdem hat er es drauf. Und er hat mit Karlis Osis, einem lettischen Psychologen, in Indien und Amerika zusammen geforscht. Und das ist bis heute ein Grundstein der Sterbebettforschung. Es war kein Arzt oder einer aus der ehrenamtlichen Hospizarbeit, es war ein Parapsychologe. Das ärgert natürlich die Hospizvereine, weil die immer sagen, in der Sterbebegleitung gäbe es keine parapsychologischen Phänomene. Das ist Auslegungssache. Das Sterben ist das normalste der Welt, oder die Geburt. Wobei es beides eigentlich nicht gibt, es ist ja nur ein Durchgang. Aber die Hospizarbeit integriert diese Dinge nicht. Umgekehrt ist es fast besser. In der ITK werden die Erkenntnisse aus der Hospizarbeit viel eher akzeptiert, als umgekehrt. Umgekehrt ist die Hemmschwelle wirklich sehr groß. Da muss man auch als Ehrenamtliche sehr aufpassen, was man sagt, oder was man lieber lässt.

JNM: Was wird sich für die Menschen ändern? Die Religionen haben ja versucht, dieses Thema zu pachten, indem sie sagen: „Wenn jemand etwas über das Leben nach dem Tod weiß, dann sind wir das“. Aber die Wissenschaftler beginnen, aus den verschiedensten Fachgebieten heraus, dieses Thema aufzunehmen - Chirurgen, Ärzte, Leute aus der Hospizarbeit. Was bedeutet das für unsere Zukunft?

Viele Kritiker werden sagen: „Es gehört ja getrauert, wenn jemand stirbt.“ Ja, man muss es verarbeiten, aber wenn man sich mit diesen parapsychologischen Phänomenen beschäftigt, kommt es wieder und man versucht permanent noch Kontakt zu suchen. Dann heißt es: „Lass den doch endlich mal gestorben sein, und versuche nicht dauernd in Kontakt zu treten“. Oder sehen Sie das anders?

GD: Zunächst sind da die sogenannten Mainstream-Medien sehr im Wege. Die halten immer noch die Pharmaindustrie hoch - und im Grunde ist das ein Milliardengeschäft. Das müsste erst einmal überdacht werden, aber das kriegt man nicht über Verbreitung hin. Missionieren ist völlig fehl am Platze. Nicht indem man die Menschen darauf stößt, sondern indem man ihnen sagt: „Denkt doch mal über euer eigenes Leben nach. Reflektiert einmal, was ihr gelebt habt". Und dann die Frage: „Habt ihr den Eindruck, dass dies oder das zufällig geschehen ist in eurem Leben?" Gibt es da Verbindung oder ist das Fügung? Dieses Feingefühl für Zusammenhänge, dass alles eins ist, das kann man auch nicht lernen, sondern das ist eine eigene Erfahrung, die jeder machen muss. Die Besten sind die, die vorher diese Phänomene abgelehnt haben. Wie die Angehörige eines Verstorbenen. Der Sohn war verstorben und die Mutter ruft nachts bei mir an und schreit ins Telefon: „Mein Sohn ist wieder da! Aber nicht wirklich!" Es war für mich klar: Der stand irgendwo im Zimmer. Sie hat ihn visualisiert. Sie war eine sehr bodenständige Frau, die überhaupt nicht an so etwas geglaubt hat. Sie hätte alles geglaubt, aber das nicht. Da hat sie gesagt: „Ausgerechnet mir passiert das!" Heute gibt sie Fortbildungen. Diejenigen sind die Besten, die selbst ein Erlebnis hatten, und dann sagen: „Jetzt trag ich das weiter. Ich habe es vorher nicht geglaubt, aber es stimmt alles."

JNM: Das sind diese Erlebnisse oder Indizienbeweise. Wenn so viele Menschen das gleiche erleben, zum Beispiel, wenn jemand über etwas berichtet, das er gar nicht gewusst haben kann, es sei denn, das Bewusstsein war außerhalb des Körpers.

GD: Ernst Senkowski hat bis zum Schluss gesagt, er hat Indizienbeweise, er hat aber keine klassischen, wissenschaftlichen Beweise dafür, dass es das gibt. Alles spricht dafür, dass es nach dem irdischen Leben noch weiter geht. Aber wenn man ihn nach Beweisen gefragt hat, dann sagte er: „Nein, Indizienbeweise".

JNM: Wie hat der deutsche Philosoph Martin Seel gesagt: „Die messbare Seite der Welt ist nicht die Welt. Sie ist nur die messbare Seite der Welt." Diese Seite ist ja nicht messbar.

GD: Mir fällt noch etwas ein. Ich kriege ja viele Zuschriften. Die Leute wollen wissen, wie Ernst Senkowski selber gestorben ist. Das war wirklich beeindruckend.

Ernst Senkowski ist am 13. April 2015 verstorben. Ich habe ihn als ehrenamtliche Hospizmitarbeiterin begleitet, weil wir sowieso eine sehr enge Verbindung hatten. Natürlich im Einverständnis mit seiner Familie. Dieses Sterben – ich mag das Wort nicht, er nannte es immer den Hinübergang ins Jenseits – das war sehr eindrücklich, wenn man daneben gesessen ist und gedacht hat: „Nun hat er sich 40 Jahre lang selbst damit beschäftigt, und müsste eigentlich wissen, wie es geht." Er hat in einem Interview auch einmal gesagt: „Naja, wenn die Angehörigen dann um mein Sterbebett stehen, und fragen, wie es denn so ist, dann würde ich sagen: Ach, macht euch keinen Kopf, es wird alles gut. Drüben, auf der anderen Seite, geht es weiter". Aber so einfach hat er es sich doch nicht gemacht. Er hat nicht darüber gesprochen, was in ihm vorgeht, aber er ist letztlich sehr bewusst gestorben. Einige Wochen bevor er starb, war er gestürzt. Irgendwann hat er ausgesprochen, was er vorhat - in Symbolsprache oder Bildersprache. Da sind wir bei Rüdiger Dahlke mit „Krankheit als Weg". Senkowski sagte: „Ich habe das Gefühl, durchzubrechen". Einmal sein Rücken, sein Kreuz, er hatte starke Rückenbeschwerden. Aber auch die Bildsprache: Was heißt das denn „Ich breche durch"? Da haben wir nur gedacht: „Wow". Er hat genau gesagt, was er vorhat. Es hat noch ein paar Wochen gedauert, und er ist mit offenen Augen gestorben. Das war sehr, sehr beeindruckend. Nach meiner elfjährigen Erfahrung in der Hospizarbeit würde ich sagen, ich bin subjektiv schon sehr sicher, dass er auch Visionen hatte. Es war kein angstbesetztes Augen-auf. Ich habe das mit einem Säugling verglichen, der im Kinderwagen liegt, und der ganz gespannt irgendwo hinguckt, und die Mutter spricht zu dem Kleinen und sagt: „Siehst du da einen Engel?". Da war etwas, das er gesehen hat, was sehr spannend war. Und ich saß daneben und dachte: „Jetzt dauert es nicht mehr lange". Ich war aber so müde, weil ich zum Teil 48 Stunden präsent war, dass ich mich einen Augenblick auf das Sofa hingelegt habe. Ich kam fünf Minuten später wieder zu mir, und da war er gegangen.

JNM: Viele sterben in dem Moment, wo jemand einen Kaffee holt...

GD: Das ist auch so ein Ding.

JNM:Wenn man einnickt, oder einen Kaffee holt, in dieser Phase passiert es.

GD: Ein paar Stunden später kriegte ich von ihm die mediale Durchsage aus der Zwischenwelt – Ich weiß nicht, wo er sich befunden hat, wahrscheinlich noch nicht wirklich Drüben, aber auch nicht mehr Hier: „Das was ich im Sterben sah, wirst du in deinem Leben sehen". Das hat mich schier umgehauen. Ich habe es mir gleich aufgeschrieben und bin sehr gespannt, was da noch kommt.

Ich hatte natürlich auch vorher mit ihm abgesprochen – wir haben das detailliert schriftlich am Laptop – wann und wie ich ihn über Tonband rufen soll. Mit seinen Geräten, in seinem Zimmer, zu einer bestimmten Uhrzeit, an einem bestimmten Tag. Das habe ich alles eingehalten, und es kam auch etwas. Das erste Wort war eine Frage: „Jenseits?“ hört man da. Das heißt noch lange nicht, dass es seine Stimme war. Aber die Stimmlage und der Klang der Stimme ist seiner sehr ähnlich. Das war am 15. oder 16. April 2015.

Ungefähr sechs Wochen bevor er starb, hatten wir telefoniert, da habe ich ihm gesagt: „Ich glaube, dir geht es nicht so gut, sollen wir nicht mal die Jenseitigen um Hilfe bitten? Die können auch mal etwas für dich tun!“ Ich hab dann gesagt, ich mach einen Einspielversuch, hab mich zu Hause vorbereitet, bin in mich gegangen, hab nach drüben gefragt: „Ernst Senkowski geht es nicht so gut, helft ihm doch bitte mal.“ Ich habe das dann abgehört und gedacht: „Das kann jetzt nicht wirklich sein“. Ich habe es 20mal gehört und es war immer noch drauf. Es war auch am nächsten Tag noch drauf. Da ist viermal hintereinander in verschiedenen Stimmlagen zu hören: „Gerne gehen“. Ich habe ihn sofort angerufen und gesagt: „Da kam viermal gerne gehen“. Ich habe es ihm auch noch vorgespielt. Er war erst noch auf der irdischen Ebene und sagte „Ich habe die Jenseitigen für intelligenter gehalten, natürlich will ich gerne wieder gehen.“ Also laufen, er hatte 2012 einen Schlaganfall.

Für ihn gab es immer zwei Möglichkeiten. Die erste war die irdische, und die zweite, da sagte er: „Vielleicht meinen die auch etwas ganz Anderes.“ Er hat sich sehr bewusst auf den Weg gemacht.

JNM: Diese mediale Botschaft „Das was ich im Sterben sah, wirst du in deinem Leben sehen“ - wurde die empathisch empfangen oder durch ITK?

GD: Das war eine mediale Durchgabe.

JNM: Sind sie immer noch medial verbunden, oder klingt das ab?

GD: Das klingt überhaupt nicht ab. Ich würde sagen, jeden Vortrag über Sterbebegleitung oder ITK bereite ich mit ihm zusammen vor. Ich merke das manchmal auch physisch, wenn ich den Stift in die Hand nehme und das Gefühl habe, ich schreibe das gerade nicht. Ich formuliere das auch nicht. Es kommt von ihm oder wo auch immer her. Es kommt jedenfalls nicht von mir, es kommt von drüben in mich hinein und dann durch mich hindurch auf das Papier.

Ich habe ständig Kontakt, nicht nur zu Ernst Senkowski, auch zu Anderen – manchmal habe ich intensiveren Kontakt, indem ich gedanklich etwas frage. Es gab am Anfang auch schwere Zeiten, als er im irdischen Sinne nicht mehr da war. Er hatte mir gesagt: „Du weißt ja, wenn ich nicht mehr da bin, ich bin da, auch wenn ich nicht da bin". Und ich sagte: „Das weiß ich alles, trotzdem bin ich traurig, wenn du nicht mehr da bist." Dann war ich für zwei Tage auch mal wirklich verzweifelt und da hörte ich seine Stimme sagen: „Glaube nicht, was du siehst. Glaube, was du nicht siehst". Da habe ich mich 100mal bedankt, und seitdem geht es mir besser.

JNM: Das ist genau das Problem, dass diese optische Welt uns so ablenkt. Weil diese Projektion sich so fest anfühlt. Dabei ist sie genau das, was nicht real ist.

GD: 2009 hatten wir in der Wohnung, in der wir leben, einen Spuk. Ich nenne sie immer „übrig gebliebene Seelen", die nicht ins Licht gefunden haben, und die offensichtlich in mir endlich mal jemanden gefunden hatten, der sie ernst nimmt. Es war ehrlich gesagt ziemlich gruselig. Meine Tochter war noch klein und sagte: „Mama, da sind nachts welche bei mir im Zimmer". Und ich sagte: „Ich glaub dir das". Die meisten Mütter würden sagen: „Kann nicht sein, sehe ich nicht, gibt's nicht". Ich sagte: „Das glaube ich dir, ich schlaf mal in deinem Zimmer." Und da waren Zwei. Und die ganzen Recherchen haben später ergeben, dass es tatsächlich zwei KZ-Insassen gab, die in einem Lüneburger KZ-Transport während des zweiten Weltkrieges überlebt hatten, und die tatsächlich in Lüneburg untergekommen waren. Es gibt dazu die Namen, es gibt auch eine Broschüre, die man in Lüneburg erwerben kann. Das habe ich aber erst danach recherchiert. Das ist wichtig, sonst kann man sagen: „Das hat die sich jetzt angelesen und bastelt sich ihr Beispiel". Es war umgedreht. Über Tonbandstimmen habe ich auch den einen Namen auf Band gehabt, als ich noch nicht wusste, dass es den gab.

Diese beiden verstorbenen Seelen hatten nicht ins Licht gefunden und wussten noch nicht einmal, dass sie verstorben sind. So etwas gibt es. Ich habe denen erst einmal gesagt: „Hey, ihr habt keinen Körper mehr, geht doch mal durch diese Wand". Ich habe ihnen dann klar gemacht, ich kann das nicht, weil ich noch nicht tot bin. Ich bin dann in Lüneburg zu einem bestimmten Ort gegangen, zu dem sie mich geschickt haben und habe eine Lichtkugel am Himmel visualisiert. Um mich herum ein Lichtkegel um mich zu schützen – es gibt ja auch dunkle Energien. Dann habe ich sie ins Licht geführt. Was ich in dem Moment visualisiert habe – da waren Hunderte, die aussahen, wie diese ausgemergelten Körper, die man aus den KZs kennt. Die sind alle da hineingeflogen.

Ein paar Wochen später las ich in der Zeitung, dass man ein Projekt gestartet hatte, dass man einen Gedenkzug einrichten wollte als Erinnerung an dieses Massaker in Lüneburg. Plötzlich sind da Sponsoren aufgetaucht, das hatte man jahrelang nicht gehabt. Für mich hat sich dann eins plus eins zusammengezählt. Ich dachte: „Jetzt sind die im Licht. Und jetzt kommt wieder das Materielle, der Wert des Geldes." Plötzlich ist das Geld da.

JNM: Sam Hess sagte im Interview, er schickt die Seelen nie ins Licht, weil sie vielleicht gar nicht dorthin möchten.

GD: Als ich im Kindergarten war, gab es ein Treffen zwischen Eltern und Kindern. Wir saßen in der Runde und jedes Kind sollte sagen, was es später mal beruflich werden möchte. Die Jungs dann Pilot, Feuerwehrmann - die Mädchen Ärztin, Ballerina. Ich wusste nicht, was ich werden wollte, ich sagte aber: „Wenn ich mal groß bin, sag ich allen, dass es den Tod nicht gibt." Das habe ich mit fünf nicht geglaubt, sondern durch die medialen Erlebnisse mit meiner verstorbenen Mutter gewusst. Es war ein inneres Wissen. Und im Grunde genommen hat sich das die letzten elf Jahre über die Hospizarbeit in den Nachtodkontakten von Sterbenden und gerade auch in der Arbeit mit Ernst Senkowski bestätigt. Jetzt würde ich wie er sagen: „Leute, macht euch keinen Kopf, es geht weiter." Um es anders auszudrücken: Offensichtlich existiert ein Bewusstsein, das nicht stirbt. Es ist alles ein Übergang. Wir haben hier nicht die Geburt, dann das Leben, irgendeine Krankheit und den Tod, und dann geht es von vorne los. Es ist nicht linear. Es ist alles eins.

Das kann ich nur sagen, weil ich diese Erfahrungen habe. Jemand, der noch nie damit zu tun hatte, und auch keine eigenen Schicksalsschläge – ein Unfall und eine Nahtoderfahrung reicht oft schon – wer das nicht hatte, wird das auch nicht verstehen. Das kann man vielleicht auch nicht erwarten. Die Offenheit fehlt einfach.

Ich muss auch nicht in die Kirche gehen. Ich muss nicht glauben, ich kann natürlich, ich kann auch beten und meditieren, oder in die Wüste gehen und Heuschrecken essen, aber ich glaube es erst, wenn ich eigene Erlebnisse habe. Also würde ich sagen, der Tod ist eine Illusion.

Dieter Hassler

Interview mit Dieter Hassler

Dieter Hassler ist Rentner und in der Nähe von Regensburg zuhause. Als seine Frau vor rund 15 Jahren ein Buch von Ian Stevenson über die Reinkarnation las, wollte es damals nichts von dieser Thematik wissen. Er erklärte seiner Frau, dass Reinkarnation doch Unfug sei, und wenn man dies tatsächlich in wissenschaftlicher Manier untersuchen würde, nichts davon übrig bleibe. Als Früh-Pensionist hatte er Zeit und nahm sich der Sache an, um seiner Frau zu zeigen, dass an der Theorie der Reinkarnation nichts dran sein kann. Er selber war bis zu seiner Pensionierung als Dipl.-Ing. für Nachrichtentechnik tätig und durchaus gewohnt, in wissenschaftlichen Standards zu denken und zu arbeiten. Es dauerte nicht lange und er erkannte, dass wohl doch mehr an dieser Sache dran ist, als gemeinhin gedacht wird, und untersuchte in den letzten Jahrzehnten hunderte Fälle vermeintlicher Inkarnationen – vor allem bei Kindern. Also machte ich mich auf die Reise zu einem, der sich aufgemacht hatte, die Wahrheit herauszufinden und vereinbarte einen Termin mit ihm, um die Sache persönlich zu besprechen und meine offenen Fragen mit ihm zu klären.

JNM: Sehr geehrter Herr Hassler, vielen Dank für die Einladung zum Interview. Es freut mich sehr, dass wir das Thema Reinkarnation besprechen können. Sie beschäftigen sich ja schon relativ lange damit. Wie lange machen Sie das?

DH: So richtig ging es im Jahr 2000 los. Damals hatte ich schon viereinhalb Jahre im Vorruhestand hinter mir, nachdem ich als Ingenieur in der Medizinforschung für elektromagnetische Geräte tätig gewesen war. Zu diesem Zeitpunkt hatte ich sozusagen Haus und Hof bestellt und habe mich gefragt, was ich mit diesem geschenkten Lebensabschnitt, den ich durch den Vorruhestand hatte, anstellen kann. Da kamen mir zwei Ideen. Die erste war, dass ich mich entschlossen habe, eine Aktionsgruppe für „Plan International" in Erlangen aufzumachen. Parallel dazu habe ich mir gesagt, ich könnte mich mit dem Thema Reinkarnationsforschung auseinandersetzen. Ich hatte viele Jahre vorher schon im Urlaub Bücher von Ian Stevenson gelesen. Stevenson ist der Vater der Reinkarnationsforschung. Diese Bücher hatten mich fasziniert. Aber da ich Ingenieur bin und nicht so einfach irgendwelches esoterisches Zeug glaube, habe ich gesagt: „Ich glaube da erst mal gar nichts". Aber es hat mich doch sehr interessiert und deshalb bin ich zu dem Entschluss gekommen, das alles selbst zu hinterfragen. Nun liegt es schon 17 Jahre zurück, dass ich begonnen habe, mich damit zu beschäftigen.

JNM: Für den Laien, der vielleicht noch nicht so viel zu dem Thema weiß: Worum geht es denn in der Reinkarnationsforschung?

DH: Bisher, muss ich sagen, geht es fast ausschließlich um kleine Kinder, die von sich behaupten, sie könnten sich an ein früheres Leben erinnern. Die Forschung dazu begann Anfang der 60er Jahre, als Professor Stevenson, ein Psychiater von der „University of Virginia", ein renommierter Mann, seine erste Reise nach Indien machte, weil aus Indien Berichte von solchen Kindern gekommen waren. Er ist dort hingefahren, um zu prüfen, was von solchen Fällen zu halten ist. Er war natürlich selbst auch sehr skeptisch. Auf jeden Fall kam er mit einem erstaunlichen Ergebnis zurück, nämlich, dass das wahrscheinlich nicht alles nur Blödsinn ist. Er hat dann noch weitere Reisen gemacht und kam zu einer ganzen Reihe von Fällen, die er aufgedröselt hat. Man kann sagen, ungefähr drei Viertel der Fälle aus sechs Nationen, die er hatte, waren so geartet, dass man tatsächlich eine frühere Person finden konnte, die dem Verhalten des Kindes so gut entsprach, dass man einfach überzeugt war: Das ist tatsächlich die gemeinte Person. Damit konnte ein Fall auch gelöst werden.

JNM: Warum sind es meist Kinder?

DH: Diese Kinder sind diejenigen, die am meisten diese spontanen Erinnerungen zeigen. Das gibt es zwar bei Erwachsenen auch, aber viel geringer. Man weiß es nicht, aber man kann vermuten, dass das damit zusammenhängt, dass die Kinder in diesen jungen Jahren, wenn sie anfangen zu sprechen, auch zeitlich noch sehr nah an einem früheren Leben sind. Als zweiten Grund kann man vermuten, dass es damit zusammenhängt, dass Kinder noch nicht so stark durch die Umwelt geprägt sind, noch nicht so viele Eindrücke mitbekommen haben, wie ein Erwachsener. Dass sie deswegen auch die besseren Objekte der Forschung sind, weil sie noch nicht so stark mit Dingen aus dem täglichen Leben überfrachtet sind. Bei Erwachsenen liegt der Verdacht fiel näher, wenn sie etwas aus einem früheren Leben erzählen, dass sie das auch irgendwo gelesen, gehört oder im Fernsehen gesehen haben und wieder vergessen haben können, als dass sie das tatsächlich mal erfahren haben. Das nennt man dann „Kryptomnesie". Deswegen sind, wie gesagt, die Kinder die interessanten Objekte.

JNM: Was ist mit den Erwachsenen?

DH: Auch Erwachsene können tatsächlich so spontane Erinnerungen haben, aber viel seltener. Zum Beispiel kommt das vor in Träumen, bei Flashbacks, bei

Nahtoderlebnissen. Bei medialen Durchgaben kann man so etwas auch finden, bei Déjà-vus – es ist halt schwer nachzuweisen. Aber viel häufiger als das, was ich jetzt genannt habe, taucht so etwas auf, wenn die Erwachsenen von einem Reinkarnationstherapeuten oder Rückführer in ihre früheren Leben hypnotisch zurückgeführt werden. Aber dazu möchte ich jetzt auch gleich wieder sagen, das ist ein Thema, das in keiner Weise so gut erforscht worden ist, wie das Thema der kleinen Kinder. Es gibt ganz viele Bücher, meist im amerikanischen Raum, von Therapeuten, die rückgeführt haben, um Krankheiten zu heilen. Aber das ist nie wissenschaftlich aufgearbeitet worden. Ich habe jetzt versucht einen Anfang zu machen, indem ich mir einfach diese Literatur besorgt habe, und habe versucht, daraus ein Resümee zu ziehen. Ich kann es jetzt nicht im Ganzen bringen, aber ich will einmal den knalligsten Effekt nennen: Ich denke, ich konnte anhand von 27 Beispielen nachweisen, dass, anders als es die Skeptiker normalerweise behaupten, in solchen Rückführungen nicht zwangsweise nur irgendwelche blödsinnigen Fantasien hochkommen, sondern dass in diesen 27 Fällen bis in irrsinnige Details hinein, richtig gelebte Leben erzählt wurden, die auch nachgewiesen werden konnten. Ich sage nicht, dass es in jeder Rückführung so passiert, aber es kann passieren. Ich denke, das ist ein Feld, welches dringend wissenschaftlich durchforstet werden sollte. Meine Bücher sollen dazu einen Startpunkt darstellen.

JNM: Gehen wir noch einmal zurück zu den Kinderfällen. Bevor wir zu den Beispielen kommen, möchte ich noch fragen, wie das Umfeld zu diesen Forschungen steht. War Stevenson der einzige Forscher auf diesem Gebiet?

DH: Glücklicherweise nicht. Es gab zu dem Zeitpunkt, als Stevenson noch lebte, vier universitäre Forscher, die das gleiche Feld bearbeitet haben. Die kannten sich natürlich, aber sie haben unabhängig gearbeitet. Das war in Kanada Antonia Mills, der einzige Europäer, der sich mit dieser Thematik beschäftigt hat, war Herr Haraldsson aus Reykjavik in Island, in Indien gibt es eine Professorin Satwant Pasricha und noch einen Deutschen, der allerdings in Tasmanien sitzt - Jürgen Keil, ein Psychologe. Außer diesen Professoren gibt es noch mehrere Privatforscher, erwähnenswert sind Herr Nami Andrade aus Brasilien und das Ehepaar Peter und Mary Harrison aus England. Aber man muss leider sagen, diese Pioniere sind mittlerweile alle inaktiv, meistens aus Altersgründen. Das heißt, Stevenson ist 2007 gestorben. Jetzt gibt es nur noch einen, der sich mit diesem Thema beschäftigt, der Nachfolger von Stevenson: Dr. Tucker. Soweit ich das überblicken kann, bin ich der einzige, der sich sonst noch mit dem Thema beschäftigt. Dieses Thema ist leider sehr stark unterbesetzt. Wenn ich mal sage, man sollte sich vor allem wissenschaftlich mit diesem Thema beschäftigen, das versuche ich ja auch zu tun. Das ist nicht in die Esoterik-Ecke zu bringen, sondern man sollte auf empirische Feldforschung setzen, und zwar unabhängig von irgendwelchen Glaubensinhalten oder Ideologien. Einfach nur, wie Wissenschaftler arbeiten, sich die Dinge anschauen, die man in der Natur vorfindet, möglichst gründlich hinterfragen, also absichern gegen Betrug - und alles, was einem als Erklärungsmöglichkeit einfällt, dagegenstellen und schauen, was am besten passt. Das nenne ich wissenschaftliches Arbeiten.

JNM: Sie haben vorhin von Stevenson gesprochen, der aus Indien zurückgekommen ist und einige Fälle gefunden hat, die sehr interessant sind. Gibt es auch Fälle in anderen Ländern?

DH: Es wurde mittlerweile in ganz verschiedenen Kulturkreisen oder auch Ländern gesucht. Überall dort, wo man gesucht hat, hat man auch entsprechende Fälle gefunden. Diese Fälle waren zwar immer - von ihrer Überzeugungskraft her - etwas unterschiedlich, und auch kulturell geprägt, aber im Grunde waren es immer die selben Elemente, die man gefunden hat. Die Länder, die mittlerweile schon einmal im Fokus waren, sind die USA, Europa, Indien, Sri Lanka, Thailand, Birma, Libanon, die Türkei, Länder Afrikas und Brasilien. Man muss aber sagen, die ausführlichsten und damit auch die überzeugendsten Fälle, stammen nach wie vor aus den südasiatischen Ländern.

JNM: Gibt es denn auch Fälle in Deutschland?

DH: Ja. Lange Zeit gab es keine. Professor Stevenson hat im Jahr 2003 die englische Version seines Buches über europäische Fälle herausgebracht. In diesem Buch findet man fünf deutsche Fälle. Ich habe bis heute vier deutsche Fälle untersucht und auch veröffentlicht. Zwei habe ich in meinem ersten Buch veröffentlicht, zwei habe ich über das Internet und in Zeitschriften veröffentlicht. Sie finden das auf meiner Homepage www.reinkarnation.de.

JNM: Wie viele Fälle hat man im Rahmen der wissenschaftlichen Untersuchung überhaupt weltweit gefunden?

DH: Bisher sind es knapp 3000, die an der „University of Virginia" gesammelt wurden. Das will ich gleich etwas einschränken: Da sind nicht nur gute Fälle darunter. Man kann sagen, 80 von diesen 3000 Fällen sind sehr reich an Elementen, sogar so reich, dass Stevenson sie nur in Tabellen beherrschen konnte. Das sind die Fälle, die weil sie so reich an Elementen sind, am überzeugendsten sind. Nicht 3000 sind überzeugend, sondern 80. Man kann es auch noch ausdehnen auf ein paar Hundert.

JNM: Warum sind diese Fälle am überzeugendsten?

DH: Ja, ganz einfach, wenn es ein sehr, sehr schlichter Fall ist, mit nur wenigen Elementen, kann man sagen: „Das ist Zufall, dass das alles zutrifft." Oder leicht zu türken – Entschuldigung, ich will jetzt nicht die Türken blamieren – das kann also auch Betrug gewesen sein. Aber wenn in ein und demselben Fall viele Elemente zusammenkommen, dann wird es langsam unsinnig, überhaupt noch über Zufall nachzudenken. Man kann nachrechnen, dass ab einer bestimmten Anzahl von Elementen es einfach eine irrsinnige Unwahrscheinlichkeit ergibt, dass alles Zufall ist.

JNM: Wie sehen solche Fälle konkret aus?

DH: Die Kinder machen am Anfang, wenn sie noch sehr klein sind, manchmal Bemerkungen, die sich aus Sicht der Eltern anhören wie Erinnerungen oder Aussagen über ein früheres Leben. Das sind dann Aussagen wie „Du bist gar nicht meine richtige Mama, ich will zu meiner richtigen Mama" oder „Als ich groß war...". Das bleiben zunächst Aussagen, die nicht nachprüfbar, unspezifisch sind, und werden nicht ernst genommen. Aber wenn die Kinder dann mal drei Jahre und älter geworden sind, dann können sie sich schon so gut ausdrücken, dass sie mehr von ihren Erinnerungen rüberbringen können. Da staunt man, was dann alles kommt. Sie sagen in dreiviertel der Fälle, wie sie früher hießen. Und sie nennen auch die Namen der Familienangehörigen. Sie sagen auch, wo sie gelebt haben. Natürlich ist nicht immer alles drin in einem Fall. Manchmal wissen sie von Gegenständen, die sie seinerzeit besessen haben. Oder sie wissen irgendwelche Familieninterna – zum Teil ganz krude Sachen, die man unmöglich erraten kann. Was natürlich besonders eindrucksvoll ist, ist, wenn die Kinder die Art ihres Todes im früheren Leben beschreiben. Da kann man dann nachprüfen, ob es eine Meldung darüber gibt. Und dann stellt man fest, dass das praktisch immer stimmt, und zwar bis in Details hinein. Dann kommt noch ein bestimmtes Merkmal hinzu, das für meine Begriffe wichtig ist: Wenn die Kinder eines gewaltsamen Todes gestorben sind, berichten sie fast immer, mit 94 Prozent, über ein früheres Leben. Wenn es sich um einen natürlichen Tod im früheren Leben handelt, dann ist das nur in der Hälfte der Fälle so. Das ist jetzt deswegen interessant, weil das mit der Reinkarnationshypothese relativ leicht zu erklären ist. Ich will jetzt nur nicht ausschweifend werden, und diese Erklärung bringen. Dagegen, wenn man das mit anderen Erklärungsversuchen abdecken will, tut man sich schwer.

JNM: Bleiben die Erinnerungen der Kinder bis ins Erwachsenenalter erhalten?

DH: In der Regel nicht. Der typische Fall ist, dass sie zwischen sechs und acht Jahren ihre Erinnerungen wieder verloren haben. Ich nehme an, das hängt damit zusammen, dass sie in diesem Alter in die Schule gehen und durch viele neue Eindrücke die Erinnerungen verformt werden.

JNM: Geht es nur um Aussagen des Kindes, oder um noch mehr?

DH: Ja, es geht um noch mehr. Ich will jetzt im weiteren Verlauf noch sechs weitere Merkmale erklären. Auch diese Merkmale kommen nicht alle im gleichen Fall vor. Es ist durchaus ein glücklicher Umstand, dass es noch mehr Merkmale außer den Aussagen gibt. Weil, wenn es nur die Aussagen gäbe, könnte man auch relativ leicht mit anderen Erklärungen als der Reinkarnationshypothese aufwarten. Man könnte sagen, das war einfach außersinnliche Wahrnehmung. Wenn aber diese anderen Dinge dazukommen, die ich jetzt gleich darstellen werde, wird man sehen, je mehr dazukommt, desto schwieriger wird es für andere Erklärungsmethoden, das ebenfalls abzudecken. Es ist nicht ganz unmöglich, aber ich kann das jetzt nicht alles ausführen. Man muss dann so viele Zusatzannahmen bei den anderen Alternativerklärungen machen, dass es unglaubwürdig wird.

Das Wichtigste ist, dass die Kinder immer wieder Emotionen zeigen, die sich als stimmig erweisen, wenn man die Verhältnisse in den früheren Familien kennenlernt. Die Kinder identifizieren sich regelrecht mit der früheren Person, was sich zum Beispiel darin äußert, dass sie in der Ich-Form darüber reden. Oder dass sie auch in der Gegenwartsform sprechen, auch dann, wenn sie mit der Vergangenheitsform schon umgehen können. Sehr häufig möchten sie unbedingt in die frühere Familie zurückkehren, und müssen sich zum Teil erst heftig gegen ihre Eltern durchsetzen, die das natürlich nicht so gerne wollen. Wenn sie dann bei der früheren Familie sind, was in dreiviertel der Fälle passiert, dann sprechen sie in der früheren Familie als kleine Kinder so, als wären sie erwachsen. Sie verhalten sich auch ganz anders, als sich ein Kind verhalten würde. Manchmal kommen sie mit Besitzansprüchen und sagen „Diese Uhr, die gehört aber mir!". Sie vergleichen auch gerne ihre frühere Familie und die heutige bezüglich ihrer Stellung in der Gesellschaft. Sie sagen zum Beispiel: „Meine heutige Familie ist aber viel ärmer, als es die frühere war." Oder umgekehrt natürlich auch.

JNM: Da muss ich eine Zwischenfrage stellen. Das funktioniert natürlich nur bei Kindern, deren frühere Familien noch leben. Sonst liegt es ja zu weit zurück.

DH: Ja. Das ist das interessante, wir kommen da später noch einmal darauf. Das interessante ist, dass im statistischen Mittel die Kinder sehr, sehr häufig nur 15 Monate Differenz haben zwischen dem Tod im früheren Leben und der Geburt im heutigen Leben. Das heißt, die früheren Familien sind in aller Regel noch da.

JNM: Das ist eine wichtige Aussage. Das heißt, die Reinkarnationszeit beträgt ungefähr 15 Monate.

DH: Letzter Punkt: Zu den Emotionen. Sie zeigen immer wieder freundliches oder auch unfreundliches Verhalten den früheren Familienmitgliedern gegenüber. Da stellt sich heraus, dass es häufig damit zusammenhängt, wie es früher gewesen war. Sie zeigen Eifersucht, sie zeigen Rachegefühle, Aggressivität und weinen auch manchmal fürchterlich. Das sind alles Dinge, die haben sie mit Sicherheit nicht einstudiert oder von den Eltern einstudiert bekommen. Viele Eltern wollen gar nicht, dass die Kinder in die früheren Familien zurückkommen. Einerseits haben sie Angst, die Kinder an die frühere Familie zu verlieren, zum anderen gibt es in anderen Ländern auch den Glauben, dass solche Kinder mit Erinnerungen an andere Leben nicht lange leben.

Nächster Punkt sind die Charakterzüge. Die Kinder zeigen Charakterzüge, die sich als stimmig erweisen, wenn man erfährt, wie die früheren Personen gewesen sind. Worum geht es konkret? Die Kinder weisen in einem Drittel der Fälle Phobien auf. Phobien, die gut zusammenpassen mit der Art des Todes im früheren Leben. Wenn die Todesart gewaltsam war, kommen in 37 Prozent der Fälle solche Phobien bei den Kindern vor. Bei einem natürlichen Tod im früheren Leben sind es nur 7 Prozent. Also eine statistische Eigenschaft, die man auch erklären muss. Mit der Reinkarnation ist das kein Problem, die anderen Theorien tun sich da schon wieder schwer.

Und dann zeigen die Kinder auch bestimmte Vorlieben und Abneigungen, zum Beispiel beim Essen und Tischmanieren, Kleidung und solche Dinge. Ganz lustig ist das Spielverhalten. Es gibt wunderschöne Beispiele, die zeigen, dass das Kind heute seinen Beruf im früheren Leben nachspielt, oder sein Hobby nachspielt, oder manchmal sogar seinen Tod nachspielt.

Manchmal sind es auch krude Interessen. Ein Kind, das normal ist, interessiert sich zum Beispiel für Autos. Aber manchmal sind es so komische Interessen, dass man nur sagen kann: Woher kommt das denn? Dann stellt man fest, es passt gut mit dem Leben der früheren Person zusammen.

Die Körpersprache wird manchmal sogar von den früheren auf die heutigen Personen übernommen, zum Beispiel die Gangart. Dann kommt es vor, dass Kinder religiöse Gebräuche in einem völlig falschen Kontext zeigen. Die heutige Familie ist vielleicht hinduistisch oder buddhistisch, das Kind zeigt aber christliches Gebaren.

Manchmal, aber nicht so oft, findet man Fähigkeiten oder Begabungen, die auch wieder gut mit dem harmonieren, was man über die früheren Personen in Erfahrung bringt. Das geht manchmal sogar bis in die Anfänge der „Xenoglossie". Xenoglossie ist die Fähigkeit, Sprachen zu sprechen, die man nie gelernt hat. Bei den Kindern geht es allerdings nicht so weit, dass flüssig gesprochen wird, sie sagen aber immer wieder eine ganze Reihe von Wörtern, die aus einer fremden Sprache kommen, wo man sich nur fragt: „Ja, wo haben die Kinder das her?" Das passt dann aber wieder zu den früheren Familien.

Ganz wichtig sind natürlich auch Muttermale und Missbildungen, die die Kinder von Geburt an zeigen. Das ist sogar in einem Drittel der internationalen Fälle der Fall. Auch da ist es interessant, dass in der normalen Bevölkerung solche Muttermale und Missbildungen viel seltener vorkommen. Ich habe von Stevenson eine Zahl von 2,7 Prozent, wohingegen über 33 Prozent der Kinder so etwas zeigen. Jetzt geht es darum, das zu erklären. Mit der Reinkarnationshypothese nicht schwer, mit den anderen Hypothesen wird es schwierig.

JNM: Da gibt es zum Beispiel Fälle, bei denen jemand dort eine Narbe hat, wo der tödliche Einschuss war.

DH: Genau.

Dann gibt es zum großen Thema der verschiedenen Eigenschaften, die solche Kinder zeigen, die Wiedererkennung. Also, wenn die Kinder in die frühere Familie kommen, dann staunt man nur, was sie alles erkennen. Sie nennen Personen beim Namen oder sagen, wie diese Personen in der Familie einzuordnen sind, ob das nun der Schwiegersohn oder die Schwägerin oder sonst etwas ist. Sie benennen und kennen Orte, Wege und Gegenstände wieder, die sie eigentlich nicht kennen können sollten. Besonders interessant wird es dann, wenn ein Kind rein zufällig jemandem auf der Straße begegnet, den es als ein Mitglied der früheren Familie erkennt. Es gibt Beispiele dafür, das ist jetzt nicht aus der Luft gegriffen. Oder wenn das Kind in der früheren Familie ist und sich über Änderungen äußert, die zwischen früher und heute stattgefunden haben. Das Kind spricht das dann an, und es stellt sich als richtig heraus, dass es früher anders war als heute. Manchmal versuchen die Begleitpersonen auch, die Kinder in die Irre zu führen, und man staunt, wie selten das gelingt. Irgendwie wissen sie das.

Manchmal, das sollte man noch erwähnen, gibt es auch Kinder, die in Träumen Informationen aus früheren Leben bekommen, das sind aber die selteneren Fälle. Was häufiger vorkommt, sind die sogenannten Ankündigungs- und Abreiseträume. Ein Ankündigungstraum findet zum Beispiel in der Familie der heutigen Mutter statt. Die Mutter sieht im Traum irgendeine Person oder Figur, die sie kennt oder auch nicht kennt, und diese Person bittet zum Beispiel darum, bei dieser Mutter wiedergeboren werden zu dürfen. Oder fordert es sogar, es gibt da ganz unterschiedliche Aussagen. Das nur zur Erklärung, was Ankündigungsträume sind.

In sechs von zehn Ländern findet man Fälle, in denen die Kinder zeigen, dass sie früher in einem anderen Geschlecht gelebt haben. Das Komische daran ist, dass der Wechsel vom früheren männlichen ins heute weibliche Geschlecht dreimal häufiger ist, als umgekehrt. Auch etwas, was man erklären muss. Mit der Reinkarnationshypothese hätte ich jetzt kein Problem, das zu erklären, mit den anderen Hypothesen fällt es mir schwer. Man kann es immer irgendwie hindrehen mit den anderen Hypothesen, aber dann wird es langsam sehr komisch.

Noch ein wichtiges Merkmal sind zwei Punkte: Und zwar geht es einmal um die Zeit zwischen dem Tod im früheren Leben und der Geburt im heutigen Leben - die Interimszeit oder Zwischenzeit. Diese Zwischenzeit ist im statistischen Mittel über zehn Länder und über 600 Fälle nach Stevenson nur 15 Monate. Das erklärt vielleicht auch, warum sich die Kinder leichter daran erinnern können als Erwachsene, weil sie zeitlich einfach näher dran sind.

Der zweite Punkt ist, dass ein gewaltsamer, unnatürlicher Tod immerhin in der Hälfte der Fälle vorkommt, wogegen im Vergleich zur Normalbevölkerung das nicht in 50 Prozent der Fall ist, sondern vielleicht bei fünf Prozent, also ein Zehntel. Auch das sollte man erklären können. Mit der Hypothese der Reinkarnation kein Problem, mit anderen Hypothesen wird es schwierig.

Letzter Punkt: Jenseitsaussagen. Es ist erstaunlich, dass bei den Kindern, die sehr viele spezifische Angaben gemacht haben, auch Erinnerungen an die Zeit zwischen den Leben, also die Interimszeit, kommen. Da kann man natürlich sagen, das sind alles Dinge, die nicht nachprüfbar sind. Das stimmt so nicht. Weil die Kinder auch Dinge erzählen aus der Zeit kurz nach ihrem Tod, wo sie beobachtet haben, was mit ihrem Leichnam geschehen ist, wie sie beerdigt worden sind. Das sind Dinge, die auf der Erde passiert sind, die man auch noch nachprüfen kann. Da gibt es Fälle, bei denen das auch stimmig war.

Es gibt natürlich auch Aussagen über das Jenseits, die man nicht mehr nachprüfen kann. Was man aber tun kann, und das habe ich in meinen Büchern ausführlich getan, man kann vergleichen, inwieweit diese Aussagen unter sich stimmen. Denn wenn man unterstellt, es wären lauter Fantasie-Aussagen, die die Kinder treffen, dann muss man davon ausgehen, dass die Aussagen verschiedener Kinder grundverschieden sind und sich gegenseitig widersprechen. Ich habe 136 Aussagen gefunden, wenn man diese zusammenzieht - dort wo die Gemeinsamkeiten sind - dann kann ich das auf ein Siebtel herunterstauchen. Ein Siebtel hinterlässt bei mir das Gefühl, ich kann es nicht beweisen, dass das bei reinen Fantasie-Aussagen nicht so leicht zu stauchen wäre. Man kann auch die Aussagen der Kinder vergleichen mit den Aussagen, die Erwachsene bei Rückführungen über die Zwischenwelt machen.

JNM: Was sagen die denn über diese Interimszeit? Was passiert da?

DH: Das sind ziemlich viele Sachen. Ich habe aus den vielen Aussagen, die ich von Rückgeführten hatte, und von den etwas weniger Aussagen von Kindern, Kernaussagen über die Zwischenzeit gebildet. Aussagen, die gemeinsam sind. Was mich sehr erstaunt und gefreut hat, ist, dass die Aussagen der Kinder sehr gut übereingestimmt haben mit den Aussagen der Rückgeführten. Ich habe nur drei Prozent Diskrepanzen gefunden. Jetzt will ich mal so typische Aussagen nennen, die gekommen sind. Das Geschehen auf der Erde wird nach dem Tod beobachtet. Der Körperlose bleibt nah an der Sterbestelle. Nach dem Tod begegnet man einem alten oder weisen Mann, einem Mann in weiß, einem König, Jesus, Engel oder Gott, von dem man geführt wird. Nach dem Tod begegnet man Verstorbenen, manchmal auch zukünftigen Verwandten, Freunden oder Bekannten. Ich könnte jeweils die Prozentsätze dazusagen, aber das lasse ich jetzt mal weg.

Man befindet sich in Räumen oder in schönen Landschaften. Man wird unfreiwillig wieder auf die Erde zurück geschickt, aber es gibt auch die Aussage, man kommt freiwillig wieder – was sich für meine Begriffe nicht widerspricht, es kann ja beides geben.

Man kann den Körper bzw. das Baby oder die Mutter wählen. Das ist nun sehr interessant. Es wird von beiden, Kindern und Erwachsenen gesagt, man kann sich bezüglich der Wiedergeburt beraten oder verhandeln, ob man so oder so wiedergeboren wird und was die Lebensaufgabe sein wird, mit Beratern, die man im Jenseits hat. Es gibt ein Lernen, eine Weiterentwicklung als Ziel auf der Erde. Man hat eine Aufgabe im irdischen Leben. Es findet eine Prüfung oder Bewertung des vergangenen Lebens statt.

JNM: Diese Prüfung oder Bewertung macht man selber?

DH: Richtig, das kommt absolut immer vor. Es wird nie gesagt, dass da Bestrafung eine Rolle spielen würde, sondern es ist immer irgendein Lernprozess, der dahinter steht.

JNM: Es geht nicht um das technische Lernen, sondern um das Lernen, wie gehe ich damit um, oder?

DH: Genau. Man kann es mit einem Wort sagen: Herzensbildung. Was du nicht möchtest, dass man dir tut, das füge auch keinem anderen zu.

Es gibt noch mehr Aussagen, aber ich glaube, das braucht man jetzt nicht ausführen.

JNM: Kommen wir zu den konkreten Beispielfällen.

DH: Mein absoluter Lieblingsfall ist James Leininger. Das ist ein amerikanischer kleiner Junge, der von sich sagt, er sei im zweiten Weltkrieg ein amerikanischer Kampfpilot gewesen, der von Japanern abgeschossen wurde. Der Fall ist dadurch gekennzeichnet, dass er reich an Elementen ist. Also ein recht überzeugender Fall. Aber was besonders überzeugt, ist, dass dieser Fall aus Amerika stammt, weil ja Amerika nicht gerade dafür bekannt ist, dass man an die Reinkarnation glaubt, so wie in Südasien. Das weitere Besondere an dem Fall ist, dass der Vater als christlich-gläubiger seine Recherchen zu dem, was der Sohn gesagt hat, und an komischen Verhaltensweisen gezeigt hat, mit der Absicht nachzuweisen begann, dass es sich hier nicht um Reinkarnation handeln kann. Er hat zwei Jahre lang gearbeitet um festzustellen, dass die Dinge, die er gefunden hat, alle darauf hinweisen. Er hat zum Schluss einfach an die

Reinkarnation glauben müssen, weil die Tatsachen, die er erforscht hatte, so gut mit dem Verhalten und den Aussagen seines Sohnes übereinstimmten. So ist er vom Saulus zum Paulus geworden.

Den Fall will ich jetzt nicht genauer bringen, weil er schon so oft gebracht worden ist. Er ist zum Beispiel auf meiner Homepage, in meinem ersten Buch findet man den Fall auch.

Deswegen schlage ich vor, dass ich jetzt mal einen ganz anderen Fall bringe, der allerdings auch in meinem ersten Buch nachzulesen ist. Ich kann hier natürlich nur eine Kurzform davon bringen, also nicht in voller Länge.

Es geht um einen Fall, der von dem einzigen europäischen Forscher untersucht worden ist, Professor Haraldsson. Zwischen 1996 und 1999 ist er fünfmal nach Sri Lanka gefahren, um den Fall der Purmina, die dort lebte, zu untersuchen. Bei seinem ersten Besuch war die Purmina schon neun Jahre alt, was ungewöhnlich ist, oft haben die Kinder da ja schon alles vergessen. Aber sie wusste zu diesem Zeitpunkt noch einiges. Als die Purmina noch drei Jahre war, sagte sie zu ihrer Mutter: „Leute, die andere Leute auf der Straße überfahren, sind böse". Komische Aussage. Ein andermal hat sie zu ihrer Mutter gesagt: „Denkst du nicht auch, dass Menschen, die Unfälle verursachen, schlechte Menschen sind?" Man versteht erst einmal nicht, wie sie darauf kommt. Als nächstes beobachtete die Mutter einen Autounfall in der Nähe ihres Hauses und war darüber sehr entsetzt. Dann bekam sie aber Trost von ihrer kleinen Tochter, der Purmina, die sagte: „Mach dir über diesen Unfall keine Gedanken. Ich kam nach einem solchen Unfall zu euch. Ein Haufen Eisen war auf meinem Körper gewesen." Jetzt wird es schon interessanter. Sie ist also auf diese Weise gestorben. Dann erzählt die Purmina weiter, dass sie nach dem Unfall für ein paar Tage in der Luft im Halbdunkel geschwebt sei. Und sie hätte von dort auch beobachtet, wie die Leute um sie getrauert hätten, und was mit ihrem Leichnam passiert sei. Sie sei auch nicht alleine dort herumgeschwebt, es seien noch andere da gewesen, sie hätte dann aber ein Licht gesehen, und das hätte sie so angezogen, dass sie darauf hingeflogen ist und danach sei sie „hierher" gekommen. „Hierher" heißt dann wohl zu ihrer jetzigen Mutter.

Purmina war noch keine vier Jahre alt, da erzählte sie, dass sie in ihrem früheren Leben Räucherstäbchen hergestellt hat oder herstellen hat lassen, und das hat sie besonders untermalt, indem sie mit den Händen auf dem Rücken durch den Raum stolziert ist, um zu zeigen, wie sie die Herstellung dieser Stäbchen überwacht hat. Mit sechs Jahren konnte sie genau angeben, wie diese Räucherstäbchen hergestellt werden. Es stellte sich dann heraus, dass die Eltern keine Ahnung hatten, wie man das macht. Auch die nähere Umgebung nicht. Aber später kam Purmina dann in die frühere Familie, und da konnte man klären, ob sie das richtig erzählt hatte, und sie hatte es richtig erzählt. Sie hatte wirklich genau angegeben, wie sie hergestellt werden. Es gab zwei Arten, wie man sie herstellt, und sie hatte die eine bevorzugt, und das war auch die Richtige.

Sie war vier Jahre alt, als sie angeben konnte, wo sie in ihrem früheren Leben gelebt hat. Die Fertigungsstätte für die Stäbchen hat sie auch beschrieben, diese lag zwischen einer Ziegelei und einem Teich. Dann hat sie weiter noch gesagt, wie ihre Mutter geheißen hatte, sie sei in die Halua-Schule gegangen, allerdings nur bis zur fünften Klasse, und sie habe zwei jüngere Brüder gehabt. Sie wäre mit der Schwägerin Kusumi verheiratet gewesen, sie war also ein Mann, und sie hätte auch zwei Frauen gehabt. Bezüglich der zwei Frauen - das ist jetzt besonders interessant - hat sie dann, kurz bevor sie zur früheren Familie ging, gesagt: „Dies ist ein Geheimnis. Gib ihnen nicht meine Adresse. Sie könnten mir Schwierigkeiten machen." Finde ich sehr interessant.

Bis hierher hatte Purmina die frühere Familie noch nicht besucht. Das sind alles Aussagen, die sie vor dem Besuch gemacht hat. Insgesamt waren es 23 Angaben, 17 davon waren richtig, das sind wieder Dreiviertel. Drei konnte man nicht nachprüfen, und drei waren tatsächlich falsch.

Die Angaben, die Purmina gemacht hatte, reichten völlig aus, um die frühere Familie aufzufinden. Purmina wurde dann auch zur früheren Familie gebracht. Dort erkannte sie dann drei Familienmitglieder, hat also entweder die Namen genannt, oder gesagt, welche Stellung sie in der Familie haben. Sie wusste, dass sie als frühere Person mit der früheren Familie zusammen umgezogen war, dass sich die Verpackung der Stäbchen in der Zwischenzeit geändert hatte, und sie hatte auch einen Kompagnon in der Firma, und dieser Kompagnon hatte einmal einen Unfall, hatte sich das Knie verletzt, und sie hatte dieses Knie dann verarztet. Das sind Lappalien, aber sie haben gestimmt, sie wurden von der früheren Familie bestätigt. Die Familie blieb trotz dieser wundervollen Aussagen erst einmal skeptisch und hat nicht so recht geglaubt, dass das wirklich die Wiedergeburt des Verstorbenen ist. Das änderte sich total, als Purmina gesagt hat, wo sie gestorben ist, und dann ihr Geburtsmal gezeigt hat. Sie sagte dazu: „Das hab ich von dem Busunfall davongetragen." Dann zeigte sie auf der linken Körperseite, auf der Brust, helle Hautflecken, die die Spuren des Reifenprofils eines Lastwagens anzeigen können.

Bei dem Besuch machte sie zwölf Äußerungen, also Dinge, die sie eigentlich nicht wissen konnte, und die waren alle richtig.

Als zweites Beispiel habe ich mir ganz bewusst keine Spontanerinnerung eines kleinen Kindes herausgesucht, sondern die Erinnerungen, die ein Erwachsener bringt, wenn er hypnotisch zurückgeführt wird. Einfach, um einmal aufzuzeigen, wie es damit aussieht. Auch dazu natürlich nur die Kurzform, die Langform finden Sie in meinem zweiten Buch.

Es geht um den amerikanischen Handelsvertreter Bruce Kelly. Er litt unter Klaustrophobie und einer Wasserphobie, und er hatte immer wieder Schmerzen an der Brust. Die Ärzte, die er deswegen aufsuchte, wussten nichts, fanden nichts, konnten ihm nicht helfen. Sie dachten, er bildet sich das ein. Wenn er im Flugzeug saß und beobachtete, wie die Flugzeugtüren geschlossen wurden, geriet er in Panik. Wenn Wasser an seinem Bein langsam hochstieg, dann hatte er riesige Ängste. Er war 34 Jahre alt, als er ein Buch las, das ihn dazu animierte, zu einem Rückführer zu gehen, um herauszufinden, was er in einem früheren Leben gewesen sein könnte. Der Rückführungsexperte hieß Rick Brown. Dieser hat Bruce erzählt, was er jetzt erwartet: Wahrscheinlich etwas mit einem Flugzeug-Unglück. Der Bruce hat gesagt: „Nein, wahrscheinlich habe ich irgendetwas mit der Titanic zu tun gehabt."

Es kam aber völlig anders. Bruce sieht sich in der Rückführung in ein Abteil eingesperrt, das mit Wasser vollläuft, und da wird ihm klar, dass er aus dieser Situation nicht mehr lebend herauskommt. Und er sagt: „Ich bin ein U-Boot-Mann und ich sterbe". Er gibt dann an, wer mit ihm ertrinken wird, das ist ein „Walter Pilgram" gewesen. Er wusste auch, dass das Boot mitsamt der Mannschaft 1942 untergegangen ist, und dass niemand überlebt hat. Dann wurde von Rick Brown weitergefragt und Bruce sagte, wie er in seinem früheren Leben geheißen hat, nämlich James Jonson. Er sagte auch den Namen des U-Boots, auf dem er war, es war die „Shark". Der Heimathafen der Shark war Pearl Harbour. Er wurde nach der Rückführung gebeten, den Ort des Untergangs der Shark aufzuzeichnen. Er hat dann eine Skizze angefertigt und hat den Untergangsort zwischen Celebes und Borneo verortet. Jetzt muss man dazu sagen, Bruce hatte von U-Booten und Untergängen überhaupt keine Ahnung. Das war für ihn überhaupt kein Thema. Er wusste zuerst auch nicht, wo die Insel Celebes ist. Ich muss ehrlich sagen, ich habe es auch nicht gleich gewusst. Da wundert man sich dann schon.

Nach der Rückführung ist er schnurstracks in die Bibliothek gelaufen und hat nachgeguckt, ob das, woran er sich erinnert hat, irgendeiner Realität entspricht. Er war ziemlich erstaunt, als er dort ein Buch fand, in dem alle Daten, die er angegeben hatte, tatsächlich verifiziert werden konnten.

Das war natürlich eine ziemliche Herzstärkung für die beiden, das heißt sie haben beschlossen, wenn das so gut funktioniert, dann machen wir weitere Rückführungen, aber diesmal bevor irgendwelche weiteren Nachprüfungsversuche angestellt werden. Ich will das jetzt abkürzen. Es kamen viele weitere Aussagen in den weiteren Rückführungen zustande, insgesamt 41 Angaben, von denen 36 später in der Nachprüfung richtig waren. Das sind immerhin 88 Prozent. Die restlichen fünf blieben unsicher, aber es gab Hinweise darauf, dass sie vermutlich auch richtig waren, man hat halt nur keine Quellen gefunden, die das sicher aussagten.

Ich gebe einmal eine kleine Auswahl der Angaben, die richtig waren. James Jonson ist 1921 geboren worden, er arbeitete auf dem U-Boot zusammen mit einem Robert Miller, das sei ein Mit-Matrose gewesen, mit dem zusammen er die Ausbildung gemacht hatte. Ich bringe das alles, weil es sich am Schluss als richtig herausstellte. Interessant war auch, dass er erzählte, sie hätten vom U-Boot aus mal versucht, einen japanischen Zerstörer zu versenken, indem sie einen Torpedo dorthin geschickt haben. Und sie waren maßlos enttäuscht, dass dieser Torpedo daneben ging und dieser japanische Zerstörer nicht unterging. Diese Enttäuschung wird tatsächlich dokumentiert. Er gibt sogar ein genaues Datum an, er sagt am 8.2.1942 war dieses U-Boot Ziel eines Angriffs mit einer Wasserbombe. An diesem Tag ist das U-Boot noch nicht untergegangen, aber es ist wohl so durchgeschüttelt worden, dass da ein Flaschenzug heruntergefallen ist und dem Jonson auf den Brustkorb gefallen ist, worauf er so verwundet war, dass er nicht mehr Dienst schieben konnte.

Er wusste noch mehr. Er wusste, dass das U-Boot Begleitschiffe hatte, und er benannte sie. Das eine war die „Tortoise", das andere die „Spearfish". Es gab noch zwei weitere U-Boote, die hatten ihre Benennung in Ziffern: 37 und 38. Stimmte alles. Es gibt noch eine ganze Reihe - und zwar genau elf - Aussagen über das Privatleben dieser früheren Person. Die stimmten auch alle, die gebe ich jetzt aber nicht im Detail an.

Was jedenfalls sehr erfreulich war, war das therapeutische Ergebnis dieser Rückführung. Dieser Bruce ist nämlich seine beiden Ängste und die Brustschmerzen seit den Rückführungen los. Wobei man natürlich sagen kann, diese beiden Ängste sind wahrscheinlich auf die Art des Todes zurückzuführen, die Brustschmerzen hängen vermutlich mit der Verletzung zusammen, die er durch den herabfallenden Flaschenzug erlitten hatte.

Nach Abschluss dieser Rückführungen besuchten der Rick und der Bruce gemeinsam San Francisco, wo ein der Shark baugleiches U-Boot ausgestellt ist, das man besuchen kann. Bruce fühlte sich dort sofort heimisch, er kannte sich aus. Er hat zum Beispiel auch den Notausstieg gefunden, der hinter einer Plastikverschalung versteckt war. Er erlebte den ganzen Schrecken des Todes in abgeschwächter Form in diesem U-Boot noch einmal nach.

Rick und Bruce besuchten auch das Elternhaus der früheren Person, dieses James Jonson. Dort lebte noch die ehemalige Cousine. Die konnte auch noch zwei kleine Dinge bezeugen, die der Bruce in der Rückführung genannt hatte. Er hatte sich an eine Marotte von James erinnert, die darin bestand, dass er liebend gerne die Endstücke vom Brot gegessen hat, und die als erstes immer abgeschnitten hat. Das zweite war die Tatsache, dass er, ich weiß nicht aus welchem Grund, immer nur den Hintereingang des Hauses benutzen durfte, wenn er nach Hause kam. Diese beiden Dinge wurden von der Cousine, die noch lebte, tatsächlich bestätigt. Interessant sind diese vielen kleinen Dinge, die man nicht recherchieren konnte.

JNM: Das kann kein Zufall mehr sein.

DH: Genau. Ich habe noch einen dritten Fall, aber vielleicht lassen wir den jetzt weg.

JNM: Nein, lieber mehr Material, weil ich das dann ja als Zusatzmaterial bringen kann. Die Leute sollen sehen, welche unterschiedlichen Fälle es gibt.

DH: Gut, also als drittes habe ich einen Fall herausgesucht, bei dem zumindest ein Teil der Information aus Träumen stammt. Ich muss aber sagen, ich kenne nur einen einzigen Fall, bei dem allein die Information, die aus den Träumen stammt, ausreichte, um den Fall zu lösen - also die frühere Person tatsächlich zu finden. In allen anderen Fällen waren Zusatzinformationen notwendig, zum Beispiel aus Spontanerinnerungen, aus Flashbacks, Rückführungen, Wiedererkennung, mediale Kontakte, usw. In diesem Fall war die Zusatzinformation aus Spontanerinnerung und Wiedererkennung geformt.

Es geht um den kleinen Prakash. Der war viereinhalb Jahre alt, als er begann, seine nächtlichen Erinnerungen an ein früheres Leben zu haben. Vier oder fünf Tage hintereinander wachte er mitten in der Nacht auf und lief auf die Straße. Wenn man ihn dann ansprach, sagte er, er gehöre nach Kosi Kalan, heiße Nirmal und sein Vater sei Bholanath. Also, er nennt wirklich Namen. Er wollte auch unbedingt wieder zu seinem alten Zuhause zurück. Danach versuchte er noch einen Monat lang, allerdings mit nachlassender Häufigkeit, nachts von zuhause wegzulaufen. Er identifizierte sich mit der früheren Person, dem Nirmal, so stark, dass er seinen Eltern gegenüber sagte, er will auch Nirmal genannt werden. Wenn er trotzdem Prakash genannt wurde, dann hörte er darauf gar nicht. Er beklagte sich auch über die Einfachheit seines heutigen Zuhauses. Sein früheres Zuhause war viel reicher, der Vater hatte vier Geschäfte, wo er Getreide, Kleider und Gemischtwaren verkaufte. Also ein reicher Mann.

Prakash war einer der Fälle, in denen das Kind die Eltern unheimlich stark bedrängt, zurückzuwollen in seine frühere Familie – kein Wunder, wenn es so eine reiche Familie war.

JNM: Über welches Land reden wir?

DH: Das ist Indien. Habe ich vergessen zu sagen.

Er war fünf Jahre alt, als die Eltern widerwillig nachgegeben haben und dem Onkel erlaubt haben, den Jungen nach Kosi Kalan zu bringen. Der Onkel hat versucht, dies zu hintertreiben, indem er den Jungen zuerst in den falschen Bus gesetzt hat. Der Junge hat das aber gemerkt und ist in den richtigen Bus gegangen und tatsächlich nach Kosi Kalan gelangt. Dort hat er sich nicht mehr ausgekannt, es hat also erst einmal keine Auflösung des Falles gegeben.

Die Eltern haben weiterhin versucht, ihn davon abzubringen. Sie haben ihn, was in Indien öfter der Fall ist, auf eine Töpferscheibe gestellt und möglichst schnell gedreht, in der Hoffnung, dass er dann seine Erinnerung an das frühere Leben vergisst. Sie haben ihn sogar geschlagen und damit erreicht, dass er nichts mehr erzählt hat. Aber der Genosse Zufall kam mit ins Spiel. Fünf Jahre später, als Prakash zehn Jahre alt war, löste sich der Fall damit auf, dass er auf der Straße einem fremden Mann begegnete und ihn als den Vater aus seinem früheren Leben erkannt hat. Damit hat man dann die frühere Familie gefunden. Der Prakash ist dann auch zu der früheren Familie gekommen, ein zweites Mal in Kosi Kalan. Dort erkannte er auch den Weg von der Busstation zu seinem ehemaligen Zuhause. Dort war er vor Wiedersehensfreude wirklich happy, was dazu führte, dass diese beiden Familien zunächst ein bisschen Probleme bekamen, weil die heutige Familie natürlich nicht begeistert war. Die waren sowieso schon dagegen, und erst recht nicht begeistert, weil der Kleine in der fremden Familie bleiben wollte. Aber das hat sich im Lauf der Zeit wieder gegeben.

Der Prakash hat 34 Aussagen getätigt, die waren alle richtig. Dabei hatten die Familien neun Kilometer auseinander gewohnt und sich vorher nie getroffen.

JNM: Welche Schlussfolgerung ziehen Sie aus diesen vielen Fällen und aus Ihrer Forschungsarbeit?

DH: Ich will da vorsichtig sein. Ich denke, eine sehr sparsame Reinkarnationshypothese wird den Fällen am ehesten gerecht. Diese Hypothese sagt schlichtweg folgendes aus: Nämlich, dass ein der Wissenschaft unbekannter Teil des Menschen den Tod überleben kann und jeweils anschließend als Individuum mit einem Teil seiner Persönlichkeitsmerkmale auf unserer Erde in einem neuen Körper wiedergeboren wird. Jetzt will ich aber darauf hinweisen, dass mit Reinkarnation sehr viel mehr verbunden wird, als in der Definition, die ich für richtig halte. Die Frage, ob jedermann wiedergeboren wird, ist damit nicht angesprochen. Wie oft das geschieht, ist nicht angesprochen. In welchen zeitlichen Abständen, wo auf der Erde oder bei welcher Familie er wieder kommt, alles nicht drin. Wie viele und welche Persönlichkeitsmerkmale sich übertragen können, wie der Wirkmechanismus funktioniert, ist alles unklar. Die Frage nach dem warum und wozu des Lebens, letztlich die Frage nach dem Karma, das vielleicht eine Rolle spielen könnte, steckt in dieser Definition auch nicht drin. Das ist jetzt wichtig zu sagen, denn viele Leute verbinden mit dem Wort Reinkarnation sehr unterschiedliche Dinge, die einige dieser Elemente enthalten oder nicht enthalten. Darum geht es aber jetzt hier nicht. Diese Kinderfälle können zum Beispiel über Karma kaum eine Aussage machen, weil die Kinder ja nicht mehrere Leben hintereinander überblicken können. Es gibt nur ganz wenige, die sich noch an ein zweites Leben erinnern. Das müsste man aber haben, um den roten Faden des Karma auffinden zu können.

JNM: Das heißt, um diese Fragen klären zu können, wäre mehr Forschungsarbeit notwendig und viel mehr Fälle.

DH: Ja. Die Frage über das Karma ist zum Beispiel mit den Kinderfällen ganz schwer oder gar nicht zu klären, weil nicht die Aufeinanderfolge von verschiedenen Leben zustande kommt. Das ist aber bei Rückführungen der Fall. Bei Rückführungen kann man das sogar auf zwei Arten machen, aber da will ich jetzt nicht darauf eingehen.

JNM: Aber die Aussage ist schon mal wichtig, dass diese leichte Reinkarnationshypothese richtig ist. Und dass die Aussagen, die die Kinder getroffen haben, bedeuten: Ja, wir kommen wieder zurück zur Erde. Dann ist klar, dass vielleicht auch nicht jeder wiederkommen muss. Je nachdem, wie weit er mit seinen Erfahrungen ist, braucht der eine mehr Leben, der andere weniger. Sie machen ja auch Sinn, diese Aussagen. Und dass ein gewaltsamer Tod einen aus dem Leben reißt, dass die Reinkarnationszeit dann nur 15 Monate beträgt, ist ja klar - er muss ja weitermachen, weil er unterbrochen worden ist.

Warum wird dies von Dreiviertel der deutschen Bevölkerung, oder vielleicht auch weltweit, nicht akzeptiert?

DH: Es gibt auch weltweite Aussagen, die liegen manchmal etwas höher, also es geht bis auf ein Drittel rauf. Also zwei Drittel, die es ablehnen.

JNM: Also ein Großteil der Bevölkerung lehnt diese Erklärung ab? Warum?

DH: Ich glaube, der Hauptgrund liegt darin, dass die Normalbevölkerung von den Forschungsergebnissen mit den Kindern überhaupt nichts weiß. Dann richten sich die Menschen in erster Linie nach ihrem Glauben, den sie ohnehin schon haben, und den man natürlich nicht gerne ändert. Viele sind auch durch ihre Ausbildung in wissenschaftlichen Fächern auf eine materialistische Weltsicht festgelegt. Diese Weltanschauung lässt Reinkarnation nicht zu, also gibt es für diese Menschen Reinkarnation nicht, und sie kümmern sich auch gar nicht um das Thema. Ich muss ganz ehrlich gestehen, so ging es mir am Anfang ja auch. Als ich das erste Mal mit diesem Thema zusammentraf, habe ich gesagt: „So ein Blödsinn!" Erst als ich mich damit jahrelang beschäftigt habe – ich habe konkret fünf Jahre gebraucht - konnte ich diesen Gedanken zulassen. In der Zwischenzeit hatte ich viele, viele Fälle gelesen und Erfahrungen gemacht und verschiedene Menschen kennengelernt und gemerkt, dass immer wieder die gleichen Informationen kommen. Nicht nur von den Kindern. Das hat mich dann im Laufe der Zeit ein bisschen umdenken lassen. Ich bekenne, auch ich war einmal so materialistisch geprägt, dass ich das nicht für möglich hielt, wurde aber durch die Tatsachen umgedreht. So wie der Vater von diesem James.

JNM: Das ist wichtig für die Menschen, die diesen Beitrag lesen oder ansehen. Sie sehen ja einen Menschen, der eine klinische Ausbildung hat, der recherchiert und nicht alles glaubt, was er hört. Wobei das materialistische Weltbild diese Dinge ja gar nicht zulässt. Wenn man das jetzt, wie Sie gesagt haben, näher erforscht, ergibt es schon Sinn, dass man sagt: „Es gibt noch mehr in der Welt."

DH: Man sollte nur die Gegenseite auch nicht vergessen. Man kann durchaus auch Argumente dafür haben, dass Reinkarnation doch nicht die richtige Erklärung sein könnte. Eines der wichtigsten Argumente, das man auch nicht widerlegen kann, ist, dass wir keinen naturwissenschaftlichen Wirkmechanismus angeben können. Dass eine Information von einem Verstorbenen auf eine andere Person überspringt. Wie kann diese Information dorthin gelangen? Dazu kann man im naturwissenschaftlichen Sinn nichts sagen. Ich vermute auch, dass es wahrscheinlich nie dazu kommen wird, weil es anders, eben nicht materialistisch, funktioniert.

JNM: Wenn man jetzt mal die Quantenphysik als Erklärung nimmt, diese Potentialität, diese Software, wo die Leben eingespeichert sind, dass man die wieder auslesen kann - wenn das mal wissenschaftlich anerkannt ist, dann ist es eigentlich klar, dass ich mir die Datei herunterladen kann. Im Interview sagt Herr Kramer: „Ich habe die Datei von anderen oder Stücke davon heruntergeladen und denke dann, dies war meine Erinnerung - dabei war sie von jemand anderen." Diese Informationen bleiben anscheinend irgendwo gespeichert. Auch, wenn man es nicht messen kann.

DH: Man kann aber nicht 100 Prozent sicher sein, dass die Reinkarnationshypothese tatsächlich die Richtige ist. Die Alternativerklärungen haben auch eine gewisse Berechtigung. Wie kann man sich in der Situation helfen? Für meine Begriffe nur, indem man sagt, ich stelle alle Erklärungen nebeneinander und vergleiche sie, und gucke dann, welche das beste Bild abliefert.

JNM: Haben Sie das getan, und was kommt dabei heraus?

DH: Ich habe es getan, aber ich bin nicht der Einzige, der das getan hat. Was man selbstverständlich als erstes tut, man zieht die natürlichen Erklärungen heran. Also, das sind Betrug, Zufall, Kryptomnesie oder ein genetisches Gedächtnis. Über das genetische Gedächtnis kann man gleich etwas sagen, weil es sehr schnell abzuhandeln ist. Überlegen Sie mal, wie wahrscheinlich es ist, die Erinnerungen an einen früheren Tod zu vererben. Das ist unmöglich. Also ist das eine Erklärung, die man sehr schnell ausschließen kann. Aber man muss zugeben, wenn man in den Fällen, in denen sehr viele Elemente vorkommen, jedes Element für sich herauspickt und isoliert betrachtet, dann kann man für jedes isolierte Element eine Erklärung finden. Man kann sagen, es ist erlogen oder erfunden oder Zufall oder sonst irgendetwas. Wenn man das isoliert betrachtet, kann man es auch widerlegen. Erst wenn man es in den Gesamtzusammenhang stellt, macht es überhaupt Sinn, deswegen bin ich der Meinung, dass dieses Isolieren nicht zu einer befriedigenden Erklärung führen kann.

Das sehen aber auch einige Kritiker so und wagen sich deshalb noch ein Stückchen weiter ins Ungeklärte, in ungesicherte Gefilde. Sie argumentieren dann mit paranormalen Interpretationen. Das könnte zum Beispiel die außersinnliche Wahrnehmung sein oder immaterielle Wissensfelder oder Beeinflussung durch die Geister der Verstorbenen. Es gibt noch viele andere, die kann ich gar nicht alle aufzählen.

Man muss aber dazu sagen, für alle diese alternativen Erklärungen gilt dasselbe wie für die Reinkarnationshypothese, nämlich ein Wirkmechanismus ist auch für die nicht bekannt. Das heißt, es bleibt auch für die nichts anderes übrig als empirisch vorzugehen, also sich Befunde angucken und schauen, ob diese die These stützen. Sie sind also nicht beweisbar, genau wie die Reinkarnationshypothese im strengen Sinn nicht beweisbar ist. Wobei man mit dem Thema Beweis vorsichtig sein muss. Im strengen Sinn gibt es Beweise nur in der Mathematik. Selbst wenn man sich die Physik anschaut, dann macht man dort Beobachtungen und lässt sich eine Theorie dazu einfallen. Dann prüft man die Theorie, indem man Versuche anstellt, und schaut, ob die Versuche mit der Theorie übereinstimmen. Es ist auch im strengen Sinne kein Beweis.

JNM: In der Mathematik wissen wir ja seit Heisenberg und Schrödinger, dass es eigentlich keine Zahlen und keine Dinge gibt, sondern nur Prozesse. Mathematik funktioniert eigentlich nur in einem begrenzten System, in Wirklichkeit ist ja nichts dinglich.

DH: Ich will noch etwas dazu sagen. Wenn man jetzt diese Alternativerklärungen nebeneinander stellt und vergleicht, dann kann man zu jeder Erklärung verschiedene Fragen stellen. Ich habe ja schon verschiedene angesprochen. Diese statistisch auftretenden Zahlen, wie will man die widerlegen, und dazu gibt es noch eine weitere Reihe von Fragen. Wenn man diese Fragen stellt, dann stellt man fest, dass die Reinkarnationshypothese die wenigsten Fragen offenlassen muss. Deswegen ist das einfach meine Favoritin. Womit ich nicht sage, es ist damit bewiesen, sondern es ist die, die für meine Begriffe die wahrscheinlich Richtigste ist.

JNM: Was bedeutet denn diese Forschung für Sie?

DH: Mich fasziniert dieses Thema, weil wir erstmals in der Menschheitsgeschichte in der Lage sind, uns der Antwort auf die ungelösten Fragen, nämlich - Woher kommen wir? Wohin gehen wir? Warum sind wir auf der Welt? - auf rationalem Wege, ohne Rückgriff auf vorgegebene Glaubenssätze, ein kleines Stück weit zu nähern. Ich sage nicht, dass wir es lösen können, es bleiben bestimmt noch viele Fragen offen. Aber wir können es ein bisschen besser angehen, als einfach zu glauben, was uns irgendjemand vorsetzt. Ich muss aber dazu sagen, ob die Menschheit durch dieses Wissen wirklich klüger, weiser wird, das wage ich nicht zu entscheiden. Ich bin Optimist und hoffe, dass zumindest ein Teil der Bevölkerung daraus lernt und sich vielleicht auch weiterentwickelt. Aber ich bin auch so viel Realist zu wissen, dass ein Glaube oder ein Wissen um die Reinkarnation genauso missbraucht werden kann, wie man das aus der Geschichte der Religionen kennt.

Jana Haas

Interview mit Jana Haas

Das Medium, das mit den Engeln kommuniziert

Jana Haas gehört wohl zu den bekanntesten Medien im deutschsprachigen Raum. Sie gibt viele Kurse und Seminare zu allen Lebensfragen und auch zum Themenfeld der geistigen Welt und der Engel. Sie ist fest davon überzeugt, dass Sie die Botschaften der Engel in unsere Sprache übersetzen kann.

Geboren in Russland, kam sie mit der Gabe einer stark ausgeprägten Hellsichtigkeit zur Welt. Sie kann, nach ihren eigenen Aussagen, die geistigen Welten genauso deutlich sehen, wie wir „Normale" Menschen ohne diese Gabe unser materielles Umfeld. Zudem blickt sie quasi tiefer in die für uns verborgenen Hintergründe des Lebens und des Sterbens und dem Leben nach dem Tod. Sie betrachtet es als ihre Aufgabe, den Menschen die spirituellen Zusammenhänge zu verdeutlichen, um sie in ihrem Vertrauen in sich und in die Schöpfung zu stärken. Da sie in der Nähe des Bodensees zuhause ist, war die Fahrt zu ihr relativ entspannt, und wir wurden äußert freundlich empfangen. Die sympathische Art von Jana Haas und ihre positive, mystische Ausstrahlung legte sich schnell wie ein lichtes Gewand um die Anwesenden und wir konnten förmlich spüren, dass in ihren Seminarräumen eine ganz besondere Atmosphäre herrscht. Was mich am meisten beeindruckte, war der Informationsaustausch zwischen meinem „Schutzengel" und ihr, zum Schluss des Gespräches. Sie gab mir Botschaften und Informationen, die, ohne dass sie es wissen konnte, auch schon von mehreren anderen Medien angesprochen wurden, die ich besucht hatte. Klar, man kann dies „wieder" als Zufall abtun – aber wem ist hier Etwas, von wo auch immer als Erstes „zugefallen"? Und wieso haben gleich mehrere Medien, welche sich nicht kennen, dieselben Informationen erhalten? Informationen, die ich nachvollziehen kann und konnte und die sich teilweise schon als wahr herausstellen und verifiziert werden konnten.

JNM: Sehr geehrte Frau Jana Haas, vielen Dank, dass Sie sich die Zeit genommen haben, mit uns über die geistige Welt und über Engel zu sprechen. Sie haben eine beeindruckende sensitive Gabe: Sie können mit Engeln sprechen. Können Sie uns das beschreiben?

JH: Meine Hellsichtigkeit ist angeboren, das heißt, ich kann gar nicht beurteilen, wie es ist, ohne die geistige Welt zu sehen. Als Kind musste ich durch mehrere Nahtod-Erfahrungen die Seelen von Verstorbenen sehen. Damit als

Kind klarzukommen ist natürlich schwieriger, weil man mit den Sorgen dieser Seelen, als auch mit den Sorgen der Menschen, die man viel intensiver wahrnimmt, überfordert ist. Doch meine Überzeugung, dass dieses tiefe innere Wissen schon gut sein wird, hat mich nie verlassen, so bin ich aufmerksam geblieben. In der Teenagerzeit weitete sich mein Blick und wendete sich immer mehr den lebenden Menschen zu, und ich erkannte ihre Aura und die Aussagekraft darin. Damit habe ich noch mehr Menschenkenntnis entwickelt. Als ich vor etwa 14 Jahren in den therapeutischen Berufsbereich gegangen bin, weil mich der Mensch weiterhin fasziniert hat, öffnete sich mir der Blick auf die Engel. Ich hatte mitten in einem Beratungsgespräch nicht nur die Antworten parat, sondern sah, aus welchem Licht diese kommen. So erblickte ich neben der Aura auch die Schutzengel der Menschen und entwickelte mich immer mehr in diese Sphäre hinein. Heute ist es für mich selbstverständlich, die feinstoffliche Welt mitten in der grobstofflichen, physischen zu sehen, ohne überfordert zu sein, ohne mich falsch oder nicht normal fühlen zu müssen.

Ich habe mir lange Gedanken gemacht, wieso ich schon als Baby Nahtod-Erfahrungen machen musste, sprich den Tod kennenlernen. Auch im therapeutischen Bereich, bei den Sterbebegleitungen. So habe ich mich bei all dieser lichtvollen Lebensphilosophie oft gefragt: Warum musstest du zuerst den Tod kennenlernen, um dann das Leben zu verstehen? So konnte ich meinen Blick immer mehr nach oben lenken, in das höchste Bewusstsein, in das höchste Licht, und die Gesetzmäßigkeiten des Lebens immer mehr verinnerlichen. Was in Wirklichkeit heißt: Oben wie unten. Ich habe auch in meinen Büchern immer mehr das feingeistige Wissen mit der physischen Welt zusammengefasst und letztendlich eine liebevolle Lebensphilosophie entwickelt, woraus meine Bücher, meine Vorträge, meine Seminare bestehen. Mir geht es darum, den Menschen an seine liebevolle innere Kraft zu erinnern und ihm einen Weg aufzuzeigen, tatsächlich damit zu leben. Auch wenn es da natürlich noch viel zu tun gibt.

JNM: Wie kam es zu dem ersten Engelskontakt?

JH: Zum ersten bewussten Engelskontakt kam es, als ich Anfang 20 war. Ich habe in einer Naturheilpraxis gearbeitet, und mich immer mehr in den therapeutischen Bereich hineingearbeitet. Meine Heilpraktiker-Kollegen wunderten sich, dass, wenn ein Patient kam, ich ihm völlig selbstverständlich eine Antwort geben konnte, ohne medizinische, psychologische, naturheilkundliche Ausbildung. Ich konnte auch bei der Therapie-Erarbeitung für Patienten sehr viel Hilfestellung leisten. Dieses Wissen war für mich selbstverständlich.

Ich wusste direkt, wo der Mensch steht, warum er da steht, wie er da raus kommt, womit seine Krankheit zu tun hat, was seine Symptome sagen möchten, und wo sein Seelenweg hin will. Für mich war dieses Wissen selbstverständlich, doch meine Heilpraktiker-Kollegen sagten, das ist nicht selbstverständlich, was du innerhalb von Sekunden über den anderen weißt. Da ich ihnen vertraut habe, mein Herz den Menschen geöffnet habe, begann ich mich zu fragen: Woher weiß ich das denn? Während diese Antworten in mir kamen, nachdem die Menschen mir Fragen gestellt haben, sah ich immer mehr Licht an der Seite des Fragenden. Mein geistiges Schauen ruhte immer mehr auf diesem Lichtblick und ich gewöhnte mich durch meine innere Ruhe an das Licht und fühlte mich diesem Licht gewachsen. In dieser Lichterscheinung formte sich immer mehr die Schutzengel-Gestalt des Menschen. Der Prozess ging weiter: Ich beobachtete seine Gestalt, so wie wir sie aus der christlichen Kultur kennen, seine Bewegungen, die Symboliken im Lichtgewand, die Veränderung der Farben, und das alles hat mich mit einem inneren Wissen berührt. Ich brauchte es einfach nur in Worte zu fassen. Ich staunte nicht schlecht: Die Menschen kamen zu Engelsberatungen immer mit Fragen, die irrationaler Natur sind, nach Außen bezogener Natur. Sie fragten voller Sorgen: „Was soll ich tun, was soll ich hier und da bei der Arbeit tun? Was soll ich in meiner Beziehung tun? Was soll ich bei dieser Krankheit tun?" Mittlerweile ist es mir in Fleisch und Blut übergegangen, doch am Anfang wunderte es mich, dass der Engel nicht auf die „Was soll ich tun?" - Fragen geantwortet hat, denn das ist erst der zweite Schritt, und es wäre ein Eingriff in den freien Willen. Nur wir selber wissen, was wir tun sollen. Wir müssen lernen, in dieses Selbstbewusstsein hineinzugehen. Doch die Engel gingen eher auf die emotionale Intelligenz ein. Sie gingen ein auf die Qualität des - WIE soll ich leben? Wie möchte ich mich fühlen? Wie möchte ich in meinem Leben erstrahlen? Auch bei der Zukunftszielsetzung: Wie möchte ich mich in einigen Jahren sehen? Nicht, was will ich bis dahin erreicht haben. Diese emotionale Intelligenz habe ich immer mehr verinnerlicht und verstanden, dass die Engel dem Menschen in ihren Engelsbotschaften, egal wo er steht, nicht bei den materiellen, mechanischen, physischen Sorgen abholen, denn das ist nur die Folge, sondern bei der Ursache. Sie zeigen den Menschen erst einmal die Kultivierung einer liebevollen Lebensphilosophie auf, indem sie in ihrer persönlichen, individuellen Botschaft versuchen, die Augen dafür zu öffnen, warum ihr Lebenssinn die All-Liebe ist. Für das Zweite den Sinn zu schärfen, nämlich dass der Weg zu dieser All-Liebe die inneren Tugenden sind. Das heißt: Wie möchte ich leben und mich fühlen? Ich möchte in Vertrauen, in Vergebung, in Leichtigkeit sein. In der Kultivierung dieser Tugenden. Als dritter Schritt kommt der tatsächliche Lebensweg, nämlich um meine Freude - wenn es die Tugend ist, die mich zur Liebe führt - leben zu können. Wenn ich meine emotionale Intelligenz wirklich lebe und auch mein Weltbild gestalte, weiß ich, was ich dann tun soll, um mehr Lebensfreude in mein Leben hineinzulassen. Zum Beispiel Neues zu probieren, tanzen zu gehen, Dinge nicht überbewerten. Die Engel stärken unsere liebevolle Lebensphilosophie, damit wir von innen heraus kraftvoll wie ein Fels in der Brandung stehen können, und dann eigenständig für uns stimmige Entscheidungen treffen können. Nämlich die, die zu diesem Zeitpunkt zu unserer Reife passen und uns damit weiter bringen.

Deshalb liebe ich die Arbeit mit Engeln und habe ihnen mein Vertrauen geschenkt, weil es lebenstüchtiger macht - aus einer emotionalen Intelligenz heraus, aus einer Weisheit heraus, die aber mit einem klaren Menschenverstand verbunden ist. Alles, was du tust, was du denkst, wofür du dich entscheidest, muss sich für dich stimmig anfühlen, aber auch nachvollziehbar sein für deinen gesunden Menschenverstand. Und damit, das ist das Dritte, in deinem Alltag umsetzbar. Deshalb lebe ich, auch in der Spiritualität, keinen blinden Glauben, sondern tatsächliche Erfahrungen. Deshalb kann ich das auch selbstbewusst vermitteln und jedem seine eigene Erfahrung, seine Meinung lassen. Denn das ist das Schöne an der Spiritualität: Religion basiert auf einem blinden Glauben, auch wenn es nicht immer nachvollziehbar ist, nicht immer umsetzbar und nicht immer liebevoll. Spiritualität kann mit blindem Glauben nichts anfangen, weil sie durch und durch individuell ist. Weil sie auf eigenen individuellen Erfahrungen basiert, deshalb gehört zur Spiritualität auch ein bewusstes Leben. Dass du dir jeden Tag deiner Gedanken, deiner Gefühle, deines Handelns, deines Atems bewusst wirst und in eine wissende, und nicht ständig fragende Rolle dich hinein entwickelst, wo du Gottes Schöpfung und auch deinen Beitrag immer mehr aus einem ruhigen Herzensblick heraus verstehst. Das kann man nur erleben. Spiritualität kann man nicht wirklich lernen oder lehren, man kann sie nur vorleben und immer mehr durch dieses tiefe Vertrauen zu sich selbst im Alltag auch zulassen.

JNM:Wir haben jetzt über Engel gesprochen. Können Sie auch mit anderen Lichtwesen kommunizieren?

JH: Wenn ich mich jeden Tag in das heilende Licht Gottes stelle, erblicke ich Gottes universelles Bewusstsein und erlebe dieses Gottvertrauen, dieses innere Wissen: Ich kann nie tiefer fallen, als in Gottes Hände. Ich beginne jeden Tag mit meinem Schutzengel-Gebet, und bitte meinen Schutzengel um Weisheit, die ich im Laufe des Tages immer mehr verinnerliche, immer mehr ins Tun hineinbringe.

Ich liebe die Natur und kommuniziere sehr gerne mit Naturwesen. Ich beobachte in der beseelten Natur, welche Kräfte, Inspirationen und Botschaften da sind. Typisch für mich ist: Ich gehe eine Runde durch den Wald, schaue mit meinem Hund herum, und fühle mich dann von einem Baum angesprochen, lehne mich an diesen, lausche hinein und frage den Baumgeist, was er mir mitteilen möchte. Die Botschaften sind dann so einleuchtend und doch so horizonterweiternd, was meinen geistigen Blick, mein Bewusstsein noch mehr stärkt.

Natürlich komme ich nicht umhin, auch mit Seelen von Verstorbenen zu kommunizieren, wenn mir in meinen Seminaren Menschen begegnen, die stark in der Trauer verhaftet sind, die jemanden verloren haben und zur Trauerverarbeitung eine Botschaft brauchen. Im eigenen Umfeld geschehen auch Dinge, bei denen man viel mehr hinter das Sichtbare schauen muss. Das sind typische Dinge für mich, die mich täglich begleiten. Doch da dieses erweiterte Bewusstsein für mich selbstverständlich ist, kostet es mich nicht Stunden des Alltags, sondern ich habe genauso meinen Tag mit Familie und Beruf zu füllen. Es sind für mich sekundenschnelle Orientierungen, wo ich es begreife und dann auch loslasse, mich nicht an etwas festklammere was mich Tage oder Stunden an Kraft kostet.

Seit 14 Jahren lebe ich meditatives Bewusstsein sehr bewusst, so dass für mich der Alltag zur Meditation geworden ist. Es ist natürlich etwas anderes, in seinem Alltag zu ruhen und in Ruhe Sachen zu erledigen, mit Achtsamkeit und guter Laune, als wenn man eine Stunde meditiert und dann durch den Tag hetzt. Und sich nach der nächsten Meditation sehnt und zu spät merkt, dass die Meditation in dem Fall eher eine Flucht aus dem Alltag darstellt, und nicht die dauerhafte Lebensphilosophie unterstützt. Doch besser so, als gar keine Besinnung. So ist es halt in der individuellen Spiritualität, jeder findet auf seinem Weg durch sein Bewusstsein seinen individuellen Prozess. Dafür sind wir ja auf dieser Erde.

JNM: Wie nehmen Sie diese Wesen wahr?

JH: In der Esoterik spricht man immer von Wahrnehmungen. Ich scheine da eine Ausnahme zu sein: Ich nehme sie nicht wahr, ich sehe sie. Für das Sehen muss ich mich nicht verändern, ich brauche dazu keine Meditation oder Trance. Das geht bei mir einfach. Aber natürlich muss ich das auch bewusst dosieren, um mich nicht zu verlieren, wenn zwei Welten gleichzeitig von statten gehen. Doch ich habe gelernt, mit der Gabe umzugehen, ohne dass sie mich überfordert. Das heißt, ich sehe die Gestalt des Engels, wenn wir jetzt beim Engel sind, ich sehe seine Farben, ich kann die Farben berühren und so kommt man immer näher an die Botschaft. Ich sehe seine Gestik, ob der Engel in betender oder offener Haltung steht. Das alles hat mit dem Transportieren der Botschaft zu tun. Ich sehe, wenn es eine andere Symbolik gibt, wie Blüten in seinem Lichtgewand, die auch etwas bedeuten. Dieses Hellsehen verbinde ich mit Hellfühlen, der Wahrnehmung, wie fühle ich mich von dieser Farbe berührt, wie fühle ich mich von dieser Gestik berührt. Dann komme ich von diesem geistigen Schauen über das Herz in ein klares Bewusstsein, wo ich das in Wörter fasse und sage: Dein Schutzengel zeigt sich mir so und so, weil er dir die folgende Weisheit vermitteln möchte. Verinnerliche sie, kultiviere sie, fühle dich darin noch stärker beheimatet und dann weißt du aus dieser Haltung heraus all deine Anliegen auch im Außen anzugehen. Mir fällt das natürlich sehr leicht, weil es angeboren ist und später geschult -durch Selbstschulung.

In meinen Seminaren bringe ich den Menschen das auch bei. Manche Menschen sind in gewisser Weise in der Hellsichtigkeit zuhause, das heißt, sie müssen wie mit einem Musikinstrument lernen, damit umzugehen. Andere sind im Hellfühlen zuhause. Dann müssen sie wirklich gut verstehen, was fühlen sie da, damit sie nichts zusammenfantasieren, sich etwas zusammenwünschen. Andere sind mehr im Hellwissen zuhause, sie bekommen klare Gedanken, Geistesblitze, Inspirationen. Dann müssen sie noch mehr darauf vertrauen.

Und wir verbinden das gleich, wo derjenige besondere Stärken hat, mit einer Selbstwahrnehmung, also Eigenverantwortung. Wir verbinden das mit einer Intuitionsschulung - dass alles nachvollziehbar und liebevoll ist - und verbinden das mit einem Gebet als Zugang zu den geistigen Welten. Stets schließen wir das mit der Tugend der Dankbarkeit ab, damit man in der Demut ruhen kann und einem nicht das Ego einen Streich spielt. Es ist ein sehr interessanter Prozess, und weil ich gefragt habe, weil diese Fragen in mir hochkamen, haben mir die Engel diesen Weg der inneren Schulung gezeigt. Ich habe das dann aus Freude, aus einem Bedürfnis heraus, jeden Tag geübt. Sprich: Meditative Besinnung, Selbstwahrnehmung, Intuitionsschulung, geistiges Schauen, das Empfangen von höherem Wissen. Auch die Entwicklung von neuen Verhaltensweisen, die für einen gesund sind, die einen erfolgreich machen und weiterbringen. Und so ist es immer selbstverständlicher geworden.

Ich wünsche mir, dass diese emotionale Intelligenz - das heißt die Fähigkeit, in allem Liebe zu sehen oder Liebe hineinzubringen - dass diese Bewusstseinserweiterung für liebevolle Wirte, die unsere Welt gerade heute im Zeichen des

Weltfriedens und des inneren Friedens benötigt, immer mehr in ein individuelles Bewusstsein hineingeht. Das bedeutet: Menschen lernen klug zu denken, liebevoll zu fühlen und bewusst zu handeln, und somit in ihre göttliche Vollkommenheit immer mehr hineinzugehen.

Da ist sehr viel Luft nach oben in allen Lebensbereichen, sei es politischen, wirtschaftlichen, geschäftlichen, pädagogischen, auch esoterischen.

JNM: Kann ein Mensch nach seinem irdischen Leben auch zu einem Engel werden, oder ist ein Engel schon immer ein Engel gewesen?

JH: Es gibt nichts was es nicht gibt. Grundsätzlich, da Energie so ein kreativer Prozess ist, kann man eine Frage nicht nur mit ja oder nein beantworten. Ausnahmen bestätigen die Regel. Meine Erfahrung ist: Mensch ist Mensch und Engel ist Engel. Weil ein Mensch diese Resonanz hat, nicht nur auf die Liebe, sondern auch auf die Angst und all die Emotionen dazwischen. Doch Ausnahmen bestätigen die Regel. Ich habe schon einmal gesehen, dass so manches Kind, das früh gehen musste, aus irdischen oder geistigen Gründen, es geschafft hat, aus Mitgefühl aus jeglicher mit Angst behafteter Resonanz heraus zu gehen und so rein zu werden wie ein Engel, und tatsächlich in dieses paradiesische Licht engelsgleich eingetaucht ist - dermaßen die Resonanz zu jeglicher Anhaftung, zu jeglicher Bewertung, zu jeglicher Beurteilung zurückzulassen aus purer Hingabe an das Göttliche, an die All-Liebe.

In Ausnahmen habe ich bei der Auseinandersetzung mit dem Thema Seelenplan auch schon gesehen, dass - wenn es nötig war - aus Liebe zu Gottes Auftrag ein Engel Menschwerdung vollziehen kann. Doch ich möchte betonen, dass dies Ausnahmen sind.

Ganz egal, mit welchem esoterischen Bereich man sich auseinandersetzt, in Wirklichkeit geht es darum, das Menschsein mit all seiner Vielfalt zu lieben und zu würdigen. Als Mensch frohe Lieder auf Gottes Schöpfung singen zu können.
Das ist immer die Balance in meiner Berufung, je mehr Inhalt über die Lebensphilosophie, und auch komplexe Zusammenhänge ich vermittle, umso mehr achte ich darauf, dass dieses einfache Menschsein sich in all den komplexen Zusammenhängen verdeutlicht. Die Engel sagen: Gottes Wahrheit ist einfach, weil sie natürlich ist. Wenn der Mensch einseitig denkt, sprich nur aus der rationalen Intelligenz heraus, denkt er eher aus der Angst heraus und verkompliziert die Dinge. Er kommt aus dem Grübeln nicht heraus. Er fühlt kein Wis-

sen, keine Sicherheit. Und dann sagt der Mensch: Warum einfach, wenn es schwierig geht. Darin liegt eine große Wahrheit, deshalb hat Spiritualität auch sehr viel mit innerer Freiheit zu tun, die gleichzeitig mit einer Verantwortung einhergeht. Sich die Freiheit zu nehmen sich zu besinnen, und die Verantwortung für seine Gedanken, seine Gefühle, seine Handlungen und auch seinem Atemrhythmus zu übernehmen. Also, seine Schöpferkraft zu verinnerlichen. Ich finde, das sind ganz existenzielle Aufgaben. Ohne diese Bewusstheit zu leben, bedeutet, immer mit dem Kopf gegen die Wand zu rennen. Es bedeutet, immer nur andere für schuldig zu erklären, weil es auf den ersten Blick bequemer ist. Aber jemandem die Schuld zu geben, bedeutet, dem anderen auch die Macht zu geben für die eigenen Gefühle. Da ist es doch viel klüger, und da sind wir wieder bei der emotionalen Intelligenz, das Bewusstsein zu übernehmen. Diejenigen, die ihre Gefühle gestalten, gestalten auch ihr Schicksal. Da sind wir wieder bei diesem Schöpferprozess, und deshalb finde ich Spiritualität überhaupt nicht naiv. Es hat gar nichts mit einer rosaroten Brille zu tun oder einer romantischen Vorstellung. Es ist Leben durch und durch. Man sieht auch am eigenen Leben, ob man Recht hat mit seiner Reife, mit seiner Weisheit, mit seinem Wissen. Wie harmonisch und kraftvoll verläuft der Beruf? Wie harmonisch und kraftvoll verlaufen Beziehungen? Wie harmonisch und kraftvoll gestaltet sich dein Körper, deine Gesundheit? Niemand sollte sich etwas vormachen, egal ob er sich spirituell oder atheistisch oder gläubig nennt. Wie heißt es so schön: An ihren Taten werdet ihr sie erkennen. Es spricht also nichts dagegen, in allem die Liebe gestalten zu lassen.

JNM: Was sagen denn die Engel zu den verschiedenen Ebenen? Die materielle Welt ist, soweit ich weiß, die unterste Stufe, da die Energieverdichtung dort am größten ist.

JH: Alles ist Energie. Die physische Welt, die Materie, ist nichts anderes als die maximale Verdichtung der Energie, wie wir wissen. Somit ist auch unser Körper beseelt, wir haben den Seelenleib Emotio, und den Geistesleib der Klarheit. Die Natur ist beseelt, sonst gäbe es kein Wachstum, kein Leben. Ein Baum hat einen Baumgeist mit einem bestimmten Rhythmus. Es geht einfach um verschiedene Bewusstseinsebenen, und damit um Aufgaben an Gottes Schöpfung. Darin spiegelt sich auch die entsprechende Form der Feinstofflichkeit bzw. Grobstofflichkeit wider. Besonders stark zeigen sich diese Welten in ihrer Vielfalt und in ihrer Gemeinsamkeit in den Sterbephasen. Ich habe in der Sterbebegleitung beobachtet, dass sich die Sterbephasen in drei große Bereiche aufteilen. Und zwar beim normalen Sterben, wenn die Zeit wirklich gekommen ist, beginnt die erste Phase. Ich habe damals in der Naturheilpraxis viele bettlägerige Patienten begleitet, da habe ich gesehen, wie dieser bettlägerige Mensch eine Wandlung vollzogen hat. Man spürte auch im Raum, dass sich etwas verändert und ich sah, wie aus seinem Körper sein Geistesleib aufstieg. Eine durchscheinende Lichtgestalt, die nicht wie der 90-jährige ausgesehen hat, sondern wie der Mensch in dem Alter, in welchem er sich am wohlsten gefühlt hat. Deswegen sagen wir auch immer, man ist so alt wie man sich fühlt. Es ist tatsächlich so, dass man sich damit identifiziert. Der Geistesleib leuchtet wie im Mondschein-Licht in Klarheit und steigt hinauf in die Akasha-Chronik. Man merkt, dass eine Phase sich vollzogen hat, und es gibt keinen Weg zurück. Während dieser Erfahrung, dass auch die Begleitenden anfangen, etwas durchzumachen, merkt man auch, dass der Körper der sterbenden Person kleiner geworden ist - als ob der Geist etwas wiegen würde. Aber ein Energiebewusstsein ist ausgetreten, und so ist weniger Inhalt, Bewusstheit geblieben.

Man merkt, dass dann die zweite Phase kommt, das langsame Austreten des Seelenleibes aus dem physischen Körper. Es kann Tage, Wochen, Monate dauern. Man merkt, dass der Sterbende sich verändert, in einem anderen Bewusstsein ist. Da der Geist für die Zukunftsplanung, für die Bewertung zuständig ist, kann man mit diesem Menschen nicht mehr die nächsten Tage planen. Man kann höchstens fragen: Was willst du gleich essen? Aber nicht: Was willst du morgen essen? Der Blick geht nicht mehr nach vorne, sondern der Mensch in seinen Gefühlen ist ganz im Hier und Jetzt, weil er nicht mehr flüchten kann. Somit ist die Sterbephase eine der spirituellsten Phasen überhaupt. Der Mensch ist in einem anderen Bewusstsein, er spricht nur über Vergangenes, über die Erlebnisse, die ihn noch berühren. Er spricht nicht in geordneter Reihenfolge, sondern ganz chaotisch, und zwar in einer Form, als ob es jetzt stattfindet oder gerade stattgefunden hat. Die Hinterbliebenen sind in diese Gespräche involviert, weil sie denken: „Ach, sie weiß noch, wie das oder jenes war“. Es ist ein starker Verarbeitungsprozess, die Lebensrückschau, die schon auf Erden geschieht. Erst, wenn der Seelenleib ganz draußen ist, leuchtet der Seelenleib in der Aura des Menschen, in einer durchscheinenden Lichtgestalt. Im Aussehen in dem Alter, in dem sich der Mensch am Wohlsten gefühlt hat, meistens die Mitte des Lebens. Erst mit dem letzten Herzschlag ist das Sterben abgeschlossen.

Das heißt, in unserem Zeitalter, in dem man durch Organspende etc. den Sterbezeitpunkt vorverlegt hat auf Gehirntod, hat sich ein anderer Zugang dazu entwickelt. Aber das heißt nicht, dass die geistigen Zusammenhänge sich dadurch verändern. Die Seele ist da, solange das Herz schlägt, und kriegt es auf gewisse Weise mit. Oder kann es auf gewisse Weise mitkriegen, lassen wir dieses spezielle Thema mal offen.

Dann macht die Seele den Schritt über die Schwelle in die astrale Ebene. Das was bleibt, ist die Hülle, die vorher mit feingeistiger Energie beseelt worden ist. Wenn der Mensch anfängt, sich zu hinterfragen: „Warum können meine eigenen Gefühle meine körperliche Befindlichkeit dermaßen beeinflussen?" „Warum können meine eigenen Gedanken, die nicht stofflich sind, meine eigene Gesundheit dermaßen beeinflussen?" Und nicht nur die Gesundheit - ob ich verspannt oder angespannt bin, oder sogar Krankheiten sich entwickeln - sondern auch meine eigenen Glaubenssätze, was ich von mir und von der Welt halte, können mein Schicksal dermaßen beeinflussen. Ob mir meine Arbeit gelingt, ob mir meine Beziehung gelingt. Das heißt, allein daran, ohne jetzt hochphilosophisch zu denken, kann auch jeder Skeptiker begreifen: „Ok, alles kann doch nur Energie sein, und es kann nur eine Bewusstseinsfrage sein." Wie der Begriff Zufall: So nennt man Dinge, die man nicht erklären kann. So macht man es sich in vielerlei Bereichen einfach. Allein mit diesen Betrachtungsweisen ist es doch einleuchtend, dass es viel mehr zwischen Himmel und Erde gibt, viel mehr auch an Kraft, Struktur und Freiheit. Nicht umsonst heißt es auch im kriminalistischen Bereich: Gut, du hast dieses Fehlverhalten begangen, deine Prägung hat dich in deinem Selbst- und Weltbild beeinflusst, doch erst deine eigene Entscheidung – z. B. eine Bank zu überfallen - macht dich zu dem, der du bist. Die innere Freiheit bleibt unantastbar. Wenn der Mensch diese Flexibilität in der Lebensbetrachtung, diese Achtsamkeit im Alltag, zulässt, und dieses Verbitterte, dieses Einseitige, dieses Verbohrte, das eigentlich aus der Angst heraus entsteht, wirklich mal hinterfragt, dann fängt er an, über den eigenen Tellerrand hinauszuschauen und seine Komfortzone immer mehr zu verlassen. Und dann beginnt die Spiritualität. Dann beginnt die Bewusstheit.

JNM: Was versteht man unter dem Begriff „Seelenplan"?

JH: Wir haben ja vorhin über die Sterbephasen gesprochen. Wenn die Seele den Körper, diese Rolle, verlassen hat und in die neutrale Astralwelt hineingegangen ist, ist sie in einem Bewusstsein wie im Nebel. Fragend muss sie gucken, welchem Geist sie in ihrer Resonanz gleicht. Ist sie verbittert und schaut nur nach unten und bleibt in diesem unteren Bewusstsein, oder geht sie intuitiv in ihrem gelebten Glauben mit dem Blick nach oben ins Licht? Dann beginnt der Prozess in den oberen Astralebenen. Die Seele reflektiert ihr Leben, reflektiert sich selbst. Da es da oben keine Materie gibt, und damit auch keine Zeit und keinen Raum, kann die Seele dafür ein halbes Jahr brauchen oder 500 Jahre unserer Zeitrechnung. Für den Himmel spielt das keine Rolle. Wir müssen uns bewusst machen, keiner beurteilt uns da oben, wir sind es selbst in unserer Bewusstheit, die Selbstrechenschaft ablegen – wir sollten schon zu Lebzeiten soweit sein, uns in Frieden und Vertrauen in die Augen schauen zu können – also wahrhaftig zu leben. Wenn die Seele die höchste Form der Erkenntnis erlangt, nämlich dass alles Liebe ist, wenn sie in diese Bewusstheit hineinfindet, dann steht die Seele im Licht. Sie sieht Gottes überbewusstes Licht, und sie spürt, was sie noch von dieser absoluten Reinheit trennt, welche Anhaftung. Oder es folgt der innere Ruf, jemandem noch helfen zu müssen, jemandem noch begegnen zu wollen, oder vergeben zu können. In dieser Phase hat sie ihre vorherige Reinkarnation reflektiert, sich als Licht erkannt, doch auch ihre eigene Resonanz begriffen, und bespricht dann mit dem Schutzengel durch ihre eigene Schwingung, die aus Resonanz besteht, einen neuen Plan. Das heißt, die Seele entfaltet mit ihrem Schutzengel einen neuen Plan. Wir dürfen das nicht falsch verstehen, da oben gibt es ja keine Materie, das heißt, die Seele betrachtet die Welt aus viel höheren Sinnen heraus, aus dem Empfinden heraus und nicht aus Zeit und Mechanismen heraus. Das heißt, die Seele mit ihrem Schutzengel nimmt viel weniger die tatsächlichen mechanischen Umstände hier auf der Erde wahr - wie der Unfall oder die Krankheit oder dieses oder jenes, Kaputtgehen der Ehe - sondern sie nimmt sich den Umgang mit den Dingen vor. Zum Beispiel: Meine Aufgabe ist zu vergeben, wie kann ich das am intensivsten zulassen? Das heißt, aus dem Bewusstsein heraus, was Gott wirklich ist, nämlich die All-Liebe. Sie weiß, ihr Seelenplan ist der Weg zu dieser All-Liebe, der durch die inneren Tugenden führt - Erkenntnis, Verständnis, Vergebung, Vertrauen, Mut, Loslassen – was zur Liebe führt. Durch diesen inneren Ruf begibt sie sich auf den Lebensweg, in diese irdische Erfahrung, weil sie sich hier durch die Physis, durch die Sinne am intensivsten wahrnehmen kann. Natürlich gibt es im Seelenplan einen sogenannten roten Faden. Sprich, die wichtigsten Lebensphasen, auch durch eigene Talente und Veranlagungen, und somit entsprechender Begegnung mit bestimmten Menschen, oder Situationen. Wir spüren, dass wir in unserem Seelenplan leben, unserem Herzen folgen, wenn wir diese geistige Klarheit - die emotionale Liebesfähigkeit - konsequent im Verhalten verbunden haben und nicht ständig am Zweifeln sind, indem wir glücklich mit uns selbst sind. Wir können jederzeit den Schritt in die stimmige Richtung tun. Wir machen uns so viele Sorgen über die Umstände und jammern. Wir sollten begreifen, wenn es uns nicht weiterbringt, dann ist es keine richtige Art zu denken und zu handeln und zu fühlen. Dann sollten wir begreifen, dass es tatsächlich geistige Gesetze gibt, die hier auf der Erde wirken. Oben wie auch unten. Oft geht es gar nicht um die tatsächlichen Umstände, über die wir jammern, sondern vielmehr um den Umgang damit. Dann ist alles nur sinnbezogen und nicht absolut. Wir sind als Beobachter, als Opfer oder Täter in der Situation. So können wir über den Dingen stehen - durch dieses Selbstvertrauen. Nicht umsonst wissen wir, oder sollten wir uns gerade bei Konflikten jeden Tag bewusst machen, dass uns oft nicht die tatsächlichen Umstände Schmerz bereiten oder Kraft kosten, sondern vor allem unsere Gedanken darüber, unsere eigene Bewertung. Wenn jemand sagt, das ist bei mir so anerzogen und basta, somit habe ich auch nichts zu verändern, dann sei ihm gesagt, wenn blockierende Gedanken und Verhaltensmuster in der Kindheit und Vergangenheit anerzogen worden sind, dann ist es auch nur logisch, dass wir als Erwachsene sie uns auch wieder aberziehen können. Darin liegt ja unser freier Wille. Eine der größten Ängste des Menschen ist die Angst vor Selbsterkenntnis, und so baut er sich eine krankmachende Matrix auf und ist sogar bereit, sie mit ins Grab zu nehmen. Dinge geschehen nach deinem Glauben, also sei vorsichtig, woran du glaubst: An die Angst oder an die Liebe. Das ist spirituelles Verhalten, bewusst zu leben.

JNM: Inkarnieren wir nur hier auf dieser Erde, oder gibt es im Universum auch noch andere Welten?

JH: Dieses Menschsein in all seiner Vielfalt gibt es nur hier. Das sollten wir uns unbedingt vor Augen führen, und umso mehr auch die Ressourcen, die Natur, die Welt, Gottes Schöpfung und auch all unsere Möglichkeiten wertschätzen und für die weiteren Generationen bewahren und nicht ausrotten. Aus diesem Bewusstsein heraus werden wir auch viel wertschätzender uns selbst gegenüber, gegenüber unseren Mitmenschen, Gottes Schöpfung und allem, was dazu gehört. Dadurch werden wir viel mehr Ideen und Möglichkeiten haben, inneren Frieden zu kultivieren und somit einen großen Beitrag zum Weltfrieden leisten.

JNM: Heißt das, es gibt keine anderen Welten oder Planeten, auf denen man als Seele inkarnieren kann, oder heißen die nur nicht Menschen oder sind komplett andere Wesen?

JH: Ich frage mal die Engel, ob es für die menschliche Seele eine andere Möglichkeit gibt, woanders im Universum zu reinkarnieren.

Ich beobachte, vor mir links stehend, Erzengel Uriel in silberner Lichtgestalt, der für dieses große Bewusstsein, Gottes Wahrheit, steht. Für diese Form der Horizonterweiterung und der Unterscheidung zwischen Sein und Schein, zwischen Wahrheit und Fantasie. Sein Licht strahlt wie Lichtsäulen, und es vibriert, wie ein Universum. Und auf meine Frage, gibt es für die menschliche Seele eine Möglichkeit, woanders zu reinkarnieren, sehe ich wie sein Licht mich einhüllt, mich in meiner menschlichen Natur noch geborgener, noch behüteter fühlen lässt, und ich erkenne die Botschaft, dass es für den Menschen die einzige Form ist, nämlich hier auf der Erde seine Erfahrungen zu machen. Nur hier.

JNM: Gibt es unter den Engeln auch Hierarchien? Und wie kommen die Engel zu ihren Namen, haben Sie die ihnen gegeben?

JH: Es gibt so viele Engel wie es Aufgaben auf der Welt, an der Menschheit, gibt. Das heißt, es gibt nach Aufgabengebieten Engelarten. Zum Beispiel dein Schutzengel, der die Aufgabe an deiner Seele hat, der deine Seele beschützt, indem er dich an deine Weisheit, deinen Seelenplan erinnert. Oder eine andere Engel-Art: Erzengel, die Aufgaben gleichzeitig an allen Menschen haben. Erzengel Michael zum Beispiel die Kraft der Vergebung, des Mutes, des Schutzes. Und somit ein weltumspannendes Licht, für den Menschen als Lichtgestalt erfassbar. Die Namen, das musst du dir so vorstellen: Engel sind Schwingungen der Liebe. Als liebevolle Präsenz haben sie nicht diese bewertende Abspaltung. So wie wir als Mensch gewisse Abspaltungen im Bewusstsein haben, um uns in dieser Dreidimensionalität zurechtfinden zu können. Wir brauchen Abgrenzungen für die Selbsterfahrung. Engel brauchen die Selbsterfahrung nicht. Sie haben keine Resonanz, sondern sind pure Liebe, und unterstützen den Menschen in den liebevollen Tugenden, die dazu gehören. Das heißt, der Mensch hat den Engeln Namen gegeben, und nicht die Engel haben sich Namen gegeben. Weil der Mensch einfach in seinem eingeschränkten Erfahrungswert hier andere Aufgaben hat, für alles eine Struktur, eine Form, eine Bezeichnung braucht. Somit ist es für uns einfacher, wenn wir vom Erzengel Michael sprechen. Jeder hat sofort eine Vorstellung darüber. Wenn man sagt: Ein Erzengel der weltumspannenden Aufgabe der Vergebung, des Mutes, des Durchsetzungsvermögens, des Schutzes - ist es etwas schwierig, auf die Idee zu kommen, von wem die Rede ist. Deshalb haben manche Engel, obwohl es ein und dieselbe Kraft ist, zum Beispiel auch zehn verschiedene Namen. Dabei handelt es sich immer um ein und denselben.

Wenn man nicht aufpasst, entsteht eine gewisse Spinnerei damit. Solange man aber die Tatsachen von gewissem spielerischen Umgang unterscheidet, ist es okay, aber wenn man anfängt in Dinge etwas hineinzuinterpretieren, was nicht mehr nachvollziehbar ist, was irritierend ist, und auch nicht mehr richtig umsetzbar - irgendwann weiß man nicht mehr, zu welchem Engel man beten soll - dann ist es nicht mehr gesund. Alles, womit wir uns auseinandersetzen, muss uns auch weiterbringen. Muss uns stabiler machen, geruhsamer, denn letztendlich geht es darum, in seinem Menschsein, im unerschütterlichen Vertrauen, die Liebe spürend in sich zu ruhen. Und nicht sich in irgendwelchen Welten zu verirren und seinem Menschsein entfliehen zu wollen.

JNM: Sind Engel männlich oder weiblich, oder ist das eine zu irdische Betrachtungsweise?

JH: Das ist natürlich eine zu irdische Betrachtungsweise. Die Engel müssen sich ja nicht fortpflanzen und brauchen kein Geschlecht. Auch das ist nachvollziehbar. Die Engel können sich zum Beispiel in einem weiblichen Ausdruck zeigen, weil das etwas mit der Botschaft zu tun hat. Zum Beispiel: „Mögest du deinem liebevollen Herzen noch mehr Beachtung schenken". Das wäre dann die Botschaft, wenn ein Engel sich mit weiblichem Antlitz zeigt. Wenn ein Engel sich in männlichem Anblick zeigt, wäre zum Beispiel die Botschaft: „Traue dich, deine Ziele durchzusetzen". Man muss zwischen den Zeilen lesen. Immer philosophiebezogen, immer tugendbezogen denken. Zum Beispiel, wenn eine Frau schwanger ist, und ihr Kind im Mutterleib wird von seinem Schutzengel eingehüllt, und der Schutzengel des Kindes zeigt sich zum Beispiel in männlicher Gestalt, heißt es nicht, dass das ein Junge wird. Das hat nichts mit Mechanismen zu tun. Es zeigt eher, die Seele des Kindes birgt sehr viele, ausdrucksstarke Kräfte. Sie wird viel ergreifen, ihre Ziele besonders intensiv umsetzen. Das ist die Kunst. Das Thema Hellsichtigkeit gehört eigentlich in unsere Kultur.

JNM: Können wir auf den Begriff Gott oder göttliche Allmacht eingehen. Wie würden Sie das beschreiben? Der Mann, der auf dem Thron sitzt, ist wohl der falsche Ausdruck dafür.

JH: Diese menschlichen Vorstellungen wie Gott als strafender Vater, als bärtiger Mann, die aus einem angstgeprägten Glauben heraus entstehen, die kenne ich natürlich. Doch dazu habe ich absoluten Abstand. Denn es ist weder nachvollziehbar, noch umsetzbar, noch liebenswürdig, und damit entspricht es nicht geistiger Wahrheit.

In meinen eigenen Nahtod-Erfahrungen bin ich Gott als alluniverselles Licht begegnet. Ein Licht, das dich ganz einhüllt, und du weißt in diesem Moment, du kannst nicht tiefer fallen. Ein Licht voller Wärme, wo du weißt, das Leben ist unendlich, dein Bewusstsein ist unendlich. Du bist mit der All-Liebe verbunden, du bist ein Teil dessen, du bist liebenswert und liebevoll.

Wenn ich mich bei der Heilarbeit in dieses Licht stelle, und diese Erfahrung von absoluter Hingabe und absolutem Frieden zulasse, begegne ich Gott als Bewusstsein des Lebens. Deshalb ist der Begriff Gott für mich pure Liebe. Aber ich verstehe, dass er für viele Menschen genau das Gegenteil bedeutet. Ich bin ohne religiöse Prägung aufgewachsen und kann aus der Hellsichtigkeit heraus meine eigenen Erfahrungen machen. Die Menschen, die religiösen Missbrauch erlebt haben, im Sündergedanken, damit aufgewachsen sind und immer Angst vor Verurteilung haben, haben natürlich auch einen ordentlichen Konflikt. Jeder Konflikt, den wir haben, ist in Wirklichkeit unser eigener Bewusstseinskonflikt mit Gott. Und wenn wir uns vor dem Bewusstsein der All-Liebe verschließen, und nur an das Strafende denken, vollziehen wir nicht unseren freien Willen. Für bestimmte Autoritäten ist das von Vorteil, wenn der Mensch sich in seiner Angst, in seiner Enge, im blinden Glauben verliert. Dann ist er manipulierbar, nützlicher, und man kann mehr verdienen. Wenn ein Mensch wach ist, die Dinge hinterfragt, Eindrücke sammelt, um sich eine eigenständige Meinung zu bilden, somit nicht manipulierbar und beeinflussbar ist, dann kann man diesen Menschen wenig in die Richtung beeinflussen, in die man die Masse haben möchte. Ich finde, es ist verheerend, an einen strafenden Gott zu glauben, und sich somit seiner wahren Schöpferkraft zu verschließen. Denn es kostet nicht nur so viel Energie, sondern auch so viel Zeit, so viele Reinkarnationen. Sich durch seine Selbst- und Nächstenliebe der All-Liebe zu öffnen ist der direkte Weg zu diesem lebensphilosophischen Bereich, in dem man in der Lage ist, Frieden mit allem zu schließen. Vor allem mit sich selbst und damit auch mit Gott.

Unsere Seele ist ja göttlich. Es ist so, dass man ein Leben lang gegen sich arbeitet, wenn man an einen strafenden Gott glaubt, und somit gegen die Schöpfung. So entsteht Verurteilung anderen gegenüber „Du bist in der Religion, ich in der, also bist du mein Feind". Dabei ist die Aufgabe aller Religionen - vor allem des Christentums - die Fähigkeit, in Nächstenliebe einander die Hand zu reichen, und dafür eben auch Verständnis und Weitblick zu entwickeln.

Natürlich kann ich von ganzem Herzen göttliches Bewusstsein vertreten, weil ich diese Form von All-Liebe, Frieden und von dieser Unerschütterlichkeit erfahren habe, nachdem ich schon einige Tode überlebt habe, und wirklich von ganzem Herzen sage: „Du wirst geliebt".

JNM: Wieso können wir uns hier auf der Erde in der Regel nicht an unsere früheren Leben erinnern bzw. an unsere Existenz im Jenseits?

JH: Gott sei Dank können wir uns nicht erinnern. Es ist so, wenn wir uns unseren Seelenplan aufgebaut haben, folgen wir mit unserem Schutzengel der Schwingung hinunter in Gottes Schöpfung. Mit der Befruchtung geht der Seelenleib des neuen Menschen in den Körper der Mutter hinein, das heißt mit der Zelle, mit der Physis, wurde der Seelenleib verbunden. Die Zelle wurde mit diesem Emotio beseelt. Zwischen der siebten und elften Schwangerschaftswoche folgt der Geistesleib nach, dieses höhere Selbst, das innere Wissen. So findet wieder die Trinität statt. Körper, Seele und Geist verbinden sich, der Körper wächst, die Kräfte inkarnieren. Entsprechende Engel unterstützen diesen Prozess. In der Zeit zwischen siebter und elfter Schwangerschaftswoche legt sich um diesen neuen Menschen herum – diese neue Geburt sieht wie eine Lichtkugel aus – der sogenannte Vergessenheitsschleier. Alles wird irdischer, diese drei Energiesphären, seelischer, geistiger und physischer Leib werden durch Chakren wie durch Knöpfe zusammengehalten, so dass wir in dieser Inkarnation bei vollem Bewusstsein sind.

Dann geht der werdende Mensch ganz in einen Wachstumsschlaf hinein. Er verankert sich in dieser Zeitdimension, in dieser Raumdimension, und er nimmt eine neue Rolle, eine neue Aufgabe an. Er nimmt die Welt erst einmal durch die Sinne der werdenden Mutter auf. Er verinnerlicht ihr Selbstbild und ihr Weltbild, um eine Basis in dieser neuen Rolle zu bekommen.

Das Kind ist gerade in den ersten Lebensjahren in absoluter Aufnahme. Erst mit der Schulreife kommt immer mehr der intellektuelle, geistige Aspekt dazu, dass es immer mehr die Welt unterscheiden kann in ich bin, du bist etc. Ein weiteres sehr komplexes Thema.

Das heißt, das Kind nimmt ganz die heutige Zeit, die heutigen Eindrücke, das heutige Selbst- und Weltbild wahr, um sich an seinen Lebensaufgaben, die inneren Tugenden, neu und intensiver zu erleben. Um durch und durch im Hier und Jetzt zu sein und seine Chancen auszuschöpfen.

Würde es sich an frühere Leben erinnern, hätte es einen Konflikt mit der Ur-Frage „Wer bin ich?". Es würde sich in den Rollen verlieren. Wir haben schon genug mit den Rollen zu tun, dass wir uns mit dem Beruf identifizieren, oder über die Elternrolle, anstatt durch das Menschsein, durch ein liebevolles Herz uns zu identifizieren. Wer kann heutzutage eine Frau anschauen und den Menschen in ihr sehen? Sofort läuft ein Raster ab, ob es eine schöne Frau ist oder eine weniger schöne. Genauso auch beim Anblick eines Mannes. Dabei geht es um den Menschen.

Wir haben hier genügend Emotionen aus der Vergangenheit und Kindheit zu verarbeiten. Wenn wir auch noch vergangene Emotionen durch und durch nacherleben würden, hätten wir noch mehr Selbstidentifikations-Schwierigkeiten. Deshalb sagen die Engel: Schau nur nach vorne. Karma ist nicht wichtig. Karma ist nichts anderes als nicht losgelassene Emotionen. Diesen Emotionen bist du in diesem Leben schon zigmal begegnet. Das ist immer das, wo du dir selber wehtust. Wo du immer dieselben Erfahrungen produzierst, immer dasselbe Verhalten an den Tag legst. Erkenne es, verstehe es, vergebe dir, und dann kultiviere dein Vertrauen, deinen Mut anders zu handeln, ein reiferer Mensch zu sein, aus der Selbsterkenntnis heraus, den alten Schmerz, das alte ungesunde Verhalten loszulassen und dadurch noch mehr die Liebe zu begreifen.

Auch in den Heiligen Schriften und der Bibel kennen wir den Satz „Begrabe die Toten und folge den Lebenden". Die Engel sagen: Halte dein Ziel vor Augen, doch lebe spontan und kreativ aus dem Hier und Jetzt heraus und lasse deinen Lebensweg sich dorthin entwickeln.

Die Menschen denken, der Weg ist da, ich muss ihn nur erkennen, doch das Schicksal braucht auch Zeit, damit die Materie sich fügen kann. Sprich: Zwischenmenschliche Begegnungen geschehen können, Ideen reifen können. Das ist diese emotionale Intelligenz, welche innere Ganzheit mit sich bringt, anstatt diese Einseitigkeit, Sternen hinterherzujagen, die nicht erreichbar sind. Wir wissen auch vom Buddhismus, etwas nicht bekommen zu haben kann im Nachhinein ein viel größerer Gewinn sein. Man muss den Dingen gewachsen sein, auch dem Erfolg, auch den eigenen Wünschen, und deshalb ist die Basis der Spiritualität in erster Linie, jeden Tag dafür zu sorgen, seine wahren Bedürfnisse zu erfüllen.

Wünsche dürfen auch da sein, aber man soll nicht von ihnen abhängig sein. Somit geht es auch um das Bewusstsein der Dankbarkeit, der Willkommenheit, auch der Bescheidenheit. Sprich: Jeden Tag sorge ich für meine Sicherheit - ein Dach über den Kopf, Essen auf dem Tisch, mein sozialer Komplex, meine Familie. Und auch als weiteres Grundbedürfnis: Spiritualität. Meine göttliche Heimat, dass ich mich getragen fühle, dass ich mich verbunden fühle, dass ich mich in dieser Inkarnation sinnerfüllt empfinde.

JNM: Was ist der Sinn dieser seelischen Entwicklung in den verschiedenen Inkarnationen?

JH: Wieso muss der Mensch geboren werden? Diese Frage schicke ich nach oben zu den Engeln. Und ich sehe, wie mein geistiger Blick direkt in dieses überpersönliche Licht Gottes hineingeht. Und ich sehe, wie dieses überdimensionale Licht hinunterstrahlt durch die Engelhierarchien, durch uns Menschen, durch die Natur bis in das Mineralreich hinein, in diese beseelte Natur hinein. Dieses Licht ergießt sich dann auch wieder nach oben. Es ist eine Einheit und keine Trennung. Durch dieses Bild und die gefühlte Einheit verstehe ich, dass der Mensch deshalb auf die Erde kommt, nicht nur um sich selbst in seinem freien Willen zu erleben und seine Göttlichkeit in gelebter Liebe zu begreifen, was ja dem Lebenssinn entspricht, sondern auch die Schöpfung Gottes zu beseelen. Also: Das Bewusstsein des Menschseins gehört in Gottes Schöpfung und in dieses Naturreich. Das heißt, wir sind als Menschen in der Natur durch und durch willkommen.

JNM: Haben Frauen nicht nur subjektiv einen besseren Zugang zur geistigen Welt, oder gibt es hier keinen Unterschied?

JH: Da muss ich nachdenken. Zu mir kommen ungefähr 3000 Menschen, zu meinen Seminaren und Engelsbotschaften, ohne jetzt die Tausende, die ich in den Vorträgen sehe, dazuzuzählen. 90 Prozent davon sind Frauen. Fakt ist, dass Spiritualität, dieses Feingefühl, Frauen sehr anspricht. Fakt ist auch, dass die Frau mit ihren weiblichen Hormonen, mit ihrer Veranlagung, auch mit ihrer erzieherischen Prägung, von Haus aus danach ausgerichtet ist, für die Harmonie in der Familie zu sorgen, für das emotionale Wohlbefinden zu sorgen, für das soziale, liebevolle zu sorgen. Sofern sie das kann. Das ist unser gesellschaftliches Bild, auch wenn die Männer das genauso können oder könnten. Unser gesellschaftliches Bild hat bisher einen anderen Einfluss auf den Mann gehabt, aber das verändert sich, wie wir sehen. Es gibt immer mehr Hausväter, Väter, die auch Elternpause machen, und so weiter. Wenn ich mir die Männer anschaue, die mir in meinen Veranstaltungen begegnen, sind es Männer aus verschiedensten Berufsschichten und sie sind auch verschieden alt, also ist Spiritualität eine individuelle Sache. Sprich: Wie bereit bin ich, mich berühren zu lassen? Über meinen eigenen Horizont hinauszuschauen? Meine starren Strukturen zu hinterfragen?

Da die Frauen von Haus aus immer Lösungen für ihre Kinder parat haben mussten, sind sie eher bereit zu hinterfragen und sich zu wandeln. Doch eigentlich dürfte es keinen Unterschied zwischen Mann und Frau geben, weil für jeden Menschen gilt: Die Veränderung, die du dir wünscht, musst du selber sein.

Wenn ich mich mit meinem Mann über solche Bereiche unterhalte – wir sind beide sehr bewandert darin – drückt er solche Sachen in seiner männlichen Sprache etwas anders aus als ich, doch die Liebe ist derselbe Nenner. Ich sehe natürlich auch Unterschiede bei bestimmten Lebensbetrachtungen und der Betrachtung von Werten, was verschiedene Ursachen und Hintergründe haben kann. Doch je mehr ich darüber nachdenke, desto mehr sehe ich, dass Spiritualität, die ja auf innerer Freiheit basiert und persönlicher Erfahrung, eigentlich geschlechtsneutral ist.

Menschen, die sich wirklich an diesen tiefgründigen Fragen orientieren, sehen keine Barrieren, sei es vom geschlechtlichen, altersbedingten, sei es vom Berufsbereich. Wir sehen auch in unserer gesellschaftlichen Entwicklung, dass Frauen – Gott sei Dank – immer mehr in Führungspositionen kommen. Sie müssen lernen, eine andere Kompetenz hineinzubringen, nicht Männer nachzumachen, sondern eine liebevollere Autorität hineinzubringen. Auch in die Politik und Wirtschaft. Die Männer entwickeln ebenfalls ihre andere, sanftere Seite, sie nehmen die Vaterrolle viel ernster. Ich möchte grundsätzlich nicht sagen: Männer sind so, Frauen sind so. Sondern: Mensch, erkenne deine liebevolle, göttliche Natur, und dir gelingt das Feingeistige wie auch das Grobstoffliche. So wie es für dich gut und sinnvoll und gesund ist.

JNM: Welche Botschaft haben die Engel an uns Menschen?

JH: Abhängig von der Frage. Welche Botschaft haben die Engel an die Welt, ist eine andere Frage als: Welche Botschaft hat dein Schutzengel an dich? Bleiben wir bei der Welt. Deshalb richte ich diese Frage nicht an die hier anwesenden Schutzengel, sondern an die höheren Engel, die für alle Menschen zuständig sind. Und wenn ich diese Frage nach oben lenke, erblicke ich vor mir einen Engel der Zukunft. Der Engel der Schicksalsfäden, der die Zukunft gestaltet. Dieser Engel steht jetzt da, im schlichten, ruhigen Lichtgewand, mit offenen, weit ausgebreiteten Lichtflügeln, in betender Haltung. Er sagt, während er ganz in sich ruht: „Lieber Mensch, erkenne dein gottgegebenes Potential, denn du bist der Friedensträger auf dieser Erde. Folge deiner friedvollen Bestimmung und deiner liebevollen Kraft. Fühle den Gottesplan durch deine Freiheit, durch deine Güte, durch deine Liebe."

JNM: Frau Haas, das war ein sehr aufschlussreiches Interview, das viele Fragen beantwortet hat. Herzlichen Dank.

JH: Von Herzen „Danke".

Dipl.-Psych. Rolf-Ulrich Kramer

Interview mit Dipl.-Psych. Rolf-Ulrich Kramer

Wer mein letztes Buch „Jenseits des Greifbaren – Engel, Geister und Dämonen“ gelesen hat oder die Doku dazu gesehen hat, wird sich an den Dipl.-Psychologen Rolf-Ulrich Kramer erinnern können.

Für diejenigen, die ihn noch nicht kennen, ein paar Hintergrundinfos: Rolf-Ulrich Kramer ist in der Nähe von Mainz aufgewachsen und hat dort Psychologie studiert. Nachdem er sein Diplom 1975 abgeschlossen hatte, ergänzte er die Arbeitsweise der klinischen Psychologie mit fernöstlichen Methoden der Bewusstseinserweiterung. Wie ist er dazu gekommen?

Rolf-Ulrich Kramer: „Mit Hilfe unseres wachen Bewusstseins ordnen wir die Dinge, ob es sich um Privatleben, Familie oder Firma handelt. Eine wichtige Sache also – wo lag die Antwort? Um sie zu finden, stürzte ich mich hoffnungsvoll in die Welle fernöstlicher Weisheiten, die damals in den siebziger Jahren in den Westen herüber geschwappt kam, musste aber bald erkennen, dass auch dort nicht die letzte Antwort liegt. Beide haben Recht, die westliche Psychologie wie auch die östliche. Was tun? Ich setzte meine Erfahrungen mit Meditation, Yoga, Aikido und Kinesiologie in Bezug zu den methodischen und psychologischen Grundlagen, die mir von der Universität bekannt waren. Zunehmend verlegte ich mich darauf, meinen Klienten Mittel zur Selbsthilfe an die Hand zu geben. Dabei erwies sich, dass einige wenige Grundlagen ausreichen, damit Menschen in ihrer persönlichen Entwicklung selbstständig weiterkommen.

Allmählich entwickelte sich neben meiner Tätigkeit als Psychotherapeut eine eigene Arbeitsweise in den Bereichen persönliche Analyse und Coaching, die sich zudem an meine Klienten und andere Interessierte weitergeben ließ. So begann ein Ausbildungsgang zum Trainer für Persönlichkeitsentwicklung, der 1996 schließlich auf den Namen „MindWalking“ getauft wurde.

Was die Frage nach dem Bewusstsein angeht, habe ich meine Antwort gefunden. Denn in meinen vielen tausenden Sitzungen berichten mir meine Sitzungspartner von ihren Erlebnissen und Traumata. Oftmals liegen diese außerhalb der normalen menschlichen Biografie und führen in frühere Leben und Bereiche zwischen den Leben hinein.“

Seine Forschungsergebnisse zeigen uns auf, dass weit mehr zwischen Himmel und Erde existiert und passiert, als es uns die Mainstream-Wissenschaft bisher zeigten konnte und dass diese Geschehnisse weit über das hinausgehen, was wir in den Schulen und Universitäten lernen, und noch viel weiter außerhalb unseres alltäglichen, materialistischen Denkens liegt.

Wir machten das Interview mit Ulrich in London, in unserem Hotel, oder ich sollte wohl eher sagen: Unserer „Herberge". Bruno hatte aus Kostengründen eine sehr kleine und leider auch etwas beengte Pension gebucht, da er sich durch seine Arbeit gut in London auskannte und um die günstigen Unterkünfte wusste. Ulrich hatte uns bei den Terminen in London und Paris begleitet, da er durch seine längeren Aufenthalte in London, ein fast perfektes Englisch sprach und mich somit ideal als Dolmetscher unterstützen konnte. Es musste gewährleistet werden, dass auch tiefergehende Nachfragen - auf eine überraschende Antwort der Protagonisten hin - wiederum viel intensiver und präziser erfolgen konnten, damit das Interview auf einem qualitativ hohem Niveau gehalten wurde. Fast hätten wir den Rückflug nach Deutschland versäumt, da wir am Morgen nach den Interviews mit Sheldrake und Amit Goswami, noch alle gemeinsam beim Frühstück in der kleinen Essecke dieser Pension saßen, und ich offensichtlich die Abflugzeit auf den Tickets für den Rückflug falsch gelesen hatte. Upps! Diese Stunden wird Bruno wohl nicht mehr so schnell vergessen – ja ich weiß, der arme Kerl hat viel mitgemacht – aber er ist im Bayerischen Wald zuhause, international als Kameramann unterwegs und als Veranstaltungstechniker in seiner Firma tätig – also einiges gewöhnt. Also: High-Speed-Dreh mit High-Speed-UBER-Fahrt und High-Speed-Sprint mit vollem Gepäck durch den gesamten Flughafen. Geschafft!

JNM: Sehr geehrter Herr Kramer, Sie haben in den letzten 40 Jahren unzählige Sitzungen mit „MindWalking" durchgeführt und dabei erstaunliches zu Tage gefördert. Mich würde brennend interessieren: Gibt es eine Identität, zum Beispiel unsere Seele, die ohne unseren biologischen Körper existieren kann, und woher wissen Sie das, wenn es so ist?

RUK: Diese Seele gibt es. Ich nenne sie aber nicht Seele, sondern geistiges Wesen, weil der Ausdruck Seele historisch mehrfach belegt ist. Man sagt zum Beispiel ich habe eine Seele, und die Frage ist, wer ist ich? Historisch spricht man von Geist, Körper und Seele in dieser Dreiheit. Ich spreche von geistigem Wesen als das Wesen, das unabhängig vom Körper existieren kann. Bei Seele würde ich eher von dem sprechen, was Rupert Sheldrake das morphogenetische Feld nennt, die intelligente energetische Einheit, die den Körper steuert. Und die auch nach dem Tod zum Himmel geht. Da gehen sozusagen zwei zum Himmel: Das eine ist die Seele, was in meiner Sprache das Vitalwesen ist - die entschwebt nach dem Tod - außerdem entschwebt ein geistiges Wesen.

Woher ich das weiß? Weil man es beobachten kann. Wenn man ein sterbendes Tier oder einen sterbenden Menschen sieht, dann kann man sehen, dass etwas abhebt. Danach ist dieser Körper erst wirklich tot. Im Falle eines Menschen sind es zwei, die abheben, das lässt sich beobachten. Und außerdem erzählen mir meine Sitzungspartner seit hunderten und tausenden von Stunden von diesen Erlebnissen. Die Erlebnisse entsprechen dem, was man auch in der Nahtoderfahrung hört. Da guckt einer von außen auf seinen Körper, nur bei der Nahtoderfahrung kehrt er auch wieder zurück. Nach einem vollständig eingetretenen Tod entschwebt er in andere Regionen, und daran kann man sich erinnern.

Vielleicht sollte ich hinzufügen, dass heute sehr viel Aufmerksamkeit auf die Nahtoderfahrung gerichtet wird, dass aber gar nichts Besonderes daran ist, sich von außen zu sehen. Das hat man auch bei Operationen. Wenn ich jemanden, der unter Vollnarkose war, die Operation ins Gedächtnis zurückrufe, sehen sich die Leute von außen, sie hören, was die Ärzte den Krankenschwestern sagen, sie sehen Instrumente, die sie nicht verstehen. Aber sie können sie beschreiben, und man kann nachher feststellen, welches Instrument es war. Auch bei normalen Verkehrsunfällen steigen Leute aus ihrem Körper aus, sehen sich von oben, auch bei intensiven sexuellen Begegnungen, auch bei Kampfsport, speziell Gruppenkampfsport. Also immer, wenn viel los ist und es komplex oder gar traumatisch wird, steigt das geistige Wesen aus dem Körper. Das lässt sich in tausenden von Fällen erinnerungstechnisch immer wieder vorführen.

JNM: Aber nicht alle Menschen haben diese Erfahrung gemacht.

RUK: Diese Erfahrung macht man interessanterweise nicht bewusst. Es gibt nur ganz, ganz wenige, die das „außerhalb des Körpers sein“ bewusst erleben. Der Bergsteiger Reinhold Messner zum Beispiel beschreibt, wie er sich selbst in einem Zustand totaler Erschöpfung von außen beim Bergsteigen zuguckt - bei vollem Bewusstsein. Ich könnte einige Beispiele aus Literatur und Abenteuer-Dokumentationen nennen, aber: Das gibt es. In der Regel bekommen es die Leute nicht mit, wenn sie außerhalb des Körpers sind, weil unsere Anbindung an die Sinne so intensiv ist, dass man praktischerweise durch die Sinne erlebt, obwohl man eigentlich außerhalb ist.

In der Erinnerung aber nehmen die Leute die Position ein, von der aus gefilmt wurde. Es wird sozusagen ein Erinnerungsfilm gedreht, und der Standpunkt der Kamera kann innerhalb oder außerhalb des Körpers sein. Daraus folgt, dass das geistige Wesen mal innerhalb, mal außerhalb des Körpers ist.

JNM: Weshalb funktioniert die Methode „MindWalking", die nur anhand von Fragen an den Sitzungspartner ein Leben zwischen den Leben sichtbar machen kann?

RUK: Weil die Leute es wissen. Man muss sie nur danach fragen. Traditionell geht man davon aus, dass alle möglichen Hilfsmittel benutzt werden müssen, um eine solche Erinnerung anzukurbeln: Rituale, Exerzitien, Drogen, Hypnose, um etwas anderes als die normale biographische Realität anzukurbeln. Ich habe aber festgestellt, dass die Menschen mit einem ganz normalen, wachen Erinnerungsprozess an diese Dinge herankommen.

Eigentlich sprechen wir hier vom Mechanismus der Verdrängung. In Momenten höchster Not sagen wir: Das will ich nicht sehen. Ein Ziegelstein kommt dahergeflogen und wir sagen: Das will ich nicht sehen. In dem Moment verdrängen wir. Und dabei verdrängen wir auch die Erinnerung. Nichtsdestoweniger ist das Geschehen aufgezeichnet worden. Also ist es verfügbar. Ich muss also nur jemanden dahin bringen, an diese Wand dranzukommen. Dann wird diese Wand bröckeln und die Story, die hinter dieser Wand steht, kommt zum Vorschein.

JNM: Weshalb, denken Sie, reinkarnieren wir?

RUK: Wir inkarnieren, weil wir mit etwas nicht fertig geworden sind. Der Grund, wieso wir überhaupt inkarnieren, wieso wir auf dieser Erde sind, ist, weil wir etwas vorhatten. Geistige Wesen existieren aus einer göttlichen Berufung heraus. Wobei göttlich nicht so zu verstehen ist, dass da ein alter Mann einen Auftrag vergibt, sondern dass es ein Gesamtbewusstsein gibt, das manche Physiker Quantenbewusstsein nennen. Aus diesem Gesamtbewusstsein heraus entsteht ein Einzelbewusstsein. In Indien nennt man es Brahman, den großen Weltgeist, und aus diesem Brahman entsteht ein Einzelgeist, ein Einzelwesen, das nennt man Atman. Das Einzelwesen und das Allwesen sind letztlich eins. In dem Moment, in dem das persönliche Bewusstsein sich dahin erstreckt, dass man dieses Eins-sein spürt, hat man das, was ein mystisches Erlebnis genannt wird. Dann ist man, wie die Mystiker es nennen, eins mit Gott.

Dieses Ausscheiden des Atman aus dem Brahman, der Einzelseele aus der Weltseele, ist immer verbunden mit einem bestimmten Auftrag. Der Auftrag steht immer im Zusammenhang mit Hilfe. Sie können zum Beispiel in Ihrer

Tätigkeit als Regisseur den Auftrag haben, die Welt über das Spirituelle zu informieren. Deswegen sind Sie hier. Ich weiß nicht, in der wievielten Inkarnation, dazu müssten wir eine Sitzung machen, um das herauszufinden - aber Sie werden nicht ruhen und rasten bis dieses Ziel, Ihre Berufung, erfüllt ist. Erst dann werden Sie sozusagen Pause machen dürfen, oder zum Ursprungsort entschweben dürfen.

JNM: Was berichten Ihre Sitzungspartner von den unsichtbaren Existenzen, wenn sie aus ihrem Körper herausgetreten sind? Was sagen sie über die Zwischenzeit?

RUK: Es gibt ein bekanntes Zeugnis von dieser Zwischenzeit im Tibetischen Totenbuch. Man sitzt neben dem Bett des Gestorbenen und sagt immer wieder, lass dich davon nicht ablenken, damit er eine möglichst unbeschadete Reise durch diese Zwischenzeit hat, und in seinem neuen Körper mit möglichst intaktem Bewusstsein ankommt. Tatsache ist, dass wir, wenn wir geboren werden, keine Erinnerung an das haben, was vor der Geburt war, und daran kann man sehen, welche Kräfte da gewirkt haben müssen.

JNM: Manche Kinder erinnern sich an frühere Leben.

RUK: Es gibt Kinder, die erinnern sich an frühere Leben - für eine gewisse Zeit, bis sie die Normalität einholt. Aber was diese Erinnerungen an frühere Leben angeht, können wir uns auch nicht sicher sein, ob es die eigenen vergangenen Leben sind, denn ich habe festgestellt, dass es möglich ist, etwas aus dem kollektiven Erinnerungsspeicher herunter zu laden, in den jeder seine Traumata und seine Tode eingibt. Das ist genauso wirkungsmächtig wie ein eigenes Erlebnis.

Damit kommen wir auf die Zwischenleben-Geschichte. Denn wenn ich aus dem Körper aussteige, gerate ich -der ich ja keinen Körper habe, und meine geistigen Sinne in alle Richtungen offen habe - in das hinein, was Jung das kollektive Unbewusste nannte. Dieses kollektive Unbewusste ist nichts anderes als eine Ablagerung aller schrecklichen und grausamen Taten, die Mensch und Tier seit Anbeginn der Erde je erlebt haben. Wenn ich mich da hineinbegebe, ist es ungefähr so, als würde ich mich nackt und unbewaffnet ins Internet begeben, und sämtliche Bilder, die da liegen, zu mir runterladen. Dann wache ich wieder aus diesem Kuddelmuddel auf und bin wieder normal, aber mein Computer ist versaut, weil er Tausend Dateien drauf hat, die ich bewusst gar nicht darauf gespielt habe.

Die Zwischenlebenszeit ist insofern gefährlich, da man auf so etwas nicht trainiert ist. Keiner erklärt einem, wie man mit so etwas umgeht, wenn man mit Sachen konfrontiert wird, die einen ängstigen, die man wegschiebt.

JNM: Wir reden praktisch von einem Anti-Viren-Programm für das Jenseits?

RUK: Ja, indem wir uns während des Lebens in diese Situation hineinbegeben, und das machen wir ja mit MindWalking. Diese Erlebnisse, die wir haben, bereiten uns auf das vor, was es alles an Möglichkeiten gibt, und rüsten uns, um auch diese Begegnungen mit Gelassenheit zu tragen. Dann bleibt nichts hängen.

JNM: Welche Intelligenzen tummeln sich noch in diesen feinstofflichen Bereichen?

RUK: Das ist ein schönes Wort, feinstofflicher Bereich. Der Bereich entspricht den Tatsachen, wenn ich sage, dieser Tisch ist grobstofflich, dann ist er grobstofflich, weil er hat Länge, Höhe, Breite, Energie, Raum, Zeit. Im feinstofflichen Bereich habe ich zum Beispiel ein mental-energetisches Bild. Wenn Sie sich eine Kaffeetasse mit genügend Kraft vorstellen, dann kann ich diese Kaffeetasse auch sehen, das ist in der Hellseherei so üblich. Also ist ein geistiges Eindrucksbild, ein Mentalbild, nicht eine rein subjektive Sache, sondern eine objektive Geschichte. Es existiert als eine Energie in Raum und Zeit.

Diese Dinge erlebt man, wenn man aus dem Körper aussteigt, im Sinne von abgelagerten Dateien. Oder aber in Form von körperlosen Geistwesen, die ohne Körper mit irgendwelchen Absichten unterwegs sind, die einen entweder freundlich oder nicht so freundlich ansprechen. Dadurch entstehen Kontakte mit Engeln und Dämonen.

JNM: Das heißt, diese Engel und Dämonen sind nicht nur Einbildungen, sondern auf dieser feinstofflichen Ebene Existenzen, die dort agieren?

RUK: Genauso, wie es hier auf der Erde Geistwesen gibt, die sich eines Körpers bedienen, gibt es da draußen Geistwesen, die dieses Vehikel Körper nicht brauchen, die aber trotzdem genauso denken, kommunizieren, Emotionen haben. Wenn mir etwas glückt, bin ich froh, wenn es missglückt, bin ich weniger froh. Dazu brauche ich keinen Körper. Die gibt es also da draußen in großer Zahl.

JNM: Das sind auch diese Erscheinungen, die sich teilweise als Spukerscheinungen materialisieren?

RUK: Diese Dinge haben eine solche Kraft, dass sie sich somatisch auswirken können, das heißt, man fühlt sich warm oder kalt, und weiß gar nicht, wo es herkommt. Man sieht Trugbilder, derer man sich nicht erwehren kann, man hört Stimmen. Oder aber es ist von solcher Kraft, dass es gar eine Interaktion mit dem Elektromagnetischen gibt, und dann erscheinen die auf dem Bildschirm oder auf dem Tonband.

JNM: Diese Zwischenwelt schlägt dann in die physische Welt durch?

RUK: Die Mentalenergie, die wir aufbringen, um ein mentales Bild zu erzeugen, oder um einen telepathischen Akt einzuleiten, interagiert auf eine mir nicht bekannte Weise mit dem elektromagnetischen Feld.

JNM: Sind außerkörperliche Erfahrungen Einbildungen, oder tatsächliche Erlebnisse außerhalb des Körpers?

RUK: Wenn ich mit jemanden in einer Sitzung auf eine außerkörperliche Erfahrung stoße, haben wir es in der Regel mit einem verdrängten Bereich zu tun, der wegen eines traumatischen Ereignisses oft außerhalb des eigenen Lebens verdrängt ist. Wenn der dann buchstäblich entdeckt, was ihm damals widerfahren ist, und das emotional und somatisch durcharbeitet, dann staunt er selbst darüber. Über seine eigene Einbildung staunt man nicht. Es ist so überraschend, was da geschieht, speziell wenn man es hinterher biographisch belegen kann. Wenn man feststellt, dass das, was man da erlebt hat, zum Beispiel der Schützengrabentod eines Soldaten, genau mit dem korrespondiert, was dem Onkel Fritz im ersten Weltkrieg passiert ist. Dann sieht man, dass man etwas mit einer solchen Intensität nacherlebt, ohne die geringste Ahnung davon zu haben, dass von Einbildung keine Rede sein kann.

JNM: Dann kann man sagen, der Tod ist eine Illusion, zumindest was das Bewusstsein betrifft?

RUK: Der Tod ist ein Fakt für den Körper, aber er ist eine Illusion für die persönliche Existenz. Die persönliche Existenz war vor diesem Leben und wird nach diesem Leben weitergehen. Wenn man im christlichen Bereich sagt, es gibt ein ewiges Leben, dann stimmt das für das große Allbewusstsein. Das ist immer ewig da, das Potential Gottes, aus dem heraus sich alles schöpft. Das ist das ewige Leben, und daraus entsteht mein persönliches Leben als geistiges Wesen. Daran hängt dann der Körper, wie diese Kaffeetasse in meiner Hand. Wenn ich den fallen lasse, bin ich als geistiges Wesen immer noch da und kann dann sogar auf die Ebene des ewigen Lebens zurückkehren.

Hierzu noch ein Fallbeispiel einer „MindWalking"-Sitzung:

Engel beim Einsatz behindert

Vorbemerkung des Verfassers: Dieser Artikel gibt Inhalt und Ablauf einer MindWalking-Sitzung von Anfang 2017 wieder. Die Sitzungsdauer betrug 21 Stunden, an vier aufeinander folgenden Tagen. Fast sämtliche für MindWalking typischen Aspekte sind hier in einer einzigen Sitzung versammelt, was ungewöhnlich ist. Deswegen wurde sie ausgewählt.

Vom Leben ausgeschlossen

Brigitte fühlt sich „vom Leben ausgeschlossen". Immer wieder sieht sie sich beruflich wie auch privat zum Anfang zurückgeworfen. Mehrere Beziehungen kamen und gingen, auch eine Ehe mit Kind war dabei. Im Studium wie auch im Beruf gab es viele Wechsel. Vor wenigen Monaten schlug das Schicksal erneut zu: Brigitte, gerade 50 geworden, wurde von ihrem Arbeitgeber – sie war bei einer international aufgestellten Firma in leitender Position – redundant gemacht. Nun traut sie sich kaum noch an ihre eigene Zukunft heran, denn sie könnte ja „jederzeit wieder zurückkatapultiert" werden.

Besonders auffällig in unserem Eingangsgespräch ist Brigittes Verhältnis zu ihrem Vater. Er hatte einen tödlichen Unfall, als sie erst drei Jahre alt war. Daran fühle sie sich irgendwie schuld, sagt sie mir unter Tränen.

Ein Unglücksjahr für die ganze Familie

Als wir den Unfalltod des Vaters aufgreifen, zeigen sich im selben Jahr eine ganze Reihe von Unglücksfällen: Die Haushälterin, wegen des Todes ihres Arbeitgebers depressiv, beging zwei Selbstmordversuche - jeweils entdeckt von der kleinen Brigitte. Ein Freund des Vaters wurde von einem jähzornigen Konkurrenten auf offener Straße erschossen. Brigittes Schwester überquerte auf ihrem Schulweg bei Rot eine Kreuzung, wurde von einem Auto erfasst und erlitt mehrere schwere Knochenbrüche. Die Tante stürzte sich wegen ihrer ruinierten Ehe vom Balkon in den Tod.

Jedes einzelne dieser Opfer fühlte sich vom Leben ausgeschlossen, genau wie Brigitte. Über diese Gemeinsamkeit hängen deren Erlebnisse mit Brigittes eigenen zusammen. Als wären es ihre persönlichen Erinnerungen, sieht Brigitte während der Sitzung die Mentalfilme jener Verunfallten und zu Tode Gekommenen in aller Dramatik, erlebt deren Schmerzen mit, empfindet deren Emotionen nach. Den Blickwinkel, von dem aus die Vorgänge jeweils „gefilmt" wurden, hält Brigitte zunächst für ihre persönliche Wahrnehmungsposition. Das verwundert sie, denn sie war ja nicht dabei, als es geschah. Tatsächlich handelt es sich auch nicht um ihre eigene Wahrnehmungsposition, sondern um die des jeweilig Betroffenen. Aus den Augen dessen, der es erlitt, schaut sie auf die Szenen, nicht aus ihren eigenen.

Transpersonales Leid ist doppeltes Leid

Hierbei handelt es sich um eine „transpersonale Verschränkung", erkläre ich Brigitte. Dieser Begriff besagt, dass man mentale Energiefelder übernehmen kann, die von anderen Personen in Zeiten von Not und Tod geschaffen worden sind. Ähnlich wie man aus dem Internet eine Datei herunterlädt, erfolgt hier ein telepathisches Downloaden von mentalen Bildern. Ist die Verknüpfung erst einmal entstanden, so trägt die übernehmende Person das Leid jener anderen Menschen mit sich. Wiewohl unbewusst, wirken die fremden Energiefelder ähnlich kraftvoll auf das Verhalten wie die eigenen. Sie beeinflussen die Lebensführung. Geteiltes Leid ist somit nicht halbes Leid, sondern doppeltes.

Indem man die fremdartigen Bilder samt ihrer fremdartigen Wahrnehmungsposition annimmt, statt sie als Einbildung abzuwehren, verlieren sie ihre verstörende Kraft. Lässt man sie unvoreingenommen auf sich einströmen, bis sie einem voll bewusst sind, dann hat man gewonnen.

Noch weitere transpersonale Verschränkungen im Hinblick auf „ich bin vom Leben ausgeschlossen" zeigen sich uns. Sie gehen weit über den familiären Rahmen hinaus. Wir stoßen auf eine tragische Geschichte aus dem Mittelalter, von der Brigitte seit Jahren immer wieder träumte. Eine Frau, Zigeunerin und damit Teil einer gesellschaftlich ohnehin geächteten Gruppe, ist zudem noch wegen ihres unehelichen Kindes von der eigenen Sippe ausgegrenzt. Ihr freudloses Leben endet damit, dass städtische Ordnungshüter die Zigeunersippe im Wald aufspüren, aufs Grausamste niedermetzeln und schließlich das gesamte Waldstück abbrennen, damit bloß keiner entkommen möge.

Trotz ihres intensiven Nachempfindens weiß meine Sitzungspartnerin mit Sicherheit, dass dieses Geschehnis nicht ihrer eigenen Vergangenheit zuzurechnen ist. Ihr Gesicht ist gerötet, Tränen der Wut stehen in ihren Augen. Nicht nur die Brutalität der Szenen, sondern insbesondere die dabei gegebene Verletzung von Selbstbestimmtheit und Menschlichkeit wecken ihren Zorn. Diese Werte sind ihr heilig. Sie verteidigt sie, wo sie kann, so etwa auch als Führungsperson in ihrem ehemaligen Unternehmen. Dennoch steht zwischen ihr und den Menschen eine Wand. Sie weiß nicht, wo die herkommt. Sie fühlt sich wie ausgeschlossen.

Die allererste Inkarnation: Herkunft aus der Engelwelt

Zehn Stunden haben wir bereits miteinander in Sitzung verbracht. Der durch fremde Traumata entstandene Nebel über den Erinnerungen meiner Sitzungspartnerin hat sich gelichtet. Erst jetzt kann ihre eigene Vorgeschichte in Erscheinung treten. So unglaublich sie auf den Leser wirken mag, ist sie beileibe kein Einzelfall.

Brigitte kam als ein Engelwesen aus einer himmlischen Welt zur Erde geschwebt, um hier geistige Entwicklungshilfe zu leisten. Das gegenwärtige Leben ist ihre erste Inkarnation. Auf dem Weg hier herunter wurde sie von einer mental-energetischen Installation abgefangen, die sie als „schwarzen Ballon“ beschreibt. Dieser übte eine einschläfernde Wirkung auf sie aus und beraubte sie ihrer Selbstbestimmtheit. Offensichtlich traten schon bei Brigittes Herabkunft Kräfte mit der Absicht auf, sie von der Welt auszuschließen.

Der Ballon saugt sie, das Engelwesen, in sich auf. Nun steht sie vor einer weißen Wand. Dahinter spürt sie das Rumoren der irdischen Welt. Wie durch einen Vorhang tritt sie durch die Wand hindurch - und findet sich unversehens in der brutalen Realität eines KZ-Experimentallabors wieder, wo Vivisektionen an Menschen durchgeführt werden. Mit größtem Horror beschreibt Brigitte in eindringlichen Details, wie einem Häftling bei lebendigem Leibe der Schädel geöffnet wird, um das Gehirn freizulegen und die Koordination von Körperbewegung und Hirnimpuls zu studieren. Der Mann stirbt unter Qualen, was den Professor, einen kalten Zyniker, ungerührt lässt. Seinen Assistenten jedoch treibt es in schwere Gewissensnöte. Er wird zum Alkoholiker.

Brigitte - als nach wie vor unverkörpertes Geistwesen - heftete sich an diesen jungen Mann, in der Hoffnung, er würde irgendwann eine Wiedergutmachung leisten, was im Sinne ihres eigenen Auftrags wäre. Doch auch nach Kriegsende fängt er sich nicht, sondern bleibt am Alkohol hängen. 1961 stirbt er.

Anschließend zieht es Brigitte in einen milchig-hellen Raum, draußen in der metaphysischen Leere, in eine „Nirvana-Blase". Weil dort absolut nichts geschieht, fühlt man auch keine Zeit. Ein ewiges Jetzt. Erst bei der nächsten Inkarnation lässt sich beurteilen, wie viele Erdenjahre verstrichen sind. Es könnten Jahrtausende sein. Bei Brigitte aber sind es nur zwei Jahre. Ein telepathischer Ruf „erweckt" sie. Er geht von ihrem zukünftigen Vater aus. Als junger Assistenzarzt hat er hinsichtlich einer ihm angebotenen Stellung im Krankenhaus einen ähnlich gelagerten ethischen Gewissenskonflikt zu bewältigen, wie ehemals der KZ-Assistent. Deswegen ist er Brigitte sympathisch. Sie folgt ihm und möchte bei ihm bleiben. Es folgen Zeugung, Schwangerschaft und Geburt, und nun ist die kleine Brigitte, ehemals körperloses Engelwesen, zum ersten Mal inkarniert.

Schlagartig kommt meiner Sitzungspartnerin die Erkenntnis, wieso sie sich am tödlichen Unfall ihres Vaters bis zum heutigen Tag schuldig fühlt, obwohl sie damals erst drei Jahre alt war. Es liegt an ihrer Vorgeschichte, an ihrer Zielsetzung, an dem, wofür sie unterwegs ist! Sie erkennt ihre Berufung: „Dem Unrecht eine Stimme geben". Ihre erste Station auf der Erde war ein Konzentrationslager, ein Ort größten Unrechts. Sie setzte ihre Hoffnung auf den Assistenzarzt, dass der etwas daran ändern möge, doch soff sich der zu Tode. Dann setzte sie ihre Hoffnung auf ihren Vater. Sie blieb eng in seiner Nähe, wurde zwar seine Tochter, erlebte sich ihm gegenüber aber nie als Kind, sondern immer auf Augenhöhe. Vor seinem tödlichen Unfall hatte sie die Vorahnung, dass an diesem Abend etwas Schlimmes geschehen werde; sie wünschte sich, der Vater möge bitte nicht aus dem Haus gehen, nicht ins Kino gehen – doch sagte sie nichts. Wie auch, mit drei Jahren. Und dann geschah es. Auf der Rückfahrt vom Kino. Der tödliche Unfall. Ihr Versagen. Endlich die Erkenntnis! So traurig sie sein mag, bringt sie Brigitte große Erleichterung.

Nach über siebzehn Stunden Sitzungszeit sind wir am Ende des dritten Tages angelangt. Dennoch haben sich für Brigitte noch nicht alle Rätsel gelöst. Wo sie denn nun wirklich hergekommen sei, fragt sie sich? Was ist das für eine „himmlische Welt", aus der sie als Entwicklungshelferin zur Erde herunter geschwebt kam?

Die Erinnerung daran ist Brigitte nun zugänglich, denn nach Aufarbeiten ihres spirituellen Traumas sind Verdrängung und Unbewusstheit verflogen. Der Blick ist frei.

Zwist zwischen Engeln

Es war eine Gemeinschaft von körperlosen Astralwesen, von der aus Brigitte zur Erde loszog. Dieser „Engelclub", wie wir das bei MindWalking nennen (man stößt häufig darauf), betrachtet sich als „Wahrer der Ordnung". Den dortigen Wesen sind die grausigen Geschichten bewusst, die sich auf der Erde zutragen, diese milliardenfachen tragischen Schicksale über die Jahrtausende hinweg. Meine Sitzungspartnerin nennt das „die Geschichten-Bibliothek". Diesbezüglich gerät sie mit dem Engelclub in Konflikt. Denn wiewohl sich diese Ordnungshüter einerseits dazu bekennen, schlichtend und lindernd eingreifen zu müssen, scheuen sie andererseits davor zurück. Man müsse es der Menschheit überlassen, sich selbstständig zu entwickeln. Man dürfe da nicht eingreifen. Man sei schließlich nicht die Weltpolizei. Knapp gesagt, befindet Brigitte, sie drücken sich. Sie sind feige.

Als Brigitte erstmals zu ihnen stieß, war sie mit der Absicht unterwegs, schlichtend und lindernd zu wirken, um die Entstehung weiterer traumatischer Geschichten zu verhindern. Als geistiges Wesen - noch jung und naiv wie ein Kind - ordnete sie sich dem Engelclub unter, weil sie mit dessen Unterstützung rechnete. Doch nein, sie stieß auf Widerstände. Was schließlich soweit ging, dass es den Ordnungshütern leid war mit der Diskutiererei und man es dem Neuling nahe legte, doch bitte alleine seinen Weg zu gehen, und zwar möglichst bald. Schon dort war Brigitte eine Ausgeschlossene!

Nachträglich erkennt meine Sitzungspartnerin mit Empörung, wie perfide sie jener Engelclub damals behandelte, indem er sie ohne jegliche Vorwarnung losschickte und sie in die mental-energetische Installation, den schwarzen Ballon, hineingeraten ließ. Dieser Ballon war dem Engelclub durchaus bekannt, sieht sie nun; er war es, an den man sich nicht herantraute. Man wusste um seine Kräfte, wusste, dass man zu einem willenlosen Instrument werden würde – genauso, wie es Brigitte tatsächlich erging. Ohne ihr Wissen und Wollen wurde sie in den Ballon hineingesaugt, ohne jeden Übergang war sie dem Horror des KZ-Labors ausgesetzt. Sie war gelähmt, fassungslos. Der Schock war zu groß, ihre Hilfemission torpediert. Als Notlösung inkarnierte sie - ihre Absicht war das nicht gewesen.

Ein hyperrealer Garten zwischen den Welten

Das Mittel, mit welchem meine Sitzungspartnerin in die Falle gelockt wurde, war ein verführerisch schöner Garten. Erst jetzt kommen Brigitte die Erinnerungsbilder dazu. Mitten im leeren Nichts – nicht etwa im astrophysikalischen Weltraum, sondern buchstäblich im leeren Nichts – hing so etwas wie eine Bühne, auf der ein ganz zauberhafter wunderschöner Garten arrangiert war. Mit seinen intensiven, hyperrealen Farben ähnelt er den bekannten Beschreibungen aus Nahtoderlebnissen. In diesem scheinbar so unschuldigen Garten spielt ein Mädchen in weißem Kleid.

Unterschwellig wird Brigitte suggeriert, dies sei ihre Zukunft, dies sei ihr zukünftiges Leben. Sie kann nicht anders als sich nähern, begibt sich in den Garten – da bläht sich der schwarze Ballon vor ihr auf. Vorbei! Ab da gab es kein Zurück mehr.

Brigitte fühlt sich regelrecht verschaukelt, auf den Leim geführt. Sie kam in bester Absicht und wurde gelinkt! Erst als ihre Empörung verraucht ist, kann es weitergehen. Es folgt nun die Erinnerung an ihren eigentlichen Ursprung, weit früher als ihre Vergesellschaftung mit jenem Engelclub.

Sie war allein unterwegs, sozusagen als ein leuchtendes, schwebendes Nichts, umgeben von anderen leuchtenden schwebenden Nichtsen und verwoben mit ihnen. Dort draußen, sozusagen am Quellpunkt des spirituellen Seins, war man sich der „Geschichten-Bibliothek“ zwar bewusst, doch ohne jede Schärfe. Sie war bewusstes Wissen, das nicht weh tat, das nicht schmerzte. Aus dem großen Bewusstsein heraus, als dessen Teil sie sich fühlte, erwuchs Brigitte wie auch all jenen leuchtenden Wesen dort draußen eine Berufung. Ihretwegen machten sie sich auf den Weg, einer nach dem anderen: Zum Zwecke der „Entschmerzung“, wie Brigitte es nennt.

So zog sie denn los. Jetzt ist sie angekommen. Jetzt erst. Denn erst in diesem Augenblick der Sitzung begreift Brigitte mit unerschütterlicher Gewissheit, wer sie ist und woher sie kam.

Mit mentalem Teer verklebt

Sind wir damit am Ende? Nein. Denn noch immer empfindet meine Sitzungspartnerin eine Beeinträchtigung, einen fremden Einfluss. Dem spüren wir nach. Und wir finden, dass von jenem Ballon etwas an ihr hängengeblieben ist. Ein mental-energetischer „Fetzen“ hat sich an sie geheftet. Er sitzt auf dem Herz-Chakra und blockiert es. Damit löst sich endlich das Rätsel, wieso Brigitte eine so große Fremdheit den Menschen gegenüber empfindet.

Wir stimmen uns auf den Ballonfetzen ein, der ja nichts anderes ist, als ein von ganz bestimmten Urhebern zu einem ganz bestimmten Zeitpunkt mit ganz bestimmten Absichten geschaffenes Mentalfeld. Gelingt es uns, die in ihm eingebetteten Daten zu Ort, Zeitpunkt und Absicht der Erschaffung abzulesen, so wird sich der Fetzen in die Mentalquanten auflösen, aus denen er besteht. Ein auf Schädigung programmiertes Feld wie dieses, hat nur über Verheimlichung Bestand. Bewusstwerdung ist das erprobte Gegenmittel.

Doch siehe da, der Fetzen widersteht unseren Bemühungen. Das ist eher ungewöhnlich. Blockiert da jemand? Gibt es einen Aufpasser? Ja, den gibt es. Brigitte fühlt die telepathische Anbindung an ein nicht-verkörpertes Geistwesen „irgendwo da draußen“ im metaphysischen Raum. Er stellt sich vor als der „Meister der Ablenkung“. Installationen wie jener Ballon und so auch dieser Fetzen gehören zu seinen Meisterstücken. Sie dienen der Einschläferung und Ablenkung neugieriger Helferlein aus fernen Engelwelten. Denn die sind nun mal gar nicht erwünscht.

Offensichtlich haben wir es hier mit einem Vertreter der Gegenseite zu tun - jener, mit der sich unser Engelclub um Himmelswillen nicht anlegen möchte.

Die Gegenseite meldet sich

Damit ändert sich die Rollenverteilung in unserer Sitzung. Bisher war ich Brigittes Sitzungsleiter und sie meine Sitzungspartnerin, nun aber wird sie unter meiner Anleitung selbst zur Sitzungsleiterin und der Ablenkungsmeister zu ihrem Sitzungspartner. Meine Fragen gibt Brigitte an ihn weiter, seine Antworten an mich. Die Verdrahtung ist eng, wie immer bei solchen telepathischen Dialogen. Oft bekommt unser spiritueller Sitzungspartner meine Fragen unmittelbar mit und ich seine Antworten schneller, als Brigitte sie aussprechen kann.

Der Dialog funktioniert blendend, so schwierig er sich auch im Einzelnen gestalten mag. Er ähnelt dem, was ein Polizeipsychologe zu leisten hat, wenn er einen Geiselnehmer dazu bewegt, sein Opfer frei zu geben. Trotz anfänglichen Sträubens bekennt der Ablenkungsmeister schließlich, welche persönliche Niederlage ihn vor Urzeiten niederschmetterte, und wie er zwecks Kompensation zu seinem bösen Tun griff. Nur auf diese Weise wurde er wichtig genommen und fand Anerkennung. Im Verlauf des Gesprächs sieht er ein, dass er nur dann frei sein wird, wenn er andere frei sein lässt, statt sie mit Tricks an sich zu binden. Er zieht sich zurück, um ein neues, faires Spiel zu beginnen.
Anschließend lässt sich der Ballonfetzen problemlos auflösen. Keiner mehr da, der ihn blockiert.

Endlich frei!

Wir haben es geschafft! Nach 21 Stunden harter Arbeit innerhalb von vier Tagen. Ende der Sitzung.

Eine Woche später schreibt mir Brigitte per Email: „Es ist erstaunlich, wie viel einfacher es jetzt für mich ist, mit Menschen umzugehen, auch wenn ich sie zunächst eigentlich nicht sympathisch finde. Meine Herzenergie fließt - der Deflektor ist definitiv entfernt. Juhu!! Das war ein wichtiger Schritt. Es scheint, als sei die Herzenergie meine mächtigste Waffe. Ich will sie nähren und stärken."

INTERVIEW MIT DIPL.-PSYCH. ROLF-ULRICH KRAMER

Prof. Dr. Ernst Senkowski (1922–2015)
Experimentalphysiker,
Transkommunikationsforscher

Zufälle gibt's!

Immer wieder treffen wir sprichwörtlich auf den Zufall. Für die Recherchearbeiten zum Thema „welche Möglichkeiten gibt es, mit der aufgestiegen Welt in Kontakt zu kommen", führte mich der Weg zu Alfred Steinecker. Er gehört zu einer Gruppe von Menschen, die mit Ihrer Art zu Kommunizieren – der Telepathie – nach eigenen Angaben mit einer Gruppe von außerirdischen Zivilisationen in Verbindung steht, welche angeblich gerade dabei sind, die Menschheit behutsam auf den sichtbaren Erstkontakt vorzubereiten. Um in den Dialog mit diesen Zivilisationen zu kommen, veranstaltet Alfred Telepathie-Seminare. Hier wird an mehreren Tagen fleißig geübt, diese universelle Sprache zu lernen. Denn wie er sagt, kann man dadurch mit allen Elementen und Entitäten im Universum, sowie den Wesen in den anderen Dimensionen, bis hin zu den Verstorbenen, kommunizieren. Natürlich musste ich da mitmachen und es selbst testen. Leider gelang es mir bisher nicht wirklich, diese Art von Kommunikation so zu lernen, dass es zu sinnvollen Dialogen oder einer wissenserweiternden Verbindung kam. Allerdings bin ich mittlerweile fest davon überzeugt, dass dies möglich ist – nur lernt halt jeder in einem anderen Rhythmus, und meiner scheint dafür zu schnell zu sein, denn eine gewisse Entspannung ist wohl Voraussetzung für einen erfolgreichen Dialog. Auf alle Fälle lernte ich beim ersten Treffen dieser „First-Contact-Gruppe" zwei Film-Kollegen kennen: Frank Jacob und Tonia Madenfort. Auch sie hatten von diesem Seminar erfahren und nahmen daran teil. Des Weiteren hatten sie gerade ein Filmprojekt abgeschlossen, das sich ebenfalls mit „unmöglichen" Fakten befasste - mit dem Titel „Packing for Mars". Wir kamen natürlich ins Gespräch und ich stelle mit Erstaunen fest, dass Frank Jacob das letzte Interview mit Prof. Dr. Ernst Senkowski zum Thema „Chronovisor" geführt hatte. Das ist ein Gerät, welches Ernetti Pellegrino – ein Benediktiner mit einem akademischen Grad in theoretischer Physik – mit einer Gruppe von weiteren Wissenschaftlern in den 1970er Jahren entwickelt hatte. Mit dem Chronovisor war es möglich, Bilder von der Gegenwart, Vergangenheit und sogar Zukunft aus dem „Transraum der Quantenwirklichkeit" zu empfangen. Offiziell wird es vom Vatikan bestritten, dass es so etwas gegeben hat – aber Prof. Dr. Ernst Senkowski hatte mit Pater Ernetti persönlich gesprochen und glaubte seiner Aussage. Das tolle war nun, dass mir Frank und Tonia anboten, mir für meine Film-Doku dieses 45 Minuten-Interview zur Verfügung zu stellen, da Ernst Senkowski kurz zuvor verstorben war – ein Interview mit ihm war nun nicht mehr möglich.

Prof. Dr. Ernst Senkowski war ein deutscher Physiker und hat den Begriff der „Instrumentellen Transkommunikation" ins Leben gerufen. Was

Senkowski jedoch von vielen anderen „Jenseitskontaktlern“ unterschied, war seine naturwissenschaftliche Ausbildung und Herangehensweise: Mit teils großem technischen Aufwand versuchte er, jegliche ungewollte und artifizielle Fremdeinwirkung auf die Experimente auszuschließen. Während er selbst von der Realität und anormalen Qualität einer Vielzahl der aufgezeichneten Stimmen, Botschaften und später auch mittels Videorekordern aufgezeichneten Abbildern, der sich auf diese Weise offenbarenden Quellen überzeugt war, präsentierte er die Ergebnisse seiner Arbeit nie als eindeutigen Beweis für das Jenseits. Als Indiz und deutlichen Hinweis darauf, dass mit dem Tod nicht alles vorbei ist und unser Bewusstsein überdauert, allemal...

Der Begriff „Tonbandstimmen“ (TBS) geht auf den schwedischen Kunstmaler und Opernsänger Friedrich Jürgenson (1903 – 1987) zurück, der im Jahr 1959 mit seinem Tonbandgerät Aufnahmen von Vogelstimmen anfertigte. Nach mehrmaligem Anhören der Bänder, erkannte er darauf neben den Vogelstimmen auch weitere Stimmen, welche ihn persönlich ansprachen („Friedrich, du wirst beobachtet“) und Aussagen trafen, von denen nur er selbst etwas wissen konnte. Dieses Erlebnis beeindruckte ihn so sehr, dass er sich mit der weiteren Erforschung dieser „Stimmen“ beschäftigte. Im Jahr 1967 veröffentlichte er sein Buch „Sprechfunk mit Verstorbenen“ und machte damit auch den Begriff „Stimmen aus dem Jenseits“ bekannt.

Friedrich Jürgenson war zeit seines Lebens darum bemüht, seine Entdeckung aus wissenschaftlicher Sicht untersuchen zu lassen. Dazu führte er unzählige Gespräche mit Rundfunktechnikern, genauso wie mit Physikern und Psychologen. So ließ etwa das Parapsychologische Institut der Universität Freiburg unter der Leitung von Hans Bender in Zusammenarbeit mit Jürgenson in den Jahren 1964 und 1970 Untersuchungen durchführen, welche die Existenz des Phänomens zwar grundsätzlich bestätigten, die jedoch nicht weitergeführt wurden, da die erzielten Ergebnisse den strengen Anforderungen der verwendeten Analyseverfahren nicht genügten.

Der lettische Schriftsteller Konstantin Raudive (1909–1974) beschäftigte sich ebenfalls lange Jahre mit dem Phänomen der Tonbandstimmen. 1968 erschien sein Buch „Unhörbares wird hörbar“. Raudive und Jürgenson waren bestrebt, das paranormale Phänomen unter wissenschaftlich kontrollierten Bedingungen zu beweisen. Dies gelang Raudive im März 1971 mit der Mikrofonmethode, durch die Einspielung von Stimmen in einen „Faraday´schen Käfig“ im abgeschirmten Laboratorium der Firma Belling & Lee Ltd. in London.

ZUFÄLLE GIBT'S!

Die Skeptiker bezweifeln die Aussagekraft dieser frühen Untersuchungen, weil unklar sei, ob geeignete Vorkehrungen getroffen wurden, Einflüsse auszuschließen.

Was mir an Prof. Dr. Senkowski immer gefallen hat, war seine pragmatische wissenschaftliche Denkweise. Alles war offen, was nicht sofort eine Erklärung fand. Er ließ sich keine wissenschaftlichen Scheuklappen anlegen und legte immer wieder die Finger in die offensichtlichen Wunden der Mainstream-Wissenschaft. Für ihn war nur derjenige ein Wissenschaftler, der sich den Herausforderungen stellt und nicht durch seine dogmatische Sichtweise Dinge verneint, nur weil man sich diese nicht erklären kann und sie nicht ins aktuelle Weltbild passen.

Gesa Dröge hat es möglich gemacht, noch zwei Vorträge von Prof. Dr. Senkowski mit in dieses Buch einfließen zu lassen, da er wie kein anderer das Thema „Instrumentelle Transkommunikation" erforscht hat. Seine Erkenntnisse und seine Einsichten dürfen in einem Buch, das sich mit den Dingen „Jenseits des Greifbaren" befasst, auf keinen Fall fehlen.

Erfahrungsberichte eines Physikers in der Kommunikation mit Verstorbenen

Vortrag / Seminar, Aachen, 12.November 2011

TEIL 1: Gegebenheiten

Die gegenwärtige Epoche kann durch die intensive Frage nach dem Bewusstsein gekennzeichnet werden. In diesem Rahmen haben sich einige theoretische Physiker dem Problem des Fortlebens zugewandt. Weitaus seltener fühlt sich ein Experimentalphysiker durch das anormale Verhalten elektronischer Geräte herausgefordert, deren außergewöhnliche Signale als Aktivitäten bewusster ‚toter Menschen' erscheinen, wie dies in der Instrumentellen Transkommunikation (ITK) der Fall ist. Es geht also um spezielle Formen der Nachtodkommunikation.

Der erste Teil des Vortrages betrifft meine persönliche Entwicklung und den gegenwärtigen Stand und konkretisiert diese Berichte mit Beispielen außergewöhnlicher Stimmen, Bilder und Texte. Im zweiten Teil werde ich einige Aspekte und Einordnungsversuche vorstellen. Später können wir die Thematik im seminaristischen Rahmen vertiefen.

Meine Persönliche Geschichte

Sie rankt sich um zwei häufig gestellte Fragen:

1. Warum wendet sich ein Physiker den Grenzgebieten zu?

2. Welche Erfahrungen überzeugten ihn von der Realität außergewöhnlicher Phänomene?

zu 1.
Im Alter von 16 Jahren fiel mir Literatur über außersinnliche Wahrnehmung in die Hände, die der Physik zu widersprechen schien. Gleichzeitig konnte ich mich mit religiösen und philosophischen Vorstellungen der Inder und Chinesen vertraut machen. Während des Krieges und auch danach hatte ich einige telepathische Erlebnisse, die meine Zweifel an der Vollständigkeit des physikalischen Weltbildes bestärkten.

1974 schaltete ich ‚zufällig' eine ZDF-Sendung ein, in der Friedrich Jürgenson behauptete, er habe auf Tonbändern außergewöhnliche Stimmen dokumentiert, die sich als verstorbene Menschen benannten. Die Diskussionsteilnehmer - mit Ausnahme des Parapsychologen Hans Bender - stellten Jürgensons Erklärungen in Frage. Ich war von der Möglichkeit fasziniert, solche Stimmen mit einfachsten Mitteln zu realisieren, wozu nach Jürgenson ein Radio- und ein TB-Gerät genügen sollten und beschloss, mich von der eventuellen Existenz des Phänomens selbst zu überzeugen. Mit den ersten Versuchen Ende 1976 begann eine Laufbahn, die mich bis hierher geführt hat.

zu 2.

Für meine Experimente brachte ich einige günstige Voraussetzungen mit: 1937 war ich Kurzwellenamateur geworden und während des Krieges als Nachrichtenmann eingesetzt. 1961 hatte ich meine private Funkstation von Hamburg nach Mainz mitgenommen.

Meine ersten Versuche zeitigten drei erstaunliche Anomalien:

1. Am 27. Dezember 1976 hatte ich mehrere Stimmen auf dem Band, die sich als ‚Tote' bezeichneten.

2. Am 14. Januar 1977 sprach mich – ungerufen - eine Stimme ähnlich der meines 1959 verstorbenen Vaters mit meinem Vornamen und dem Scherzwort ‚Pomuchl' an, das er zu Lebzeiten benutzt hatte.

3. Am 1. Februar 1977 empfingen meine Frau und ich in Anwesenheit zweier Zeugen, unmittelbar vom Radio eine Serie aus fünf Passagen, die ein familiäres Ereignis beschrieben, das sich etwa eine Stunde später in Berlin abspielte.

Diese drei Erlebnisse bewirkten einen Umbruch auf zwei Ebenen:

1. Dem Physiker dokumentierten sie endgültig die Unvollständigkeit der Physik, insbesondere auch die Relativität der linearen Zeit, und

2. die persönliche Betroffenheit löste mit dem Auftauchen ‚innerer Stimmen' eine ‚mediumistische Psychose' aus, die sich als Öffnung eines medialen Kanals deuten lässt, den ich nach einigen Monaten wieder schließen konnte.

Danach begann ich die einschlägige Literatur zu studieren, die ich zuvor bewusst gemieden hatte. Meine 1979 in der ‚Zeitschrift für Parapsychologie' veröffentlichten Ergebnisse wurden in gut parapsychologischer Manier angezweifelt. Dabei hatte sich längst herausgestellt, dass wesentliche Charakteristika der von mir aufgezeichneten Stimmen, mit den Erfahrungen anderer Experimentatoren soweit übereinstimmten, dass sie als unabhängige Bestätigung gelten durften.

Während der folgenden Jahrzehnte lernte ich mehrere Operatoren kennen, deren Ergebnisse über die unbefriedigende Quantität und Qualität der TBS weit hinausgingen. Ich benannte den gesamten Komplex, der inzwischen auch Bilder und Computertexte umfasste, als ‚Instrumentelle Transkommunikation'. Die erste Auflage des gleichnamigen Buches erschien 1989. Die letzte Version steht im Internet. *

---

* ZSPP 21, 3/4, 1979, S. 291-298 - www.transkommunikation.info

Entwicklung und Stand der ITK

Meine persönlichen Erfahrungen in der ITK sind Teil einer weltweiten Entwicklung. Mediale Voraussagen elektromagnetischer Kontakte mit den Verstorbenen tauchten ab Anfang des 20. Jahrhunderts auf. Stimmen ungeklärter Herkunft auf Tonträgern in den 30ern wurden nicht verfolgt. Von drei unabhängigen spontanen Beobachtungen wurde die erste in

- Italien (1952) im Physiklabor der Katholischen Universität in Mailand lange Zeit unter Verschluss gehalten; die zweite in den

- USA erschien 1959 in einer parapsychologischen Zeitschrift und blieb unbeachtet.

- Etwa gleichzeitig entdeckte der bereits genannte Friedrich Jürgenson die Stimmen und löste mit seinem Buch ‚Sprechfunk mit Verstorbenen' (1967) eine kleine Lawine aus.

In Deutschland griff der Literat Konstantin Raudive das Thema auf, und die Publikation seiner erfolgreichen Experimente im Faraday-Käfig in England gelangte in die USA.

Nachdem der Ingenieur George W. Meek 1982 in Washington D.C. die Ergebnisse des Experimentators William O'Neil vorgestellt hatte, trug im deutschsprachigen Raum Rainer Holbe bei RTL im Rahmen der ‚Unglaublichen Geschichten' wesentlich zur Verbreitung des Wissens bei, ohne dass die Phänomene und ihre Bedeutung offiziell zur Kenntnis genommen wurden.

Derzeit gibt es in etwa 25 Ländern Einzelpersonen und Gruppen mit Mitteilungsblättern und Zeitschriften, sowie mehr als 100 Monographien in zwölf Sprachen. Internationale Kongresse haben stattgefunden.

Während die Nullreaktion der materialistischen Wissenschaftler zu erwarten war, begnügen sich die Parapsychologen seit 40 Jahren damit, auf den Schwierigkeiten der Dekodierung der problematischen TBS herumzureiten. Sie hielten es nicht für wert oder nötig, sich bei den Spitzenexperimentatoren von der intersubjektiven Realität und der Eindeutigkeit der Phänomene zu überzeugen oder selbst zu experimentieren, und die Erforscher der NTE haben es ihnen gleichgetan, obwohl sie eine Stütze der Überlebenshypothese hätten finden können.

Die öffentlichen Medien haben erst während der letzten Jahre eine größere Offenheit und Korrektheit gezeigt. Das Internet stellt Material und Kommentare bereit, aber nicht alles was da glänzt ist Gold.

Tonbeispiele

Ein oberflächlicher Eindruck der Stimmen lässt sich mit Beispielen aus einer unüberschaubaren Zahl singulärer Aufzeichnungen vermitteln. Die Interpretation der sehr unterschiedlichen, vielfach gestörten und verzerrten Signale erfordert eine erhebliche psycholinguistische Anpassungsfähigkeit. Glücklicherweise gibt es aber genügend Beispiele, deren eindeutige Erscheinungsformen jede vernünftige Kritik ausschließen sollten. Erfahrene Experimentatoren sind imstande, die Paranormalität an Hand von Eigentümlichkeiten abzuschätzen, die viele Stimmen von normaler Sprache abheben.

Zur Verwirklichung von TBS gibt es ebenso viele Methoden wie Experimentatoren. Am einfachsten ist - seit Jürgenson - die Aufzeichnung eines Gemischs normaler Stimmen, etwa von einem Radiogerät, und ihre subjektive Interpretation. Je schlechter das ‚Signal-zu-Rausch-Verhältnis' ist, umso schwieriger erweist sich ein intersubjektiver Konsens. Die unmittelbare Reaktion der Stimmen auf einen Anruf schließt den Empfang einer ‚passenden' terrestrischen Sendung praktisch aus. In besonderem Maß ist die Paranormalität der minutenlangen Dialoge mit den sogenannten direkten Stimmen gewährleistet, die unmittelbar vom Radiolautsprecher ausgehen (DRV).

Transbilder und Computertexte – Einführung

Außergewöhnliche Bilder und Computertexte sind - wie die direkten Stimmen - erheblich seltener als die gewöhnlichen TBS. Die Bilder sprechen für sich, vermutlich sind es irdische Erinnerungen, die nicht unbedingt jenseitige Formen wiedergeben. Schließlich können wir Personen nur bei hinreichender Ähnlichkeit wiedererkennen.

Wesentlich zur Absicherung der Paranormalität von Computertexten ist die fehlende Verbindung zu Datennetzen. Sie sind nahezu fehlerfrei, etwaige Interpretationsschwierigkeiten beschränken sich auf die Semantik.

TEIL 2: Einordnungsversuche

Einführung

Der Versuch, die ITK sinnvoll in unsere gewohnte Weltsicht einzuordnen, stößt auf eine Reihe von Schwierigkeiten, unter anderem, weil natur- und geisteswissenschaftliche Facetten eng verknüpft sind. Seit die moderne Physik die ungelösten philosophischen und religiösen Grundprobleme unserer Existenz erneut aufgeworfen hat, lassen sich die verschiedenen Aspekte mit dem Begriff ‚Bewusstsein' erfassen. Die Dynamik hat bisher nicht zu einem Konsens geführt.

Der zweite Teil meines Vortrages umfasst 5 Abschnitte, in denen ich versuche, die ITK und ihr Umfeld ein wenig zu erhellen.

Kommunikation

Kommunikation - etwas Miteinanderteilen - kann als Grundlage des Lebens betrachtet werden. Das Geteilte oder Mitgeteilte wird unscharf als Information bezeichnet. Tatsächlich kann ‚Information' nicht von einem Sender zu einem Empfänger übertragen werden. Genau genommen handelt es sich um Signale, die ein Informationspotential besitzen können. Die Dekodierung durch den Empfänger resultiert in einer Veränderung seiner Form als Information. Damit sind die unterschiedlichen Reaktionen verschiedener Empfänger auf die gleichen Signale vorgezeichnet.

In der ITK versagt das Sender-Empfänger-Modell. Wir erkennen keinen greifbaren Sender und keinen energetischen Träger der Signale. Wir können Korrelationen aufstellen und mit Jung-Pauli* von bedeutungsvollen Synchronizitäten innerhalb eines ganzheitlichen Universums sprechen, oder von Formresonanz geistiger Muster.

---

* Carl Gustav Jung (1875-1961), Schweizer Psychiater, und Wolfgang Pauli (1900-1958), dt. Physiker

Anomalien – Paranormologie

Der klassische Physiker steht hilflos vor den Anomalien. Max Dessoir * hat sie als parapsychologisch bezeichnet. Die Anwendung der Galileischen Methodik hat nicht zu einer wissenschaftlichen Eingliederung der Parapsychologie geführt. Andreas Resch hat den Begriff Paranormologie vorgeschlagen, weil die Phänomene gegen die von Menschen aufgestellten Normen verstoßen. Die ITK kann in eine transzendenzoffene Paranormologie eingefügt werden.

Der Kommunikationsexperte G. N. M. Tyrrell hat 1947 die Diskrepanzen aufgezeigt, die eine Erweiterung des Systems fordern. Anfang der 70er betonte C. G. Jung die Relativität von Raum und Zeit und wies die Kausalität in die Schranken, nachdem ihre uneingeschränkte Gültigkeit in der Quantentheorie durch Wahrscheinlichkeit ersetzt worden war. Die Beobachtung (sub-)atomarer Ereignisse wurde zum Schöpfungsakt, und die Übertragung dieser Ansicht auf unsere makroskopische Welt kann sinnvoll erscheinen. Die Konstruktivisten beschreiben ‚die Wirklichkeit' als mentale Konstruktion.

Alles beginnt und endet im Bewusstsein, so dass Brenda Dunne, Paraforscherin in Princeton, sagen konnte: ‚Alles, was ist, ist im Bewusstsein' und ‚Ohne Bewusstsein ist alles nichts'.

---

* Max Dessoir (1867-1947), Psychologe, Urheber des Begriffs ‚Parapsychologie'

Instrumentelle Transkommunikation (ITK)

Die Mechanisten gehen den Hinweisen auf Jenseitswelten geflissentlich aus dem Weg. Die ITK-Effekte sind besondere Stolpersteine, wenn sich inhaltlich gleiche oder verwandte Anomalien angleichen oder verschiedenen Orten durch unterschiedliche Geräte verwirklichen oder zeitlich versetzt auftreten. Die Stimmen in Raudives Anwesenheit in England im Faraday-Käfig sprechen gegen die elektromagnetische Einstrahlung der Transsignale.

Danach liegt es nahe, die Veränderung vorgegebenen Materials als nichtenergetische Hypermodulation durch außerraumzeitliche psychische Strukturen zu deuten.

Als Rohmaterial kann auch (elektronisches) Rauschen dienen, das in idealisierter Form alle Frequenzen von Null bis Unendlich enthält. Die Stimmen wären dann das Ergebnis einer zielgerichteten mentalen Selektion geeigneter Frequenzen, also eine Informations-Extraktion.

William Tiller hat die nachhaltige intentionale Impregnation (absichtliche Einprägung, Befruchtung, Imprägnierung) von Geräten und Räumen durch Meditation und Gebet nachgewiesen.

Telefonstimmen Verstorbener wurden 1979 von Scott Rogo und Raymond Bayless in ihrem Buch ‚Phone Calls from the Dead‘ dargestellt. Auch diese Ereignisse sind klassisch unverständlich, ebenso wie die Meldungen Verstorbener über die modernen Handys.

Mit wenigen Ausnahmen ist es nicht gelungen, die Qualität und Quantität der Stimmen mit ‚technischen Hilfsmitteln‘ zu verbessern.

Das von Klaus Schreiber in den 1980er Jahren in Aachen eingeführte optisch-elektronisch rückgekoppelte System scheint die Formung von Transbildern zu begünstigen. Schreiber durchsuchte nächtelang die Videoaufzeichnungen der Fluktuationen (Rauschen!) in Einzelbildschaltung, bis er ein Transbild fand. Auch andernorts traten Einzelbilder oder kurze Sequenzen auf. Ein Standbild wurde von einer direkten Stimme begleitet, ein anderes Mal erschien synchron zu einem Transbild auf dem Fernseher ein bezugnehmender Text auf dem Monitor des Computers im Nebenraum.

Wir kennen den Modus der Entstehung der Anomalien nicht. Als Annäherung kann eine isoenergetische Steuerung der Wahrscheinlichkeiten gewählt werden, eine raumzeitliche Realisierung der Kopplung ähnlicher geistiger Strukturen.

Die Verursacher

Kontakte mit Verstorbenen sind seit den Schamanen als subjektive Äußerungen medial begabter Menschen bekannt. Trotz ihrer intersubjektiven Anteile kann die ITK die Frage nach ihren Quellen oder Verursachern nicht befriedigend beantworten. Der naiv benutzte Begriff ‚Beweis' stellt ein eigenes Problem dar. Die Engländer kennen ‚evidence' und ‚proof'.

Die Beobachtung, dass die Geräte nach dem Ableben eines erfolgreichen Experimentators ihren Transdienst versagen, stützt die Vorstellung, seine psychischen Fähigkeiten seien zur Funktion notwendig gewesen. ITK-Spitzenergebnisse sind bei Operatoren aufgetreten, die auch über andere medial-psychische Fähigkeiten verfügten.

Im einfachsten Modell erscheint ein Experimentator als (unbewusster) mental-telepathischer Empfänger, der eine Transmitteilung ‚psychokinetisch' in das elektronische System einprägt.

Die Frage, von wem der Inhalt einer Transmitteilung stammt, ist vermutlich im Rahmen zweiwertiger Logik nicht eindeutig zu beantworten. Wir müssen die semantische, nicht-lokale geistige Verschränkung zu Hilfe nehmen.

Völlig unübersichtlich ist die Situation hinsichtlich ‚nicht-menschlicher Wesenheiten', die sich mit Phantasienamen bezeichnen und als Außerirdische, Engel, Götter usw. ausgeben. Während bei bekannten Verstorbenen einige Indizien ihre Identität nahelegen, fehlt uns in diesen Fällen jede Kontrollmöglichkeit, sodass wir auf Glauben angewiesen bleiben. Für Exobiologen, Esoteriker und Science-Fiction-Autoren ist hier beliebig viel Phantasiespielraum, und die Fundamente der Religionen geraten heftig ins Wanken.

Die Bedeutung der Inhalte

Nach der einheitlichen psycholinguistischen Interpretation der Wörter, Sätze und Texte kann ihre Bedeutung erörtert werden. Wenn das Jenseits durch fremdartige Bewusstseinszustände gekennzeichnet ist, wären die uns erreichenden Signale kaum mehr als flüchtige, punktuelle Beschreibungen. Die irdischen Begriffe müssen ‚drüben' nicht zutreffen und könnten Erinnerungen der Jenseitigen spiegeln, die das Medium oder der Experimentator umsetzt.

Jeder Kommunikator, ‚dort' wie hier, ist bestenfalls imstande, das weiterzugeben, was ihm zugänglich ist. Singuläre Aussagen dürften also nicht verallgemeinert werden. Nach allem scheint es Im ‚Hause unseres Vaters' unendlich viele ‚Wohnungen' zu geben, wie denn auch hierorts 6 Milliarden Menschen in ihrem, je eigenen, psychosomatischen ‚Gehäuse' leben. Der Psychologe Jon Klimo hat den Empfang von Informationen aus paranormalen Quellen' (Channeling 1987) bearbeitet.

Die ITK-Kontakte weisen ein breites inhaltliches Spektrum auf, das auf manchen Strecken mit rein medialen Äußerungen konform ist. Kürze und Metaphorik der TBS erschweren oder behindern die Sinnfindung. Die längeren, teilweise dialogfähigen DRV und die Computertexte haben humanistisch-philosophische Inhalte geliefert, die sich auf dies- und jenseitige Themen beziehen.

Beispiel:
Solange Sie das Problem des Todes nicht gelöst und das Sterben menschenwürdig gemacht haben, ist der ganze Fortschritt der Menschheit nicht viel wert. Sie bleiben bis zu diesem Zeitpunkt halbbewusste Tiere.

Vielfach überschreiten nachträglich verifizierte irdische Daten und philosophische Aspekte den normalen persönlichen Erfahrungsschatz des Experimentators.

Ich habe den Eindruck, wir würden mit den Aktivitäten eines intelligenten, in personalen Formen erscheinenden Systems konfrontiert, das jeden Empfänger zur Zusammensetzung seines je eigenen Mosaikbildes anregt, ohne ihn zu vergewaltigen. Der Schnittmenge von Inhalten verschiedener Herkunft kann eine Art Objektivität zugesprochen werden (Jaeckel: ‚Dialog mit dem Jenseits' 1984).

Abgesehen von der ITK als Anomalie, kann ihre Bedeutung nur aus den Inhalten abgeleitet werden. Das ‚Auftreten' wiedererkennbarer, verstorbener Personen, stützt die Hypothese des Fortlebens und hat sich für Hinterbliebene vielfach als Trost erwiesen. Kürzere und längere Aussagen zielen häufig auf Weltbildveränderung. Ein Teil stellt sich als ‚Entwicklungshilfe' dar und enthält nicht-terminierte Katastrophenwarnungen oder Voraussagen.

ERFAHRUNGSBERICHTE EINES PHYSIKERS

Die ITK im Paradigmenwechsel

Wir leben als Teile eines hochkomplexen, dynamischen, auf weiten Strecken chaotischen Systems, in dem einige Ordnungsinseln vorübergehend Bestand haben. Ein relativ stabiler Zustand kann durch eine turbulente Phase hindurch in eine höhere Ordnung übergehen. Zukünftige Entwicklungen lassen sich bestenfalls als nicht-numerische Wahrscheinlichkeiten abschätzen.

Das ‚Ende des naturwissenschaftlichen Zeitalters' ist eingeläutet (Pietschmann 1980): Raum, Zeit, Materie-Energie und Kausalität haben sich als Menschenwerk herausgestellt. ‚Naturgesetze' sind Regeln im Rahmen von Modellen. Begriffe wie Person, Psyche, Seele, Geist sind nicht einheitlich definiert und vielleicht überhaupt nicht definierbar.

Als letztes verbleiben veränderliche Bewusstseinszustände. Wir können versuchen, der Allverbundenheit in einem holomorphen Universum gerecht zu werden, dessen tragenden Hintergrund der Quantenphysiker David Bohm als ‚implizite Ordnung' bezeichnet hat (1980, d. 1987). Man kann sich ein alles beinhaltendes raumzeit-unabhängiges Netz virtueller ‚Informationen' vorstellen, dem wir im Zeitbereich begrenzte Substrukturen entnehmen, um sie bewusst und unbewusst auszutauschen.

Nach Ludwig Wittgenstein sind die Grenzen der Realität in den sprachlichen Strukturen vorgegeben. Wenn das Alltagsbewusstsein ins Transrationale überschritten wird, erweist es sich als nicht verbalisierbar.

Sollte unsere ‚Realität' ein geistiges Konstrukt sein, wäre es verwunderlich, wenn es nicht grundsätzlich möglich sein sollte, sie rein mental zu modifizieren. Die ITK hat als Anomalie und durch ihre Hinweise auf das Fortleben einen bescheidenen Beitrag zur Bewusstseinsveränderung geleistet. Die Anerkennung des Primats des Bewusstseins erscheint mir derzeit als einzige Aussicht, ein Weltbild zu kreieren, in dem die paranormologischen Phänomene anerkannt und als normal gewertet werden.

Nachbemerkungen

Wir stehen vor einer hochkomplexen Vielfalt miteinander verwobener Begriffe. Es ist ein dynamisches System, an dessen Realisierung Forscher mehrerer Generationen und Fachbereiche mitgewirkt haben und weiterhin arbeiten.

Wenn tatsächlich eine umwälzende Bewusstseinsveränderung im Gange ist, darf man sich nicht wundern, dass kein Auge trocken bleibt. Die Entwicklung wird bei Einzelnen und kleinen Gruppen beginnen und wegen der Trägheit längere Zeit beanspruchen.

In dieser Situation kann ich ohne Anspruch auf Vollständigkeit nur einige Begriffe und Namen aufgreifen, an Hand von Zitaten erläutern und zur Diskussion stellen. Interessenten finden eine schier unübersehbare Menge von Material im Internet.

Eine lose Zusammenstellung von zwei Dutzend involvierten Begriffen erlaubt einen flüchtigen Eindruck, und wir haben genügend Platz auf dieser Spielwiese.

1. Information – Raum – Zeit – Materie – Energie
2. Akausalität – Logik – Synchronizität – Moment
3. Informationsextraktion aus dem Rauschen (Transmitteilungen)
4. Ordnung - Struktur – Gehirn – Kommunikation – Emergenz
5. Veränderung des Bewusstseins im Zeitstrom

1. Information – Raum – Zeit – Materie – Energie

C. F. v. Weizsäcker sah Materie-Energie als spezielle Form des Oberbegriffs ‚Information', und keine Geringerer als Norbert Wiener erklärte: ‚Information ist Information, weder Materie noch Energie'. Albert Einstein sah die ganze solide Rüstung, die wir uns angelegt hatten, zerbröseln und den Boden unter unseren Füssen schwinden. Schon Emanuel Kant hatte die raumzeitlichen ‚Grundfesten' als Anschauungsformen entlarvt und hielt eine Art Transzendenz für möglich, die 2000 Jahre vor ihm Plato im Höhlengleichnis beschrieben hatte. David Bohm, Einstein-Schüler, Spitzenquantentheoretiker, Zeitgenosse und Bewunderer von Jiddu Krishnamurti, schlug (1980/ deutsch 1987) die Existenz eines holografischen Universums vor, in dem unsere explizite dreidimensionale Welt der Objekte in Raum und Zeit als Projektion einer impliziten Informationswelt erscheint. Einstein wird ihn eines Tages den einzigen nennen, der über die Quantenmechanik hinauskommen könne.

Wir nehmen die Ereignisse in unserem Wachbewusstsein in zeitlicher Folge wahr, weil wir mit einem Gedächtnis bzw. Erinnerungsvermögen ausgestattet sind. In veränderten Bewusstseinszuständen, etwa im Schlaf, in Trance oder unter Drogen, bei außerkörperlichen und Nahtod-Erfahrungen realisieren sich andere Bilder, und derartige innere Erlebnisse können einen nachhaltigen Wandel im Verhalten der Betroffenen bewirken.

Unsere normale wachbewusste, zeitlich lineare Erlebnisweise ist beschränkt. Das zeigt sich u.a. in den seit langem in der ITK beobachteten Rückwärtsstimmen. Inzwischen werden sie als Zugang zum Unbewussten gedeutet (David J. Oates)

Die Materie wurde von den Physikern ihrer Solidität entkleidet und erscheint nicht einmal mehr als leichter Nebel im Vakuum, sondern nur noch als spezielle Bewusstseinsstruktur. Die Energie ist ein aufgeblasener Hilfsbegriff der klassischen mathematischen Mechanik. Niemand hat jemals Energie gesehen, und ihre Gleichsetzung mit Geld hat ihr einen göttlichen Status verliehen. Die Esoteriker ergehen sich in energetischen Albernheiten - vornehm ausgedrückt in Grenzüberschreitungen.

2. Akausalität – Logik – Synchronizität – Moment

C. G. Jung (‚Synchronizität, Akausalität und Okkultismus', 1952/1990) hat gemeinsam mit Wolfgang Pauli die Trias der Prinzipien Raum, Zeit, Kausalität durch die Synchronizität ergänzt.

‚Das Synchronizitätsprinzip sagt aus, dass die Glieder einer sinngemäßen Koinzidenz, durch Gleichzeitigkeit und durch den Sinn verbunden seien.'
(Aus den Beobachtungen) ‚ergibt sich der Schluss, dass, neben dem Zusammenhang von Ursache und Wirkung, es in der Natur noch einen anderen, in der Anordnung von Ereignissen sich ausdrückenden Faktor gibt, welcher uns als Sinn erscheint. Sinn bildet das unerlässliche Kriterium des Synchronizitätsphänomens.'

Jung erkennt deutlich die Schwierigkeit, dem kausalen Denken zu entgehen, wenn er formuliert: ‚Es ist schwer sich der kausalistischen Färbung der Begriffssprache zu entledigen.'

Wir versuchen - gewissermaßen vollautomatisch - das Kausalitätsprinzip am Leben zu erhalten. Aber ‚Es ist nur die eingefleischte Überzeugung von der Allmacht der Kausalität, welche dem Verständnis Schwierigkeiten bereitet.' Jung hält die Synchronizitäten für Schöpfungsakte in der Zeit und hebt das ‚Moment der Zeit' als charakteristisch hervor.

David Bohm: ,Der Moment ist atemporal, die Verknüpfung der Augenblicke erfolgt nicht in der Zeit, sondern in der impliziten Ordnung.'

Hans Joachim Stoerig (,Kleine Weltgeschichte der Philosophie') schreibt in Anlehnung an David Hume: ,Die Wahrnehmung zeigt immer ein Nacheinander, nicht aber ein Nebeneinander. Indem man einen Vorgang immer wieder in derselben Weise sieht, kann man annehmen, dass er das nächste Mal wieder nach diesem Muster verläuft. Der Kausalzusammenhang existiert nicht wirklich, er ist nur eine innere Nötigung, eine psychologische Notwendigkeit. Die Wissenschaften beruhen also nur auf Erfahrungen (und) Wahrscheinlichkeiten, nicht auf Kausalität oder Wissen.'

3. Informationsextraktion aus dem Rauschen (Transmitteilungen)

Auf Irrwege gerät nur der, der versucht, eine kausale Verbindung herzustellen, (denn) die gibt es nicht. Der Grundirrtum der bisher vorherrschenden materialistischen Wissenschaft bei ihnen besteht darin, dass Sie versuchen, das Gesetz von Ursache und Wirkung, das in einem beschränkten Bereich ihres Daseins richtig ist, auf alle Erscheinungen zu übertragen, auch auf solche, wo es keine Gültigkeit hat: Fragen Sie bitte nicht nach Gründen, weil ihre Gesamtlogik nicht stimmt.

Keine Formel für Kontakt.

Nach der erfolgreichen mentalen Beeinflussung des elektronischen Rauschens von Dioden in Princeton *(Jahn und Dunne)*, hat *Dean Radin* ein ,*Global Consciousness Project*' initiiert, in dem die Signale einer großen Zahl weltweit verteilter Rauschdioden mit Computern ausgewertet werden. Die Veränderungen der Normalverteilung. des Rauschens scheinen in globalem Rahmen mit spektakulären Ereignissen synchronisiert zu sein.

Inzwischen wird das Rauschen von Dioden in den modernen Formen der Radionik als Grundlage der Wechselwirkungen psychischer und materieller Vorgänge benutzt.

Ramona A. Kloos (Psychoiogie, Informatik, Neurologie, Malerei) hat eine in meinen Augen leicht lesbare zutreffende Darstellung veröffentlicht:

,In der Quantentheorie ist es so, dass man von Statistik und von Wahrscheinlichkeiten und im Grunde vom Rauschen spricht. Wir haben also ein Unter-

grundrauschen, das ist einfach da, und was wir mit unserem Gehirn tun, das ist, aus dem Rauschen Informationen heraus zu ziehen. Im Rauschen wäre also in diesem Sinne alles Mögliche enthalten und das sind dann Informationsfelder, die aus anderen raumzeitlichen oder nicht-raumzeitlichen Bereichen das Geschehen hier auf der Erde steuern und zwar auch mit Hilfe der Vorgänge, die in unserem Gehirn stattfinden.'

Rupert Sheldrakes morphogenetische (Form-)Felder lassen grüßen.

4. Ordnung - Struktur – Gehirn – Kommunikation – Emergenz

Wir leben auf dem schmalen Grat zwischen Chaos und Ordnung.

Dazu der Mathematiker *Norbert Wiener: ‚Ordnung ist ihrem Wesen nach ein Mangel an Zufälligkeit, ein Zustand geringerer Wahrscheinlichkeit' und stellt sich nicht von selbst ein. Nach Jacob Bronowski ist ‚die Frage der Ordnung die schwierigste Frage der Wissenschaft'.*

Wir erkennen Ordnung als Muster oder Strukturen.

C. G. Jung hatte sich bereits gegen die Behauptung verwahrt, das materielle Gehirn erzeuge das Bewusstsein. Er wies auf stark hirngeschädigte Personen hin, die ein normales Leben führten *(Schleich, Hufeland)*. Vermutlich waren ihm die Fälle nicht bekannt, in denen die Schädel von intelligenten Lebenden mit Wasser gefüllt waren, Gehirngewebe war allenfalls als dünne Auskleidung der Innenseite des Schädels vorhanden *(Jakob Lorber)*.

Die nicht-energetische Steuerung der Gehirnprozesse wurde 1994 von Nobelpreisträger Sir John Eccles vorgeschlagen: Er schloss, ‚*dass die Wirkung eines energie- und masselosen Geistes auf das Gehirn somit durch eine Beeinflussung der quantenmechanischen Wahrscheinlichkeitsfelder erklärbar werde*'.

Nach dem deutschen Physiker *Burkhard Heim* erfolgt die informatorische Kopplung, d.h. die Kommunikation zweier Systeme isoenergetisch bei hinreichender Ähnlichkeit der (semantischen) Muster oder Strukturen, eine Art ‚*Strukturresonanz*'. Man kann sie auch eine entfernungsunabhängige (nicht-lokale) ‚Bedeutungskopplung' nennen. Heim führte den Begriff ‚*Transdistanz*' ein, der die Unähnlichkeit von Mustern beschreibt. In gewisser Weise entspricht das auch einer Filterfunktion.

Eine Bestätigung zeigt sich beispielsweise in der Gehirnwellensynchronisation zwischen einem Heiler und räumlich entfernten Patienten, ähnlich der Korrelation der Gehirnwellenspektren der beiden Gehirnhälften in der Meditation *(Montecucco, Haffelder)*.

All dem entgegen steht die Unfähigkeit der modernen Gehirnforscher, die ‚Entstehung des Neuen' plausibel zu machen. Angesichts der Werke kreativer Menschen ist der Begriff ‚Emergenz' ein Ausdruck von Hilflosigkeit. Korrekt ist der überkommene Begriff ‚Konzeption'.

Am 17.05.2011 zitierte die Bildzeitung den ‚klügsten Menschen unserer Zeit' Stephen Hawking: *„Es gibt kein Leben nach dem Tod. Das Gehirn ist ein Computer."* Immerhin sagte er, ‚er glaube', und es gab ein paar christlich orientierte Repliken.

5. Veränderung des Bewusstseins im Zeitstrom

Seitdem sich die Grenzen zwischen Natur- und Geisteswissenschaften verwischt haben, wächst die Zahl der Hinweise auf eine in Gang befindliche Veränderung des Bewusstseins. Edgar Tyrrell antizipierte 1947 eine geistige Wende, deren Bedeutung die der kopernikanischen übertreffen werde, da dieses Mal die Existenz des gesamten materiellen Kosmos zur Diskussion stünde.

Beispielhaft sei *Ken Wilber* genannt mit seinem ‚Übergreifenden Erklärungsmodell des Bewusstseins' (1977) und einer ‚Vision an der Schwelle zum nächsten Jahrtausend' (1995).

Danach kann… *‚unsere ‚Welt' als Ergebnis einer speziellen Bewusstseinsstruktur unter vielen beschrieben werden, sowie als ‚kollektive Hypnose', die von den Anomalien als ‚Fehlstellen in der Matrix' gestört und zerstört wird. Das klassische Bild ist nicht durchgehend falsch, aber durchaus unvollständig.'*

Die Ineinander-Verbundenheit gilt inzwischen nicht nur einigen Physikern als kosmisches Hypernetz sondern auch den Bewusstseinsforschern, wenn etwa Charles Tart an Hand von einem Dutzend Anomalien zusammenfasst:

‚Da diese empirischen Daten Eigenschaften des Bewusstseins demonstrieren, die nicht auf physikalische Variablen oder ihre einsehbare Erweiterung reduzierbar

sind, deuten sie darauf hin, dass Bewusstsein als selbständiger Faktor mit wirklich eigenen Eigenschaften untersucht werden muss und nicht nur als Begleiterscheinung der Eigenschaften des physischen Gehirns und der Nerven.'

Die mediale Autorin Aglaja Heintschel-Heinegg beschrieb die Ineinander-Verbundenheit als... ‚Einflussströme in einem kosmischen Nervensystem', die insbesondere zwischen enger emotional verbundenen Menschen - auch zwischen Diesseits und Jenseits - hin- und hergehen und nur selten bewusst werden. Dabei erfolgt diese mentale Transkommunikation in nicht-linearer Weise, d.h. es gibt keine einfachen kausalen Zusammenhänge.'

Literaturverweise:

Bohm	:	Implizite Welt
Capra	:	Wendezeit
Dunne	:	Parapsychologie
Einstein	:	Relativität
Haffelder	:	Gehirnwellensynchronisation
Heim	:	Allgemeine Feldtheorie
Heintschel	:	Transkommunikation
Hume	:	Kausalität
Jaeckel	:	Transkommunikation
Jahn	:	Parapsychologie
Jung-Pauli	:	Kausalität, Synchronizität
Kant	:	Raum, Zeit, Transzendenz
Kuhn	:	Wissenschaftsgeschichte
Laszlo	:	Bewusstsein
Montecucco	:	Gehirnwellensynchronisation
Murphy, M.	:	Quantenmensch
Planck	:	Quantentheorie
Plato	:	Höhlengleichnis
Radin	:	Global Consciousness
Rogo-Bayless	:	Telefonphänomene
Senkowski	:	Instrumentelle Transkommunikation
Sheldrake	:	Morphogenetische Felder
Tart	:	Bewusstsein
Tiller	:	Intentionale Impregnation
Tyrrell	:	Weltbildveränderung
Walach	:	Verallgemeinerte Quantentheorie

Warnke	:	Quantenbiologie
Watzlawik	:	Konstruktivismus
Wilber	:	Bewusstsein

Weltbildwandel - Vom Individualismus zum Altruismus

(Vortrag von Prof. Dr. Ernst Senkowski bei der „Schweizerischen Physikalischen Gesellschaft SPG", Jahrestagung 2007, am 20.03.2007)

Richtige Weltbilder, falsche Weltbilder? Es sind unsere Spiegelbilder, die wir für die Wirklichkeit halten. Es ist eine aus unendlich vielen Welten bestehende Welt.

Lotte Ingrisch

Einführung

Was wir gemeinhin als Egoismus bezeichnen, bedarf kaum einer Erläuterung, eher erscheint es zweckmäßig, zur Ergänzung des Titels meines Vortrages an eine allgemeine Definition des Altruismus zu erinnern, wie sie sich z. B. im Internet findet:

‚Altruismus (von lateinisch: alter: der andere) ist die willentliche Verfolgung der Interessen oder des Wohls anderer oder des Gemeinwohls. Altruistisches Handeln wird allgemein auch mit selbstlosem Handeln gleichgesetzt. ... Die Auffassung als Selbstlosigkeit betont stattdessen die Zurückstellung eigener Anliegen bis hin zur Selbstaufopferung. Der Begriff Altruismus, als dessen Schöpfer August Compte gilt, ist ein Gegenbegriff zu Egoismus. Die erlebte Aufhebung dieses Gegensatzes wird oft als Liebe bezeichnet. Neben Selbstlosigkeit ist Uneigennützigkeit ein weiteres Synonym für Altruismus. Die Sozialpsychologie spricht auch von prosozialem Verhalten.'

Die Weltbilder der Menschen - man kann auch sagen, ihre Bewusstseinsinhalte - sind abhängig von geografischen Räumen und historischen Epochen. Sie unterliegen ständigen Veränderungen. Dies gilt für jeden einzelnen der gegenwärtig etwa 6 Milliarden Menschen und für eine Vielzahl kleinerer oder größerer Gruppen, die ihre sprachlich bestimmten kollektiven Bilder als ‚objektive Wirklichkeit' annehmen und mit einer Außenwelt gleichsetzen, die unabhängig von ihnen vorgegeben ist. Aber nach Meinung mancher Denker gibt es kein Da-Draußen unabhängig von dem, was im Innenraum der Menschen abläuft. Aus diesen Vorstellungen resultiert die naive Gleichsetzung der Weltbilder mit ‚der Welt' als unzulässige Beschränkung.

Tatsächlich zeigen die Veränderungen der Weltbilder, dass ‚die Welt' letztlich ein unbekanntes offenes System ist, von dem wir herzlich wenig wissen - wir sehen vergleichsweise die zerklüftete Spitze eines schmelzenden Eisberges unter verschiedenen Perspektiven.

Unsere derzeitige westliche und teilweise globale Situation ist durch Jahrtausende alte religiöse und hundertjährige wissenschaftliche Dogmen charakterisiert, die an Hand neuer Erfahrungen als Beschränkungen erkannt werden. Wenn jetzt ein Teil dieser Beschränkungen entfällt, so wird nicht automatisch die Fülle des Alles-was-ist und der eventuelle Sinn des Lebens zugänglich, wir werden nicht plötzlich all-wissend und all-weise, aber die neuen Bilder sind weniger starr, farbiger und anspruchsvoller als manche der in Vergessenheit geratenen alten Konstruktionen.

Noch erscheinen die ‚klassischen' Vorstellungen im täglichen Leben als festgefügt, aber sie erweisen sich als nicht tragfähig. In den neuen Bildern erscheint ‚die Welt' nicht in Form mehr oder weniger beständiger getrennter materieller Objekte, die im messbaren Raum und in der linearen Zeit angeordnet sind.

Vier Erfahrungskomplexe fördern diesen Wandel:

1) Philosophische und religiöse Überlieferungen.

Die Traditionen des Ostens beinhalten die Annahme eines ideellen Welthintergrundes und beschreiben die Welt als illusionär. Spirituelle Traditionen finden sich beispielsweise in den Qumran-Texten, im Thomas-Evangelium, in der Gnostik und im Yoga. Manchmal spricht man in diesem Zusammenhang von einer ‚philosophia perennis', einer ‚immerwährenden Philosophie', in der - entgegen aller Dogmatik - die Weisheitslehren aller Völker und Zeiten in einem übergeordneten Prinzip zusammengefasst werden.
(http://de.wikipedia.org/wiki/Philosophia_perennis.)

2) Paranormale Phänomene oder Anomalien.

Die Einordnung der Anomalien in die materialistischen Konzepte gelingt nicht. Die Skeptiker können das Wissen um die Existenz außergewöhnlicher Phänomene nicht mehr unterdrücken.

3) Moderne und postmoderne Physik

weisen auf eine ganzheitliche Verknüpfung aller Teile unserer zersplittert erscheinenden Wirklichkeit, die die Quantentheoretiker als ‚Verschränkung' bezeichnen. Dieses deutsche Wort ist eine unvollständige Übersetzung des englischen ‚entanglement', das auch den Begriff ‚Verwirrung' umfasst.

4) Moderne Bewusstseinsforschung

zeigt, dass jede Wahrnehmung der Außenwelt primär subjektiv erlebt wird, und dass wir die Vorgänge in dieser Außenwelt in weit stärkerem Maße kreativ formen und beeinflussen als gemeinhin angenommen wird.

Diese vier Komplexe legen die Annahme einer bereits in Gang befindlichen Weltbildwandlung nahe, deren Ziel nur undeutlich erkennbar ist. Mein Vortrag besteht aus fünf Abschnitten:

1. Tradierte Vorstellungen
2. Anomalien – Parapsychologie
3. Quantentheorie
4. Bewusstseinsforschung und Transpersonalität
5. Altes und neues Weltbild im Übergang

1. Tradierte Vorstellungen

Die Religionen und Philosophien der ‚alten' Völker beruhen auf Vorstellungen, die die vor einigen Jahrhunderten im Westen aufgekommene, materialistische Wissenschaft ablehnte, da sie alles Transzendente z.B. die Begegnungen mit ‚Göttern' und die Überzeugung vom Fortleben als Fantasieprodukte betrachtete. Seit Beginn des vorigen Jahrhunderts wandelt sich die Bewertung der traditionellen Bilder: Einerseits wird ihr zeitübergreifender Kern erkannt, andererseits wird die Relativität aller Bilder bewusst, wozu die globale informatorische Vernetzung wesentlich beiträgt.

2. Anomalien – Parapsychologie

Ich halte es für wichtig, der Parapsychologie einige Gedanken zu widmen. Angesichts der unübersehbaren Zahl außergewöhnlicher Erlebnisse sind die Menschen, die sich ihrer Erforschung befleißigen, nicht zu beneiden. *Dessoir* hat 1889 den Begriff ‚Parapsychologie' aufgestellt als ‚beschränkten Wertes praktischer Brauchbarkeit'. Unglücklicherweise hat er mit der Vorsilbe ‚Para' das Gebiet schon zu Beginn ins Abseits gestellt, und dort steht es bis zum heutigen Tag. Vergeblich ringen die Parapsychologen um Anerkennung als ‚Wissenschaftler' neben einer Psychologie, deren Wissenschaftlichkeit durchaus problematisch ist.

Die Überzeugungen der Parapsychologen sind uneinheitlich: Einige geben sich spiritualistisch-transzendenzoffen, andere als materialistisch-transzendenz-verschlossen, eine dritte Gruppe scheint gar nicht an die Existenz von Anomalien zu glauben. Methodologische Fragen stehen im Vordergrund, so dass Andreas Resch sagen konnte:

‚Nicht die Phänomene haben sich den Methoden anzupassen, sondern die Methoden den Phänomenen'.

Mit statistischen Methoden wurde erfolgreich im Labor gearbeitet, wie das beispielsweise seit über 20 Jahren in Princeton und anderswo geschehen ist. Wenn aber die Ergebnisse von den Experimentatoren abhängen, oder wenn es sich um spontane subjektive Erfahrungen von Millionen Menschen handelt, kommt die klassische Parapsychologie an ihr Ende. Die Autorin Lotte Ingrisch schreibt dazu:

> *‚In der Blüte der englischen „Society for Psychical Research" war die Unsterblichkeit das Ziel ihrer Forschung, und sie erkundete die unsichtbare Welt. Inzwischen wurde die Parapsychologie selbst ein Opfer des Materialismus, gegen den sie eigentlich angetreten ist. Sie beschränkt sich darauf, in Laboratorien zu wiegen und zu messen, was unwägbar und unmessbar ist und Experimente zu wiederholen, die nicht wiederholbar sind, weil die Anfangsbedingungen nie exakt gleich sein können.'*

Der Kommunikationswissenschaftler *Tyrrell* hat vor sechs Jahrzehnten den Weltbildwandel mit der kopernikanischen Wende verglichen. Damals ging es nur um die Mittelpunktstellung der Erde, dieses Mal wird das gesamte materielle Universum auf den Status einer Provinz reduziert, es wird als Teil einer alles umfassenden geistigen Gesamtheit erkannt.

Voraussichtlich wird man einer Lösung der Probleme erst mit der allgemeinen Anerkennung psychophysikalischer Wechselwirkungen näherkommen, die ein tragfähigeres Fundament bereitstellen als die vier Wechselwirkungen der gängigen Physik. Der Wandel ist längst im Gange: Der Wiener Physiker *Prof. Zeilinger* hat jüngst in Mainz über seine praktischen Ergebnisse zur „Quantenverschränktheit" vorgetragen. In den USA listet Dean Radin in seinem jüngsten Buch sieben theoretische Ansätze zur Beschreibung der PSI-Erscheinungen auf. Am Ende nennt er die Quantentheorie, die er allerdings zur Erklärung der PSI-Phänomene für unzureichend erachtet. Eher ist dazu die Geometrodynamik von Burkhard Heim geeignet, die Radin anscheinend nicht kennt.

Die wenigsten von Ihnen dürften eine Vorstellung von der Fülle außergewöhnlicher menschlicher Erlebnisse besitzen, die sich mit den klassischen wissenschaftlichen Konzepten nicht vereinbaren lassen. Ich habe etwa 30 Begriffe in der unvollständigen Liste zusammengestellt, die Ihnen vorliegt.

3. Quantentheorie

Im Grunde gibt es weder ‚die Parapsychologie' noch ‚die Wissenschaft', stattdessen findet man unterschiedlich orientierte Gruppen von Menschen, von denen sich jeweils die eine oder andere als meinungsbildend durchgesetzt hat und weiterhin durchzusetzen versucht. Wissenschaft ist kein rationales Unternehmen, sie ist ‚transrational' und zeigt sich als uneinheitliches Konglomerat von Annahmen, Überzeugungen und mathematisch formulierten Theorien, die sich auf die Interpretation einigermaßen reproduzierbarer experimenteller Ergebnisse stützen. Die Theorien sind als Beschreibungen von Ergebnissen wichtig, insoweit sie zutreffende Voraussagen erlauben. Aber keine Theorie kann schon aus logischen Gründen die Existenz unwillkommener Phänomene ausschließen.

Hinsichtlich der Einstellung zu den Anomalien herrscht über viele Fachbereiche hinweg ein völliges Desinteresse der ‚zweitklassigen konventionellen

Wissenschaftler', von denen sich einige - wenn überhaupt - in erbitterte Rückzugsgefechte verwickeln. Erst während der letzten Jahrzehnte - im Gefolge neuer Ergebnisse und Theorien der modernen und postmodernen Physik, der transpersonalen Psychologie, Gehirn- und Bewusstseinsforschung - setzen sich mutige Vorkämpfer öffentlich für einen Paradigmen- bzw. Bewusstseinswandel ein, indem sie unter anderem übergeordnete Einordnungsmöglichkeiten der PSI-Phänomene suchen.

In der Folge von Relativitäts- und Quantentheorie musste zunächst die außer- oder überraumzeitliche Ineinander-Verbundenheit von Elementarereignissen zur Kenntnis genommen werden. Zwillingsteilchen sind zeitlos ‚entangled', verschränkt, dementsprechend lässt sich die nicht-lokale Korrelation psychischer Inhalte getrennter Personen als „entangled-minds" deuten, z. B. im Fall der Telepathie. Der lineare Fluss der Zeit wird durch die rückläufige Beeinflussung von Prozessen ad absurdum geführt - ein spezieller Fall des endlosen Streits der Philosophen über den Ursachenbegriff. Solche Versuche verlieren ihren Sinn, wenn eine entfernte Versuchsperson eine noch nicht erfolgte ‚zukünftige' Entscheidung eines Computers wahrnimmt. Die zeitge-bundene Kausalität und die zweiwertige Logik versagen ihren Dienst; man kann nicht entscheiden, ob es sich um Hellsehen in die Zukunft handelt, oder ob die Versuchsperson den Computer psychokinetisch beeinflusst.

Es ist zu wenig bekannt, dass russische Forscher bei der Untersuchung von DNS-Proben mit Laserstrahlung einen reproduzierbaren ‚Phantom-Effekt' entdeckt haben, wobei nach Entfernen der Proben immer noch eine Veränderung der Raumzeitstruktur am ursprünglichen Ort nachgewiesen wurde. Diese Wissenschaftler entwickeln Vorstellungen, die man in Kürze als psycho-bio-physikalisch-ökologisch-kosmisch bezeichnen kann. Im Zusammenhang - auch mit UFO-Erscheinungen - sprechen die Russen von Vakuumdomänen, in denen die bekannten physikalischen, chemischen und biologischen Gesetze nicht gelten, und Wechselwirkungen von Gravitation, elektromagnetischen Feldern spezieller Frequenzen und veränderten Bewusstseinszuständen auftreten. Auf eine derartige Beeinflussung des Lebens-Bewusstseins-Kreises hat Thomas Bearden bereits vor Jahrzehnten hingewiesen.

In den USA hat William Tiller die mental bewirkte, nachhaltige Veränderung der Raum-Zeit nachgewiesen und den Begriff der „Intention-Impregnated-Electronic-Devices" - durch Absicht geprägter elektronischer Anordnungen - eingeführt, der - am Rande vermerkt - einige Effekte beschreibt, die bei den instrumentell arbeitenden Transkommunikatoren Marcello Bacci in Italien und Adolf Homes in Deutschland aufgetreten sind.

Auch das „Global Consciousness Project" GCP ist zu erwähnen, das Roger Nelson seit 1998 durchführt. Man sucht nach Korrelationen des statistischen Verhaltens von Computersystemen mit emotional bewegenden irdischen Ereignissen. Die Signale von etwa 100 weltweit verteilten Statistikgeneratoren werden kontinuierlich erfasst und ausgewertet. Das erste Beispiel wurde zufällig beim Tod des israelischen Staatschefs Jitzchak Rabin beobachtet. Besonders spektakuläre Fälle traten beim Tod von Lady Diana auf, sowie bei der Zerstörung der Türme in den USA.

Eine in dieser Form einmalige Begebenheit spielte sich beim Tod des GCP-Mitarbeiters Barry Fenn ab. Dieser hatte in Neuseeland zwei Systeme aufgebaut, eines bei sich, das andere bei einem Freund in der Universität in Auckland. Vor und nach Fenns Tod zeigten die beiden Geräte bedeutsame Abweichungen des statistischen Verhaltens vom Normalverlauf. Die Kurve im Gerät des Verstorbenen wich ins Positive ab, die Kurve im Gerät seines Freundes spiegelbildlich ins Negative. Nelson hält dieses Ereignis für ein Beispiel, das von den Forschern beachtet werden sollte.

4. Bewusstseinsforschung und Transpersonalität

Die Überzeugung von der fundamentalen Bedeutung des Bewusstseins hat eine lange Vorgeschichte. Bereits 1899 stellte der Physiker Maurice Bucke an Hand historischer Betrachtungen den Wandel des Ich-Bewusstseins zum kosmischen Bewusstsein dar. Ihm folgten viele Autoren bis hin zu Ken Wilber mit einem ‚übergreifenden Erklärungsmodell des Bewusstseins' (1977) und einer ‚Vision an der Schwelle zum nächsten Jahrtausend' (1995).

Die ‚Welt' wird als Spiegelbild einer speziellen Bewusstseinsstruktur unter vielen beschrieben und als Ergebnis einer ‚kollektiven Hypnose', die von den Anomalien als ‚Fehlstellen in der Matrix' gestört und zerstört wird. Das klassische Bild ist nicht durchgehend falsch, aber durchaus unvollständig.

Die Anerkennung des Primats des Bewusstseins erscheint als einzige erfolgversprechende Aussicht, ein Weltbild zu kreieren, in dem die paranormalen Phänomene als normal gewertet werden. Die Psychologie wird dann ein Teil einer übergeordneten Parapsychologie: ‚Die Psychologie ist nicht geeignet, die Parapsychologie zu erklären, sondern die Psychologie wird der umfassenderen Parapsychologie als zweitrangig untergeordnet'.

Die Ergebnisse der modernen Gehirnforschung tragen das ihre bei, soweit sie Korrelationen zwischen den Anomalien und den Aktivitäten des Gehirns erfassen, wenn z. B. die Gehirnwellen eines Heilers mit denen eines räumlich entfernten Patienten synchron laufen.

Die Gehirntechniker sollten aber nicht vergessen, dass alle ihre Forschungen und Ergebnisse letztlich nur Bewusstseinsprozesse sind. Sie sollten die materiellen Objekte - einschließlich ihrer eigenen Körper und Gehirne - als kurzzeitig ‚festgefrorene' geistige Konstrukte erkennen.
Kommunikation erscheint als außerraumzeitliche geistige ‚Resonanz', deren vollständige Erfassung wegen der Komplexität der Verknüpfungen im weitgehend unbewussten ‚Informationsraum' unmöglich ist. Auch hier versagt die reduzierende zweiwertige Logik. Das Geschehen ist multidimensional bestimmt und teilweise akausal. Nach Lotte Ingrisch würde Aristoteles angesichts dieses Weltbildes schreiend davonlaufen, das schon C. F. v. Weizsäcker als unzutreffend erkannte, als er sagte:

‚Die Auflösung der Wirklichkeit in ein Geflecht von Kausalfäden ist ein Irrtum'.

Die Ineinander-Verbundenheit gilt inzwischen nicht nur den Physikern als kosmisches Hypernetz sondern auch den Bewusstseinsforschern, wenn etwa Charles Tart von „Transpersonalität" spricht und an Hand von einem Dutzend Anomalien resümiert:

‚Da diese empirischen Daten Eigenschaften des Bewusstseins demonstrieren, die nicht auf physikalische Variablen oder ihre einsehbare Erweiterung reduzierbar sind, deuten sie darauf hin, dass Bewusstsein als selbständiger Faktor mit wirklich eigenen Eigenschaften untersucht werden muss und nicht nur als Begleiterscheinung der Eigenschaften des physischen Gehirns und des Nervensystems.'

Jüngste Ergebnisse der Placebo-Forschung mögen sogar eingefleischte materialistische Mediziner zum Nachdenken anregen: Es hat sich herausgestellt, dass nicht nur die Placebos als solche wirken, sondern, dass auch die Wirkung allopathischer Heilmittel wesentlich von der mentalen Struktur des Patienten und seines Umfeldes mitbestimmt wird.

Aglaja Heintschel-Heinegg schrieb 1980 von ‚Einflussströmen in einem kosmischen Nervensystem', die insbesondere zwischen enger emotional verbundenen Menschen - auch zwischen Diesseits und Jenseits - hin- und hergehen und nur selten bewusst werden. Dabei erfolgt diese mentale Transkommunikation in nicht-linearer Weise, d.h. es gibt keine einfachen Zusammenhänge.

Eines der wichtigsten Themen in diesem Zusammenhang betrifft die lineare Zeit. Der Schriftsteller Dieter Schlesak umschrieb sie als ‚stehendes Ich in laufender Zeit'. Wir nehmen die Ereignisse in unserem Wachbewusstsein in zeitlicher Folge wahr, weil wir mit einem Gedächtnis bzw. Erinnerungsvermögen ausgestattet sind. Jedes neue Signal wird mit schon vorhandenen Daten automatisch unbewusst, teilbewusst und bewusst verglichen und eventuell eingeordnet. Gänzlich ‚Unpassendes' wird überhaupt nicht wahrgenommen, verzerrt dargestellt oder zurückgewiesen. In veränderten Bewusstseinszuständen, etwa in Trance oder unter Drogen, bei außerkörperlichen und Nahtod-Erfahrungen realisieren sich andere Bilder, und derartige innere Erlebnisse können einen nachhaltigen Wandel im Verhalten der Betroffenen bewirken.

5. Altes und neues Weltbild im Übergang

Schauen wir kurz auf unsere gegenwärtige Wirklichkeit:

Von 6 Milliarden Menschen werden je Tag etwa 300.000 geboren und etwa gleichviel sterben, pro Sekunde drei und drei. Jeder hat in einer Sekunde mehrere Erlebnisse, so ergibt sich ein unglaublicher kollektiver Datenfluss. Infolge der Erziehung stimmen die subjektiven Erfahrungen weitgehend mit den westlichen Vorgaben überein, die sich bis in die letzten Winkel des Planeten verbreiten und in manchen Bereichen ein einigermaßen erträgliches Zusammenleben ermöglichen. Die herrschende, materialistisch orientierte Profitmaximierung zerstört nicht nur die Biosphäre, sondern auch die Psyche. Ein Schweizer Kommentator kennzeichnete kürzlich das ‚Himmelreich des kommerziellen Wahns' mit den Worten: ‚Ich kaufe, also bin ich'.

Gegenläufig zu diesen Gegebenheiten bildet sich innerhalb der chaotischen sozialen Systeme, kaum bemerkt von der Öffentlichkeit und fast vollständig verschwiegen von den Massenmedien, ein neues Weltbild, dessen Konturen sich andeuten, obwohl wir mangels Voraussicht und passender Begriffe nicht sicher wissen können, wie die zukünftige Entwicklung aussehen wird. Ken Wilber hat darüber in ,Eros, Kosmos, Logos' ausführlich geschrieben und nicht zuletzt Michael Murphy in ,Der Quantenmensch'. LeShan hat die alten und neuen Paradigmen in vier einfachen Sätzen einander gegenübergestellt:

Alt	Neu
Individualität und Einzigartigkeit	Einheit und Miteinander
Zeit ist einseitig gerichteter Fluss	Zeit ist variable Illusion
Sinneserfahrung ist einziges Mittel zur Kommunikation	Kommunikation außerhalb der Sinneserfahrung ist möglich
Gut und Böse sind wichtige Vorstellungen	Gut und Böse sind illusionär

Abschließende Bemerkungen

Ich komme zum Ende meiner Überlegungen, in denen ich versucht habe, einen Einblick in den Weltbildwandel zu vermitteln, der in verschiedenen Bereichen unseres Lebens im Gang ist und zu einer erweiterten Sicht des menschlichen Lebens führen könnte.

Ich weise nochmals auf Ken Wilbers Arbeiten hin, der unter anderen Avantgardisten in den USA eine wichtige Rolle spielt. Er vertritt eine philosophisch-wissenschaftliche Strömung, die die New-Age-Bewegung ebenso ablehnt wie den religiösen ,abrahamitischen Komplex' (also Christentum, Islam, Judentum). Europa hinkt diesen geistesgeschichtlichen Entwicklungen nach, die stärker ,pazifisch-integral' als ,atlantisch-individuell' orientiert sind. Als Paradigma für das 21. Jh. erscheint ein subjektiv-objektives Weltbild.

Interessanterweise stand diese Thematik auch über der 7. Schweizer Biennale am 20./21. Januar diesen Jahres in Luzern: ,Bewusstsein und Quantencomputer', an der unter anderem der Nobelpreisträger Brian Josephson, der Quantenphysiker Hans-Peter Dürr und der schon genannte *Dean Radin* teilnahmen.

Der vielfach anzutreffende zunehmende, gewissenlose Individualismus, gefördert durch die Darwin zugeschriebene Vorstellung vom ‚Kampf ums Dasein', setzt voraus, dass der Mensch auf die Aktionen seines materiellen Körpers beschränkt ist und mit seinem Geist und seinen mentalen Absichten nicht unmittelbar in die Umwelt eingreifen kann. Inzwischen wächst die Erkenntnis, dass unsere Gedanken und Gefühle keineswegs nur unsere eigenen und nach ‚außen hin' wirkungslos sind, sei es, dass sie andere Menschen im kosmischen Informationsnetz erreichen und beeinflussen können, sei es, dass sie imstande sind, Materie und materielle Prozesse direkt zu manipulieren. Man muss kein Moralapostel sein, um zu erkennen, dass innerhalb der holomorphen, ganzheitlichen Struktur unserer Welt das extrem egoistische Verhalten nichts als schlichte Dummheit ist. Wer als Teil einer Gesamtheit einen anderen Teil schädigt, schadet sich selbst, es wäre also zweckmäßiger, sich altruistisch zu verhalten und Harmonie anzustreben.

Da das vorherrschende System auf Grund der ihm innewohnenden Trägheit relativ stabil ist, dürfte ein durchgreifender Wandel etliche Zeit in Anspruch nehmen. Derweil hat jeder Mensch die Möglichkeit, einen ihm gemäßen Weg zu beschreiten, und eventuell die Entwicklung von der Beschränkung und Beschränktheit zur Verschränkung im Alles-was-ist-und-nicht-ist zu fördern.

Ich bin mehrfach Menschen begegnet, die sich schon in den ersten Gesprächen als verwandte ‚Grenzgänger' erwiesen und sich der im wahrsten Sinn des Wortes „Notwendigen Weltbildveränderung" bewusst sind. Sie erwarten die Lösung der globalen Problematik nicht von den Institutionen - sie sind vielmehr davon überzeugt, dass allein die je eigene innere Veränderung noch die Hoffnung auf ein menschenwürdiges irdisches Leben verkörpern kann.

Schlussgedanken

Gerne hätte ich noch führende Forscher aus Physik, Gehirnforschung und Philosophie, welche zum klassischen Mainstream gehören, interviewt. So stellte ich meine Anfragen an Prof. Dr. Gerhard Roth, Prof. Dr. Thomas Menzinger oder Prof. Dr. Dr. Gerhard Vollmer, um nur ein paar wenige zu nennen.

Ich erhielt Absagen mit der Begründung „Kein Interesse" oder „Meine Sichtweise wäre nicht diskutabel". Dabei ging aus meiner Mail keinerlei Sichtweise hervor, allerdings aber die Liste der im Film und im Buch vorkommenden und bereits interviewten Forscher. Klar, man kennt sich. Die Positionen des jeweils anderen sind bekannt. Und hier liegt nun die Krux. Sie alle wissen längst, dass die Positionen, welche sie nun schon ein Leben lang durch ihre Publikationen veröffentlicht und gelehrt haben, bald zu den Anekdoten der Menschheit gehören werden, und dass nur Elemente daraus weiterhin in einem Teilbereich der Biologie, der Gehirnforschung und der Erklärung „wie das Selbst entsteht, wie die Realität konstruiert wird" erhalten bleiben werden.

Das Ego muss geschützt werden. Es kann und darf nicht sein, dass das, was man ein langes und lehrreiches Leben studiert und erforscht hat, ganz anders ist als gedacht. Wer will sich diese Blöße gebe? Diese Diskussion wird verweigert und nur auf Vorträgen von „Unwissenden" und bei andersgesinnten Kollegen behandelt. Die meisten von ihnen sind in dem Verein „GWUP" (Gesellschaft zur wissenschaftlichen Untersuchung von Paranormalem e.V.) zu finden. Das Interessante dran ist, dass selbst beste wissenschaftliche Arbeiten und Studien nicht anerkannt werden und so getan wird, als wäre alles, was nicht in das klassische Weltbild passt, Unfug oder eben mit den gängigen Theorien zu erklären. Es wird hier versucht die „seriöse" Wissenschaft als das Gute für die Menschen hinzustellen und die bisher nicht gelösten Rätsel als „mittelalterlichen", gefährlichen Aberglauben abzutun. Man wehrt sich mit Händen und Füßen dagegen, dass nicht die Materie die Basis des Seins, des Lebens und des Kosmos bildet. Das Interessante daran ist, dass auch die von mir Interviewten namhaften Forscher - und ich weiß aus weiteren Besprechungen, dass auch andere, ganz seriös arbeitende Forscher auf dem Gebiet der Parapsychologie und der Psychologie - exakt dasselbe Problem haben: Ein Austausch oder ein Interesse an diesen Phänomenen besteht nur darin, sie zu negieren. Und wenn dann nach den öffentlichen Vorträgen der Mainstream-Experten jemand im Publikum aufsteht und fragt, ob es denn sein kann, dass die Quantenphysik etwas zum Thema Gehirnforschung beitragen könne - oder wie es möglich sei, mit Gedanken einen physikalischen Vorgang in Gang zu bringen - wird geantwortet: „Das ist Unfug, denn wie soll denn aus einem Gedanken eine physikalische Aktion erfolgen – wie kann denn ein „geistiges Momentum" an etwas Materiellem andocken oder den materiellen Ablauf in Bewegung setzten?" – Und sofort ist das Publikum wieder still und der Fragesteller setzt sich wieder auf seinen Platz.

Das habe ich selber erlebt. Seit 1998 findet jedes Jahr im Nürnberger Nationalmuseum auf Initiative des Vereins „Gemeinnützige Turm der Sinne GmbH - Erlebnisausstellungen" ein Symposium rund um das Thema „Gehirn und Bewusstsein" statt. Ich habe mir viele dieser Veranstaltungen angesehen. Auf keiner dieser Veranstaltungen wurde auch nur im Ansatz auf die Phänomene eingegangen, sondern immer fest das materialistische Weltbild verteidigt. Zwei Tage lang kommen großartige Forscher und Wissenschaftler aus jeder Ecke dieser Wissensgebiete zu Wort und erklären, dass wir nicht verstehen, wie Bewusstsein funktioniert. Man erklärt, dass wir ziemlich nahe dran sind, zu verstehen, was das Selbst im Gehirn erzeugt und es werden in beeindruckender Weise alle möglichen biologischen Funktionalitäten und Auswirkungen von Schädigungen dieses Gehirnmechanismus aufgezeigt. Das geht bis zu der Behauptung, dass der Begriff des „freien Willens" so im Sprachgebrauch nicht mehr haltbar sei – ein Forscher sagte einmal: „Wir dürften den Satz „Ich hätte es auch anders machen können, wenn ich gewollt hätte" nicht mehr sagen, da ich überzeugt bin, dass nur unser Unterbewusstsein unsere Handlungen steuert und das Ergebnis daraus nur mehr dem Großhirn zur Kenntnis übermittelt wird. Das Gehirn erhält dadurch die Aufgabe, sich eine logische Erklärung für die gerade eben durchgeführte Handlung zu geben - ob das mit der tatsächlichen Motivation etwas zu tun hat oder nicht, spielt eigentlich keine Rolle."

Na, armes Deutschland! Die Diskussion um den „freien Willen" beherrschte fast 10 Jahre lang auch die Fachblätter und größeren Wochenzeitungen. Es gab ganze Serien zu der Frage, wie es denn nun um unseren freien Willen stünde und wie in Zukunft die Gesetzgebung abgeändert werden müsse, wenn doch der Täter durch seine Gene, seine Erziehung und sein Umfeld, zu dem gemacht würde, was er jetzt ist. Auch hier wieder ein Satz eines Vortragenden, der allen Ernstes postulierte, dass ein Kinderschänder, dem keine Schädigung seiner Persönlichkeit oder seiner Gehirnfunktionen nachgewiesen werden kann, vom Richter mit dem Spruch ins Gefängnis verabschiedet werden solle: „Es tut mir leid, dass Sie durch Ihre Gene, Ihre Erziehung und Ihre Umwelt zu dieser Tat gezwungen wurden, aber Sie können nichts dafür. Die Gesellschaft wünscht jedoch, in Ruhe und ohne Angst leben zu können, und ich bitte Sie deshalb um Verständnis, dass Sie nun nicht mehr in Freiheit leben dürfen".

Dazu möchte ich jetzt nichts mehr anmerken – hier kann sich jeder seine Meinung selbst bilden. Natürlich ist Bildung wichtig, auch ich habe über 40 Jahre lang alle Fachbücher zu diesem Thema gelesen und alle Arten von Vorträgen und Symposien besucht, die es im deutschsprachigen Raum gibt, und es gelang mir nur durch Zufall und Fügung, diese immer noch negierten Phänomene nicht mehr nur als Phantasie oder noch nicht erklärte Vorgänge abzutun.

All diese hochkarätigen Forscher sind offiziell noch immer der Ansicht, der Mensch sei eine biologische Maschine. Die Auswirkungen der Quantenphysik sind ihnen kaum bekannt, oder sie haben sich damit natürlich nicht befasst, da es nicht ihr Fachgebiet ist. Auch die Erkenntnisse der transpersonalen Psychologie und der Parawissenschaften werden einfach ignoriert – wie ein trotziges Kind, das nicht hören will, was die Mutter sagt, und sich am Schluss die Finger auf der heißen Herdplatte verbrennt. Ich habe noch nicht alle Elemente und Faktoren für dieses Denkgebilde zusammengetragen, aber eines scheint sicher zu sein: Es ist ein ähnliches Konzept, wie es im Dritten Reich erfolgreich angewendet wurde. Ideologie gepaart mit breiter Propaganda, und die Angst vor dem Fremden geschürt – Eine Gleichschaltung der Meinung darüber, was gut für die Nation und für den Einzelnen ist. Der Rest ist Geschichte. Jeder der am System Beteiligten und Mitwirkenden hatte nur eine kleine Teilaufgabe zu erledigen, die dieser brav und ordnungsgemäß ausführte und niemand fühlte sich nach dem totalen Krieg für die begangenen Verbrechen und Gräueltaten schuldig. Dieses gesellschaftliche Agieren und diese Denkschemata, werden uns immer von klein auf beigebracht und gegen Alternativen verteidigt. Noch immer wird in den Kindergärten, Schulen und Unis das intrinsische Belohnungssystem aufrechterhalten: Wissens-Bulimie beim Lernen, ohne selber denken zu müssen, um es dann gleich wieder zu vergessen. Nur rund 10 Prozent des Lehrstoffes sind ein paar Jahre nach dem Abitur noch abrufbar. Wir werden belohnt und arbeiten dann später für Lohn – ob uns nun die Arbeit oder die Tätigkeit gefällt oder nicht, wichtig ist doch, dass wir etwas zu essen und trinken haben, das wir uns ein Dach über den Kopf leisten können, und dann wird's schon was werden mit dem weiteren Leben. Wir dürfen in der Freizeit noch ein wenig Fußball spielen oder uns im Urlaub am Strand von den Strapazen ablenken, und bedauern dabei den Rest der Welt, der sich noch immer die Köpfe einschlägt und Anderen Bomben auf die Köpfe wirft. Unter dem Motto: „Ich kann hier nichts ändern – ich bin doch nur ein Rädchen im Getriebe" Genau nach diesem Denkschema werden wir erzogen und konditioniert. Wer hier ausbricht, ist ein Phantast, ein Spinner, ein Außenseiter, der sich nicht integrieren will. Auch wieder so ein Wort, das bedeutet: Wer selber denkt, passt nicht zu uns, denn der könnte etwas verändern - uns aus der Liturgie des Sofa-Denkens werfen, es uns ungemütlich machen. Nein, wir haben sowieso schon damit zu tun, den Alltag bewältigen zu können. Und so wachsen die problematischen Arbeitsplätze jedes Jahr um ein paar Prozent an. Über 8 Millionen Menschen stecken - in diesem reichen Deutschland - in einer dieser Arbeits- und Entlohnungssituationen. Und alle blicken wieder auf unser Land – das Job-Wunder – die Prosperität in Schwarz, Rot und Gold. Doch das Rad der vernetzten Globalisierung, der Digitalisierung, dreht sich immer schneller. Die globalen Probleme auch. Ich erinnere mich an einen Vortrag beim „Future Day" in Frankfurt im Jahr 2015. Prof. Hans Roseling sprach davon, dass uns - und damit meinte er die westliche Wirtschaft - „Big Data" einen großen Nutzen bringt und wir mittlerweile ganz gut in der Lage sind, eine künftige Entwicklung vorauszusehen und uns darauf einstellen zu können - quasi die Zukunft im Rückspiegel betrachten zu können. Er präsentierte eine Online-Plattform, die öffentlich zugänglich ist und jedem Interessierten Einblick gewährt: www.gapminder.org Auf dieser Online-Plattform ist ersichtlich, wie sich die Weltbevölkerung in Hinsicht auf Einkommen, Gesundheit und Lebenserwartung seit dem Jahr 1800 entwickelt hat. Wenn wir uns diese Grafik ansehen, die wirklich super gemacht ist, scheint alles in bester Ordnung zu sein: Die Zukunft wird toll. Und wir sollen doch aufhören, den Nachrichten, die nur das Negative zeigen, zu viel Bedeutung beizumessen. Ich fand es gut, dass wir diese extrem vernetzte Welt und ihre Entwicklung nicht immer nur im Hinblick auf die Schlagzeilen betrachten, sondern in Bezug auf die Fakten – welche oft eine ganz andere Sprache sprechen. War 1800 die weltweite Lebenserwartung noch bei rund 30 Jahren, lag Sie 1970 in den meisten Ländern der Welt schon bei über 60 Jahren und stieg dann auf weit über 70 Jahre. Nur West-Afrika scheint noch etwas hinterherzuhinken, dort wird auch heutzutage kaum einer über 50 Jahre alt. Kriege und Völkerwanderungen werden nur als „kleiner Störeffekt" bei dieser Entwicklung gesehen. Genauso, wie die Physik die Natur der Realität in Atome und Moleküle einteilt, sie dann mittelt - um damit extrem genau rechnen zu können, wird hier derselbe Denk- und Mess-Fehler gemacht. Der Mittelwert ist nie das einzelne Schicksal, und es lebten auch noch nie so viele Menschen auf dieser Welt. Jeder einzelne hat seine eigene Story, sein Leben und sein Bewusstsein gegenüber der Welt.

Und wenn wir uns die Ergebnisse der transpersonalen Forschung, der Einsichten von Menschen mit Nah-Tod-Erlebnissen und die vielen unerklärlichen individuellen Erlebnisse betrachten, ist die Welt keine Maschine, kein materialistisches System, welches als Nebenprodukt den Geist hervorbrachte, sondern umgekehrt. Die Quantenphysik war und ist der Schlüssel zum Verständnis der wahren Natur der Wirklichkeit, und zwar, dass alles individuell aber trotzdem nur ein Ausdruck eines einzigen Gedankens ist. Das nicht die Anhäufung von möglichst vielen Gütern den Menschen zu einem zufriedenen Lebewesen macht, sondern die Interaktion mit dem Mitgeschöpft, dem Mitmenschen - und die Erfahrungen aus der Interaktion das Leben lebenswert machen. Wir müssen unsere Angst überwinden, dass unser Nächster der Feind ist und etwas ganz anderes im Sinn hat. Wir sollten unser Leben tatsächlich „leben“, wie ein Gespräch unter besten Freuden.

„Ganz allgemein erfolgt eine volle Sinngebung letztlich nur durch den Umstand, dass die Wirklichkeit ein primär nicht-auftrennbares Ganzes, das Eine, das Nicht- Zweihafte, das 'non-aliud Cusanus' bildet, von dem wir als Betrachter nicht ein „Teil", sondern nur ein „Moment" einer bestimmten Artikulation sind, für den sich der „Sinn" aus der „Identität", im Bezug auf das Eine erschließt."

Prof. Dr. Hans-Peter Dürr

Eine Erlebnis-Geschichte von Martina S.

Martina S. zum Autor:
Gerne erzähle ich meine Erlebnisse.

Das erste Erlebnis betrifft meine 1997 verstorbene Schwester. Ich werde versuchen, meine Schilderung nicht zu lange werden zu lassen. Meiner Meinung nach ist aber einiges erwähnenswert, da in diesem Jahr alles, womit ich mich beschäftigte und worüber ich nachlas, bestätigt wurde. Vorher dachte ich, ich bin überarbeitet und phantasiere, besprach das Erlebte immer mit einigen Menschen und las alles über außergewöhnliche Dinge und auch Spirituelles - auch Dieter Broers. Ich war immer ein sehr skeptischer Mensch und glaubte nicht alles, alles was ich hörte und las musste erst bewiesen sein. Ich hinterfragte alles und war und bin sehr wissbegierig. Ich verließ mich immer mehr auf mein Gefühl. Mein Glaube an Gott war nie kirchlicher Natur. Alles was ich dort hörte, war für mich nicht glaubwürdig, da ich mir - nach meinem Gefühl - nie einen strafenden Gott vorstellen konnte. Schon als Kind nicht.

Mir ist bewusst, dass Gott eine Energie ist - oder so ähnlich.

Meine Schwester (damals 42 Jahre, 2 Kinder) wurde krank. Monate später wurde Bauchspeicheldrüsenkrebs festgestellt. Ich arbeitete damals noch nicht halbtags, da ich einen zu dieser Zeit 11-jährigen Sohn, einen Ehemann und ein Haus mit Grundstück versorgte. Es gab also genug zu tun. Ich half meiner Schwester im Haushalt und kümmerte mich vor allem um sie. Ich fuhr sie zur Chemo (die sie abbrach), zum Arzt usw. Irgendwann erzählte sie mir, dass ihr Mann wohl eine Freundin hat, sie sich aber niemals scheiden lassen wolle, damit würde sie nicht leben können. Natürlich sagte ich ihr meine Meinung dazu: Dass man sein Leben nicht von einem Menschen abhängig machen sollte! Meine Schwester war auch der Meinung, dass unsere 1967 an Unterleibskrebs verstorbene Mutter sie im Stich gelassen hätte, obwohl wir 8 Kinder waren. Das konnte ich nicht nachvollziehen. Sie hatte auch Angst, weil unsere Mutter, unsere Tante und unsere Oma Krebs hatten. Das erwähne ich, weil die Psyche und der Glaube, meiner Meinung nach, nicht nur wichtig, sondern ausschlaggebend sind. Ich bin der Meinung, wenn in der Familie Krebs vorkommt, muss ich es trotzdem nicht bekommen. Ich bin nun 61 Jahre alt, gehe so gut wie nie zum Arzt und nehme keine chemischen Mittel, sondern behandele mich selbst mit natürlichen Dingen, vor allem mit positiven Gedanken. Das tu ich, so lange das möglich ist. Ich lasse mich nicht von den verlogenen Medien beeinflussen, soweit das möglich ist.

Mein Mann und ich wollten Einkaufen fahren. Mein Gefühl sagte mir - obwohl der Mann meiner Schwester an diesem Tage bei ihr war – dass ich nach meiner Schwester sehen müsse. Ihr Mann und ich wechselten uns ab. Sie war alleine im Bad und fühlte sich - obwohl ihr Mann und Kinder da waren - sehr einsam. Also blieb ich bei ihr. Immer, wenn ihr Mann sich um sie kümmerte, musste er ihr mehr Morphin spritzen. Ich sollte ihr nur die Hände auf den Rücken legen und Energie geben, da sie dann nicht mehr Morphin brauchte und sich wohler fühlte - nur selten musste ich ihr Morphin spritzen. Es kam der Tag, da es ihr schlechter ging und sie ihren Körper nicht mehr mochte, so versicherte sie mir. Ich meditierte zu dieser Zeit sehr oft, da ich unter anderem wissen wollte, ob sie es schaffen würde, weil ich die Hoffnung nie aufgab. Ich wollte in meinem Leben alles gut und richtig machen, keinem wehtun. Aber ich musste meine verbrauchte Energie auftanken. Es gab, so las ich, schon öfter Menschen, die trotz Krebs wieder gesundeten.

Eines Morgens wurde ich wach und fühlte mich sehr seltsam. Ich lag steif im Bett, ich war nicht ich – irgendwie aber doch. Ich erkannte, dass meine Schwester auf unerklärliche Weise in meinem Körper war. Ich erschrak, war aber ruhig und wach. Dann erklärte ich meiner Schwester, dass ich meinen Körper selbst brauche, um meine Aufgaben erledigen zu können, und dass es mir sehr leidtut, sie aber gehen müsse. Es dauerte längere Zeit, bis sie meinen Körper verließ und ich meinen Körper wiedererkannte. Sie stand mit einem sehr traurigen Blick vor meinem Bett. Daher versicherte ich ihr nochmals, dass es mir sehr leidtut und sie gehen müsse, da ich meinen Körper brauche. Wir winkten uns zu, sie lächelte etwas und ging durch das geschlossene Fenster und die Wand. Hinter ihr liefen oder schwebten Schatten.

Ich sah in dieser Zeit sehr oft einen Geist/Gestalt in dunkler Kutte an meinem Bett stehen, den ich mit Fragen löcherte. Er hielt ein großes Buch in der Hand und ich fragte, was er mir sagen, zeigen wolle. Er ließ mich dann, nach meiner Fragerei, einen Sarg und ein Kreuz sehen. Das Kreuz hielt er mir dann ganz dicht vor meine Augen, es änderte die Farbe, damit ich endlich begriff, denn ich wollte alles 100prozentig wissen. Es hüpften auch sehr oft kleinere, gebuckelte Geister um mein Bett herum und schienen Schabernack zu treiben, denn sie lachten. Ich hüllte sie in Licht und schickte sie fort, woraufhin sie verschwanden. Ich testete auch, ob dieser Schutzgeist tatsächlich zum Schutz da war, ob er es gut mit mir meinte. Ich hüllte immer alles in Licht ein und achtete auf mein Gefühl. Er blieb und ich hatte auch ein gutes Gefühl.

Am darauffolgenden Tag ging ich zu meiner Schwester nach Hause und gab ihr, wie immer, Energie und versorgte nur sie. Die letzten 3 Tage, an denen sie zu sterben drohte, informierte ich meine ältere Schwester. Diese kam zu Hilfe und wollte mich auch unterstützen, denn meine Kraft ließ immer mehr nach. Sie wollte mich zum Schlafen und Ausruhen nach Hause schicken, ich aber wollte nicht, da ich wusste, dass ich bis zum Schluss da sein musste. Sie versicherte mir, dass sie mich sofort rufe, wie ich es wünschte. Nach nicht so langer Zeit wurde ich plötzlich wach, weil ich meine sterbende Schwester rufen hörte, dass es Zeit wäre zu kommen. Sie wollte mich nur ausruhen lassen, aber es wäre jetzt soweit. Ich ließ meinen Mann wissen, dass mich meine sterbende Schwester gerufen hat und ging sofort los. Meine ältere Schwester bestätigte mir, dass, obwohl meine sterbende Schwester nur noch still und bewegungslos dalag, sie plötzlich fragte, ob ich schon da wäre.

Ihr Mann, die beiden Kinder (16 und 14 Jahre alt) und zwei meiner Schwestern standen am Bett, um bei ihr zu sein. Ich kniete an ihrem Bett und weinte, da reichte mir die Tochter die Hand meiner Schwester, die sie zuvor hielt - ich wollte ihr als Tochter den Vortritt lassen. Meine Schwester tat dann den letzten Atemzug. Dann fühlte ich, wie ihr Geist mich umarmte und sich bei mir bedankte. Das Gefühl kann ich nicht mehr so genau beschreiben. Ich meinte, den Geist gesehen zu haben und fühlte wirklich, dass sie mich umarmte und dann war sie gegangen. Meine ältere Schwester ließ mich später wissen, dass sie auch fühlte, dass mich meine Schwester umarmte und auch sah, wie sie sich von den anderen verabschiedete.

Während der Krankheit meiner Schwester hatte ich einen Traum, den ich nach dem Tod mit meiner älteren Schwester zusammen deutete und feststellte, dass es eine Schau in die Zukunft - eine Vision - war.

Hier der Traum:
Meine kranke Schwester hatte in diesem Traum einen Unfall, der nicht zu sehen war. Ich wusste es aber. Sie war draußen und kam ins Haus. Draußen stand ein schwarzer VW Golf, der sie angefahren haben muss. In der Familie hatte niemand ein solches Auto. Erst hatte meine Schwester ein helles, dann ein schwarzes Kleid mit weißem Muster an. Ich fragte meine ältere Schwester immer wieder, ob ich es ihr sagen soll, denn ich war immer für die Wahrheit. Das tat ich dann auch. Sie reagierte geschockt. Ich weiß gar nicht mehr was ich ihr sagen sollte.

Auch sah ich meinen Vater, der erst im Rollstuhl saß, dann krank im Krankenbett, wir versorgten ihn. Traumende.

EINE ERLEBNIS-GESCHICHTE

Zu dieser Zeit brauchte mein Vater noch keinen Rollstuhl und war auch nicht im Krankenbett. Er war dann später im Krankenhaus und in einem Pflegeheim und saß im Rollstuhl. Er starb 2007.

Als mein Vater damals im Sterben lag, waren auch ich und meine ältere Schwester bei ihm, denn wir hielten Wache, da er Angst hatte, eine Sonde oder andere Mittel zu bekommen. Wir hatten das, als er noch mehr bei Bewusstsein war, gerichtlich abklären lassen, damit sein Wille respektiert wurde. Er wurde immer wieder wach und schaute erschrocken nach, ob alles in Ordnung ist. Wir versicherten ihm, dass wir Tag und Nacht bei ihm bleiben und aufpassen. Dies beruhigte ihn. Einem Schmerzpflaster stimmte er zu. Er lag dann beruhigt die ganze Zeit mit weit offenen Augen, sehr flachem Atem, und war unbeweglich. Wir konnten sehen, dass er (Seele/Geist) nicht anwesend war. Seine Beine wurden schon kalt und bläulich. Er hatte einen Herzschrittmacher, das muss ich noch erwähnen. Wir beteten, dass er trotzdem gehen darf. Nach 2 ½ Tagen, als er kaum noch am Leben war, wunderten wir uns sehr, als er plötzlich seinen Oberkörper ruckartig anhob, lächelte und uns ansah. Wir umarmten ihn ein letztes Mal und er sank ins Bett zurück und war tot bzw. gegangen. Während der Wache fühlte und sah ich - wie auch meine ältere Schwester - am Kopfende des Bettes, dass meine verstorbene Mutter, Schwester, Bruder und Tante, alle auf ihn warteten. Ich war sehr froh, dass er abgeholt wurde. Ich denke, dass er noch so einiges zu erledigen hatte und sich dann freute, dass er von seinen Lieben abgeholt wurde.

Sehr oft, wenn Familienmitglieder, Freundinnen, Bekannte mich um Unterstützung und Hilfe baten, sandte ich ihnen - wo auch immer sie waren - Schutzengel/Licht/Energie. Sie bedankten sich dann bei mir, weil sie sich dann erleichterter, angstfreier und beschützter fühlten, wie sie mir bestätigten. Ich versicherte Ihnen, dass sie das selbst auch können. Eine Frau übte sich dann nach Jahren darin und erzählte mir, dass sie nun auch ihre Schutzengel fühlen kann. Das freut mich sehr.

Auch ein Spiegel, um zu visualisieren, dass das, was angreift, zurück an den Sender geht, hat so manch einem geholfen. Dies sind zumindest meine wirklichen Erfahrungen. Wenn mich ein Mensch fragte, warum das Problem das er hat, da ist, konnte ich ihm den Grund nennen. Ich fühle oder weiß es einfach. Nicht immer, aber immer öfter, hihi. Es wird immer die „Schuld“ bei anderen gesucht. Ich bin sehr selbstkritisch, versuche meine Gedanken und mein Verhalten zu korrigieren, aus Fehlern zu lernen. Kein Mensch ist und wird perfekt.

Wie ich oben schon erwähnte, lernte ich in dieser Zeit dem zu vertrauen, was ich sah und fühlte. Telepathie mit meiner kranken Schwester, später auch mit anderen. Ich hörte, sah und fühlte, aber immer überprüfte ich alles, da ich mich nicht täuschen wollte.

Mein Mann und ich kauften vor Jahren ein älteres Haus und renovierten es. Von den Nachbarn erfuhren wir, dass zuvor eine ältere Dame für längere Zeit alleine hier wohnte, und dann verstarb. Ihr Ehemann war schon lange vor ihr gestorben. Ich hatte immer öfter Schmerzen und Druck in der rechten Schulter und fühlte, dass da etwas an mir klebte. Ich sah eines Tages, dass diese Frau auf einem Sessel im Wohnzimmer auf und ab schwebte. Ich wusste, dass sie es war. Später fühlte ich, dass sie mir aus dem Haus folgte. Ich wollte sie loswerden, denn es fühlte sich nicht gut an. Meine ältere Schwester und ich setzten uns eines Abends zusammen und ich sah diese Frau. Wir konzentrierten uns und versuchten sie ins Licht, nach Hause - so nannten wir das - zu schicken. Sie war extrem hartnäckig und hing hier an allem Materiellen. Sie wollte nicht loslassen. Wir baten mehrere Schutzengel/ Geister um Hilfe. Es dauerte sehr lange, sie hielt sich richtig fest. Ich sah eine sehr große und breite Lichtsäule, der Raum war im Licht mit diesen Schutzengeln. Meine Schwester und ich verglichen immer wieder - um sicher zu sein, dass wir uns das nicht einbildeten - was jeder sah und fühlte. Alles war identisch. Immer wieder erklärte ich der Frau, dass sie es zu Hause schöner hat, sich wohler fühlen würde, dass wir von da kommen und wieder dorthin gehen. Dann ließ sie langsam los. Ich sah seltsamerweise noch eine Kutsche mit Pferden, auch Personen, die alle in dieser Lichtsäule nach oben gezogen wurden. Danach war dieser Schmerz und dieser Druck von meiner Schulter gelöst. Diese Frau war nie mehr zu sehen oder zu fühlen.

Mein Bett stand vor vielen Jahren nahe an einer Nachtspeicherheizung. Gegen Morgens wurde ich plötzlich wach, weil ich fühlte, dass mich wer wegschubsen wollte. Als ich nachsah, erkannte ich zwei Wesen, die an der Seite des Bettes knieten, vor dem Heizkörper, und mich beide mit beiden Armen berührten und wegschieben wollten. Ich fühlte das sehr stark und war erschrocken. Die beiden Wesen waren gut zu sehen. Menschliche Gestalt, schlank und in einem hautengen, hellblauen Anzug. Nachdem ich mein Bett umgestellt hatte, war alles wieder ok.

Nun Johann, das ist das, was mir jetzt eingefallen ist. Das ist alles schon vor vielen Jahren passiert. Ich habe mich jetzt in einige Themen eingelesen, auch Quantenphysik usw. Alles ist möglich, da wir Menschen unbewusst und bewusst so viel beeinflussen. Es ist nicht leicht die Gedanken unter Kontrolle zu haben. Ich gebe mir zumindest Mühe. Ich wünsche und hoffe, dass wir noch erleben dürfen, dass sich jeder zumindest Mühe gibt, dass es dadurch gerechter wird, ohne primitive Kriege, Machtkämpfe usw. Einfach für jeden lebenswerter. Liebe.

Liebe Grüße
Martina

Danksagung

Der Unterschied zu meinen früheren Büchern ist die Tatsache, dass ich das letzte Buch „Jenseits des Greifbaren - Engel, Geister und Dämonen" mit einem Film versehen habe. Das, was der Film ausgelöst hat – lagt jenseits dessen, was ich mir bis dahin vorstellen konnte. Das vorliegende Buch ist das Ergebnis davon. Ich habe so viele positive Rückmeldungen, Zuschriften und Gespräche mit Menschen geführt, die mich nicht kannten und auch ich sie nicht. Der kleinste gemeinsame Nenner meiner Arbeit scheint zu sein, dass Menschen diese von mir beschriebenen Erfahrungen machen, sich aber oft nicht trauen, in ihrem engsten Umfeld darüber zu sprechen. Denn eines ist doch klar – das sind alles Halluzinationen und Hirngespinste. Nun sehen sie aber, dass die Welt - dass die Wirklichkeit, welche die Realität schafft - zu einem holistischen Weltbild, einem viel größeren Organismus gehört, und dass die Zukunft offen ist. Der Gedanke, dass nicht alles mit dem Tode zu Ende ist, ist nicht nur ein moderner Gedanke aus der Pop-Kultur des Ego-Denkers, der meint, dass der Mensch das Größte ist was es gibt und unsere Lebenszeit viel zu kurz ist, um alles zu erleben, was möglich ist. Nein, es ist ein Erkennen, dass wir alle ein Teil einer Einheit sind, die so viele phantastische Dinge kreiert und hervorbringt, welche aber nicht aus Materie aufgebaut sind, sondern aus etwas, das wir nicht greifen können.

Ich danke allen meinen „Followern" für ihre Unterstützung, für ihr Zureden und die vielen tollen und intensiven Gespräche. Ich danke Bruno für seine Geduld bei den Dreharbeiten und Dominik für sein Engagement beim Schnitt und Auditing. Ulrich für die Zeit, die Du Dir nimmst, Dich mit mir immer wieder über meine Recherchen abzustimmen. Danke auch an alle meine Protagonisten, die sich die Zeit genommen haben, mit mir nicht nur in den Dialog zu treten, sondern auch weit darüber hinaus mit mir im Austausch zu bleiben. Vor allem gilt jedoch der Dank meiner Familie, und vor allem meiner Frau, die mir die Freiheiten gibt, sich mit meinem Thema zu befassen. Ein Thema, das doch bei vielen noch Kopfschütteln verursacht und durch das man schräg angesehen wird, als ob man wirklich nicht mehr alle Tassen im Schrank hat - denn meine Arbeit macht doch keinen Sinn, die ist doch zwecklos. Wenn es so etwas gäbe, würden doch das Fernsehen und die Nachrichten darüber berichten. Wie kann man sich nur mit so etwas beschäftigen, das nichts bringt und man doch weiß, dass dieses „esoterische Zeug" nichts mit der „normalen" Realität zu tun hat.

Lieber Leser,

ich weiß, dass Sie nun mehr wissen als andere, und jetzt vielleicht mit Ihren Erfahrungen nicht mehr alleine sind – und möglicherweise auch eine Bestätigung finden konnten. Für die anderen Leser, die nun erkennen könnten, dass wir alle Eins sind, zeigt sich der Silberstreif des Überlebens am Horizont. Denn in dieser Erkenntnis steckt eine neue Denkweise und die wird dafür sorgen, dass die Menschheit Verhaltensmuster ändern und damit überleben kann. Denn der Tod ist nur ein Neuanfang. Lassen Sie uns vernetzen!

JOHANN NEPOMUK MAIER

Ich bin Johann Nepomuk Maier, in Niederbayern aufgewachsen und dort Zuhause. Seit über 40 Jahren befasse ich mich mit naturwissenschaftlichen Erkenntnissen und bin darüber hinaus leidenschaftlicher Künstler und Autor.

Nach meiner Ausbildung in der Druckindustrie war ich mehrere Jahre als Designer tätig. Als Geschäftsführer einer Werbeagentur sammelte ich weitere fünf Jahre Erfahrung und entschloss mich 1995, mich mit meiner eigenen Marketing-Agentur selbständig zu machen. Auch die fortwährenden Fortbildungen in unterschiedlichen Fachbereichen und einem Fernstudium in Betriebswirtschaft, konnten meinen Wissensdurst kaum stillen. Seit mittlerweile 22 Jahren berate ich kleine und größere Unternehmen in Strategie und Kommunikation. In den letzten Jahren habe ich nun diese berufliche Tätigkeit immer mehr zurück-gefahren, um mehr Zeit für meine große Leidenschaft - der Autorentätigkeit - zu haben. Seit dieser neuen Lebensphase entstanden mehrere Bücher, die sich mit der Zukunft der Menschheit und den Grenzgebieten der Wissenschaft, aber auch mit den bisher unerklärlichen Phänomenen wie Spuk, Telepathie und Reinkarnation etc., befassen.

Durch meine umfangreiche Forschungstätigkeit, ist mir seit längerem klar geworden, dass unser Verständnis von Realität lückenhaft und ein Umdenken längst überfällig ist, um unserer Spezies das künftige Überleben zu sichern.

Viele von uns spüren intuitiv, dass „die messbare Seite der Welt, nicht die Welt ist, sondern nur die messbare Seite der Welt“, wie der deutsche Philosoph Martin Seel es so treffend formuliert hat.

Meine Recherchen führten mich durch die umfangreiche Literatur der Wissenschaftsgebiete und modifizierten dadurch auch mein künstlerisches Denken und Wirken nachhaltig. Dem Geheimnis des Seins auf der Spur, führte ich unzählige intensive Gespräche mit vielen Wissenschaftlern, Grenzgängern und Sensitiven. Mit diesem Tun fand ich unglaubliche Fakten und Wahrheiten, die vielen noch völlig unbekannt sind. Ich möchte diese meinen Lesern und Zuschauern nicht vorenthalten, denn sie sind so gewaltig und so sensationell, dass dies in naher Zukunft zu einem Neustart des menschlichen Denkens führen wird.

Dadurch wird es der Menschheit gelingen, das Lebendige lebendiger werden zu lassen, wie es Prof. Dr. Hans-Peter Dürr immer gefordert hat. Die Welt um uns ist anders aufgebaut und strukturiert, als es uns die heutige Mainstream-Wissenschaft vermittelt.

Mich verwundert es immer wieder, dass dieses neue Wissen, vor allem aus dem Bereich der Quantenphysik, der Psychologie und der Nahtod-Forschung bisher kaum öffentlich wahrgenommen wird. Wir wachsen mit einem so extrem zementierten, materialistisch geprägten Weltbild auf, dass wir diese neuen Einsichten, wenn wir sie erfahren, für unmöglich halten.

Johann Nepomuk Maier